ДЕРЕК ПРИНС

БУДУТ ИЗГОНЯТЬ БЕСОВ

ЧТО ВАМ НУЖНО ЗНАТЬ О БЕСАХ – ВАШИХ НЕВИДИМЫХ ВРАГАХ

«И Он пошел по Галилее, проповедуя
в синагогах и изгоняя бесов».
Евангелие от Марка 1:39 Современный перевод

«И вот какие знамения будут сопровождать
тех, кто поверит: Моим именем они будут
изгонять бесов...»
Евангелие от Марка 16:17 Современный перевод

2014

Все выдержки из Нового и Ветхого Заветов (кроме отмеченных особо) взяты из Синодального перевода Библии на русский язык.

THEY SHALL EXPEL DEMONS
Derek Prince

Derek Prince Ministries – International
P.O.Box 19501
Charlotte, NC 28219-9501
USA

БУДУТ ИЗГОНЯТЬ БЕСОВ
Что вам нужно знать о бесах — ваших невидимых врагах
Дерек Принс

Переведено и издано
Служением Дерека Принса на русском языке
Translation and publication by Derek Prince Ministries – Russia

Вы можете написать нам по адресу:

Служение Дерека Принса
а/я 72
Санкт-Петербург
191123
Россия

Служение Дерека Принса
а/я 3
Москва
107113
Россия

ISBN: 978-5-94572-014-5

Вы можете обратиться к нам через интернет:
info@derekprince.ru

или посетить нашу страницу:
www.derekprince.ru

СОДЕРЖАНИЕ

Часть первая

ОСНОВЫ

Почти две тысячи лет назад, Иисус пришел, чтобы помочь страдающему человечеству, чудесным образом исцеляя больных и изгоняя бесов. Он продолжал это делать все три с половиной года Своего земного служения.

Во все последующие века время от времени появлялись христиане, которые служили чудотворным исцелением больных и немощных. Однако насколько я знаю — если и были, то очень немного — те, чье служение изгнания бесов хоть в какой-то мере было сопоставимо со служением Иисуса. В результате, большинство жертв демонического давления продолжает страдать, не имея перспективы получить какую-либо практическую помощь со стороны Церкви.

Верю, что приходит время для того, чтобы вымести мусор религиозных традиций, которые обволакивали туманом чистое откровение Нового Завета, и опять установить служение Церкви на твердом основании — Иисусе и Евангелии.

1.
КАК ЭТО ДЕЛАЛ ИИСУС?

Когда член моей общины издал пронзительный душераздирающий крик и упал прямо перед моей кафедрой, я должен был принять мгновенное решение. Я позвал на помощь несколько других членов церкви, и во имя Иисуса мы успешно изгнали бесов (злых духов) вон из человека. Этот случай произошел в 1963 году, и он подтолкнул меня к интенсивному изучению служения Иисуса. Я хотел, чтобы мои действия соответствовали Его действиям.

Как я обнаружил, евангелист Марк начинает описание публичного служения Иисуса случаем в галилейской синагоге, где во время того, как Он учил народ, бесы бросили Ему вызов. После этого случая Он стал известен по всей Галилее (см. Марка 1:21-28).

С этого момента мы наблюдаем, как Иисус разбирался с бесами везде, где бы Он ни появлялся, все три с половиной года Своего публичного служения. Незадолго до конца, Он передал царю Ироду, что Он будет продолжать изгонять бесов и исцелять больных, пока Его миссия на земле не будет завершена (см. Луки 13:32).

Но это служение не ограничилось и не закончилось Иисусом! Когда Он посылал Своих последователей, то передал им Свою власть. Надо заметить, что Он никогда никого не посылал проповедовать Евангелие, не наставив и не снабдив такого человека властью выступать против бесов таким же образом, как это делал Он Сам. Нигде в Новом Завете я не могу найти основания для евангелизационного служения, которое бы не включало изгнание бесов. Эта истина осталась неизменной со времен Христа.

Вскоре я пришел к осознанию, что сатана выстроил особую оппозицию к этому служению. Однажды он выбрал тьму — он принадлежит тьме и предпочитает скрывать истинную природу своих действий во тьме. Если он может держать человечество в неведении относительно своей тактики или даже относительно своего существования, то он может использовать двойной инструмент *невежества* и *страха* для осуществления своей разрушительной работы. К сожалению, невежество и страх держат в рабстве не только неверующих, — зачастую их работу можно обнаружить и в Церкви. Слишком часто христиане относятся к бесам со столь очевидным страхом, как будто они из той же категории, что и привидения с драконами. Корри-Тен-Бум однажды заметила, что страх к бесам исходит от самих бесов.

Я использовал слово «изгонять» в названии этой книги для описания того, как нам надо обращаться с бесами. *Изгонять* или *выгонять* — это простое повседневное слово, не имеющее особого религиозного подтекста. Оно спускает все это служение на уровень практической каждодневной жизни.

Сам Иисус был крайне практичным в обращении с бесами. В то же время, Он подчеркнул уникальную важность служения изгнания бесов, сказав: *«Если же Я Духом Божиим изгоняю бесов, то, конечно, достигло до вас Царствие Божие»* (Матфея 12:28).

Изгнание бесов демонстрирует две важные духовные истины. Во-первых, оно раскрывает существование двух противоборствующих духовных царств: Царства Божия и царства сатаны. Во-вторых, оно демонстрирует победу Божьего Царства над сатанинским царством. И конечно, сатана предпочел бы скрывать эти две истины!

Когда Иисус начал изгонять бесов, Он вышел за рамки религиозной практики Ветхого Завета. Начиная с Моисея, Божьи пророки совершали множество чудес, которые предвещали служение Иисуса. Они исцеляли больных, воскрешали мертвых, чудесным образом обеспечивали пропитанием огромные количества людей и демонстрировали Божью силу, контролируя силы природы. Но вы не найдете ни одной записи о том, чтобы кто-либо из них когда-либо изгонял бесов. Это было привилегией Иисуса. Это было уникальным свидетельством того, что Царство Божие достигло людей в Его дни.

Поэтому трудно понять, почему оно находится в таком пренебрежении в современной Церкви во многих частях мира. Зачастую евангелизм, особенно на Западе, практиковался таким образом, как будто бесов вообще не существует. Позвольте мне сказать со всей тактичностью, с какой только возможно, что Евангелие, которое не включает изгнания бесов, не является Евангелием Нового Завета. Я сделаю еще один шаг и применю это к служению молитвы за больных. Это не по Писанию — молиться за больных, если служитель при этом не готов изгонять бесов. Иисус не отделял одного служения от другого.

С другой стороны, сегодня существуют некоторые, доходящие в вопросах изгнания бесов до крайностей, не соответствующих Писанию. Они внушают, что к любому видам проблем — физическим, эмоциональным или духовным — следует относиться как к активности бесов. Насколько только возможно, я хочу подчеркнуть, что такое отношение является заблуждением — оно не сбалансировано и не соответствует Писанию! Следует отметить также, что иногда служение освобождения проводится таким образом, что оно возвеличивает заслуги служителя или того, кто получает освобождение, но не отдает славы Господу Иисусу.

Лично я вижу в этом еще одно доказательство особой и сильной сатанинской оппозиции служению освобождения. Сатана ищет способы, если это возможно, вообще исключить его вообще из церковной жизни. Провал и дискредитация этого служения — одна из его главных целей.

Надо сказать, что я, со своей стороны, никоим образом не напрашивался в это служение! Как уже было сказано, я был поставлен перед выбором в той ситуации, где должен был избрать одно из двух: предпринять меры против бесов или отступить в сторону и предоставить им возможность действовать дальше. Оглядываясь назад, я рад, что не выбрал отступление.

Мой основной мотив в написании этой книги — помочь вам на том пути, который прошел сам. Мое слово обращено к двум группам людей:

Во-первых, к людям, находящимся под демоническим давлением, которые не знают, как получить свободу, и проходят через разного рода мучения, причиняемые бесами. В некоторых случаях душевные, эмоциональные и физические мучения настолько изнурительны, что подобны настоящей тюрьме и пыткам в концентрационном лагере. Я всем сердцем верю, что цель Иисуса — через Евангелие предложить надежду и освободить таких людей.

Во-вторых, к тем, кто призван в евангельское служение и сталкивается с людьми, которые отчаянно нуждаются в освобождении от бесов. Предыдущий опыт и обучение ничего не смогли дать этим служителям для выполнения такого рода задачи, не смотря на то, что в таком служении есть острая нужда.

Могу отождествить себя с людьми из обеих категорий. Будучи молодым проповедником, я страдал от неконтролируемых приступов депрессии, в результате чего часто был подвержен искушению оставить служение. Позже, встретившись с людьми, которым очень желал помочь, я не смог этого сделать из-за своих доктринальных предрассудков и неуверенности. Я продолжал спрашивать себя: как такое может быть, что такое количество христиан находится под демоническим давлением?

Оглядываясь на последние более чем тридцать лет, я могу с уверенностью сказать, что не проходило ни одного месяца, чтоб я не помогал кому-то получать освобождение от бесов. Это значит, что уроки, которыми я делюсь в этой книге, имеют солидное основание — во-первых, в Писании; во-вторых, в моих собственных наблюдениях и опыте.

Временами служение освобождения вызывало непонимание и критицизм со стороны других христиан, но удовлетворения от возможности помочь страдающим людям всегда было больше. Недавно мы с моей женой Руфью гуляли по Иерусалиму, и одна еврейка, примерно пятидесяти лет, подошла ко мне и спросила: «Вы Дерек Принс?» Когда я кивнул, она сказала: «Я обязана вам жизнью». Ее глаза наполнились слезами. «Двадцать лет назад я была так заполнена бесами, что для меня уже не оставалось надежды. Но я получила личное откровение Иисуса и уверовала в Него. Потом кто-то дал мне ваши кассеты по освобождению. Теперь я свободна! Люди, которые знали меня до освобождения, говорят, что я подобна тем, кто встал с инвалидного кресла».

Слыша подобные свидетельства, я рад, что не отступил под давлением критики и противостояния.

Следует упомянуть и о том, что практика всех этих лет помогла во много раз увеличить мою уверенность в точности Писания. Либеральные теологи часто утверждают, что описание демонической активности в Новом Завете нельзя принимать буквально, но лишь как снисхождение к суеверному невежеству людей времен Иисуса. В противовес этому я должен заявить, что снова и снова являюсь свидетелем демонических проявлений, которые в точности соответствуют описанному в Новом Завете. В этом, так же как и во всем остальном, записи Нового Завета абсолютно точны. Мы имеем надежное всеобъемлющее основание для нашего служения сегодня.

В этой книге я старался: прежде всего, заложить твердый Библейский фундамент; и затем построить на нем практическое обоснование того, что включает в себя служение освобождения. Нашим основание, как уже было сказано, является служение самого Иисуса. Но прежде, чем мы сможем построить на этом основании, мы должны внести ясность в неточную терминологию, которая многих ввела в заблуждение и традиционно использовалась при переводе Нового Завета. Это будет темой следующей главы.

Во второй части книги я детально засвидетельствую о личном опыте вхождения в служение освобождения. В третьей части я отвечу на семь вопросов, которые чаще всего встречались в моем служении. В заключение, в четвертой части, вы найдете практическое и систематическое учение о том, как распознавать и изгонять бесов, и ходить в победе.

2. ТЕРМИНОЛОГИЯ

Авторы Нового Завета дают ясное описание природы и активности бесов, но ключ к пониманию этой сферы лежит в точном объяснении используемой ими терминологии. К сожалению, существуют некоторые изъяны в переводе Нового Завета и отдельные места не передают точного значения греческого текста, что делает их неясными для современного читателя. Поэтому необходимо сначала исследовать основные термины, используемые в тексте греческого оригинала.

В Писании используются три выражения для описания злых духовных существ, которые являются основными инструментами сатаны в его борьбе против человечества. Первое — бес (на греческом языке — *даймонион*). Это средний род единственного числа прилагательного *даймониос*, которое происходит от существительного *даймон*. Таким образом, прилагательное *даймониос* указывает на связь с существительным *даймон*. Несмотря на то, что слово даймонион является прилагательным по форме, оно обычно используется как существительное. Фактически, это прилагательное, ставшее существительным. Мы можем проиллюстрировать это современным примером. Зеленый — это другое прилагательное, которое стало существительным, описывающим человека, активно озабоченного положением окружающей среды. И мы хорошо понимаем, когда речь идет о «зеленых».

Как правило, при переводе это важное различие между *даймон* и *даймонион* нивелировалось (было стерто) — оба понятия были переведены одним и тем же словом: *бес*. И в этой книге, при необходимости показать различие, мы будем продолжать использовать транслитерированные греческие слова, выделяя их курсивом: *даймон* и *даймонион.*

Оригинал греческого текста указывает на существование двух отдельных видов: *даймон*, первичное, и *даймонион* – производное. (Это имеет большое значение для определения природы бесов, к чему мы вернемся в 11 главе *«Кто такие бесы?»*) Производная форма *даймонион* используется около шестидесяти раз в Евангелиях, в Деяниях и в Откровении. Другими словами, в Новом Завете она представляет важное понятие. В оригинальном тексте *даймон* появляется только один раз в Евангелии от Матфея 8:31, где это слово, очевидно, используется с тем же значением, что и *даймонион.* Однако такое использование этого слова является необычным (выходящим за рамки правила).

Второе выражение использованное в Новом Завете для описания злого духа – *нечистый дух*, оно используется около двадцати раз в Евангелии от Луки, в Деяниях и Откровении.

Третье выражение – *злой дух*, используется шесть раз в Евангелии от Луки и в Деяниях.

В Евангелии от Луки 4:33 два из этих выражений используются вместе, когда автор говорит о *«нечистом духе бесовском» (даймонион).*

По всей видимости, все три выражения взаимозаменяемы. *«Бесы»* являются *«нечистыми духами»* и также *«злыми духами»*.

Библия версии Короля Якова (традиционный английский перевод – *примеч. ред.*) везде переводит *даймонион* как *дьявол.* Это приводит к нескончаемой путанице. Слово *дьявол* было взято от греческого слова *диаволос*, которое не имеет прямого взаимоотношения с *даймонион. Диаволос* означает *клеветник.* В Новом Завете оно, за исключением трех раз, употребляется в качестве титула самого сатаны. В этом смысле оно используется только в единственном числе. Бесов много, но дьявол один.

Сатана также назван *дьяволом*, потому что его основная деятельность состоит в том, чтобы клеветать — т.е. порочить кого-либо. Самой главной его целью является очернить характер Самого Бога. Он занимался этим с самого начала. В Эдемском саду он подбросил Адаму и Еве мысль, что Бог неправильно обращался с ними, удерживая их от познания добра и зла. Затем, сатана порочит характер всех, кто каким-то образом представляет Бога. Это его основное оружие против слуг Божиих. Все основные переводы Библии соблюдают различие между *диаволос* и *даймонион*, — они переводят *диаволос* как *«дьявол»* и *даймонион* как *«бес»*.

К сожалению, существует другое заблуждение, которое по большей части не проясняют современные переводы. Греческое существительное *даймон* рождает глагол *даймонизо*, который встречается двенадцать раз в Новом Завете. Очевидный перевод этого слова — *демонизированный*, которое толковый словарь объясняет, как «находящийся под демоническим влиянием». В Новом Завете этот глагол появляется только в пассивной форме, т.е. «быть демонизированным». В версии Короля Якова это слово переведено как «быть обладаемым дьяволом или дьяволами». Большинство современных переводов правильно поменяли слово «дьявол» на «бес», но ошиблись, сохранив форму «быть обладаемым».

Проблема с такой формулировкой (в русском языке: «быть обладаемым дьяволом», «быть одержимым бесом» — *примеч. ред.*) в том, что она несет смысл *полного владения, обладания* как своей собственностью. Быть *обладаемым дьяволом* или *одержимым бесом* подразумевает, что человек является собственностью дьявола или беса. Но греческое слово *даймонизо* не дает никаких оснований для такого подтекста, — там нет и намека на собственность или владение, — оно лишь подразумевает «объект демонического влияния».

Очевидно, что форма используемых слов крайне важна. Сказать человеку: «Ты являешься объектом демонического воздействия», — это одно. И сказать: «Ты одержим (или обладаем) бесом», — это совсем другое.

Позвольте подчеркнуть, что глагол *даймонизо* не содержит и намека на *одержимость*. Лично я верю, что каждый рожденный свыше христианин, вверивший свою жизнь Христу и искренне жаждущий жить для Него, принадлежит Христу и является Его собственностью. И чудовищно предполагать, что такой человек принадлежит дьяволу или является его собственностью.

С другой стороны, я знаю на основании собственной практики, служа тысячам людей, что рожденный свыше человек может быть объектом демонического влияния. Такие христиане, несомненно, принадлежат Христу, и все же существует сфера их жизни, которая еще не контролируется Святым Духом. И в таких сферах человек все еще находится под демоническим влиянием.

В этой книге я буду говорить о таких людях, как о тех, кто «демонизирован».

Греческий глагол, который обычно описывает процесс освобождения от бесов — екбалло, переводится как: 1) «изгнать», «прогнать», 2) «вынудить покинуть», «выслать», 3) «лишить права находиться», «исключить». В этой книге мы будем рассматривать практический процесс освобождения во всех этих значениях.

Другой греческий глагол, используемый в соединении с предыдущим, это ексоркизо, переводимый как «заклинать духов». На современном языке выражение «заклинать» имеет значение «выгонять злых духов из человека или из места с помощью молитв, заклинаний и религиозных обрядов». Часто это слово используется в ритуалах литургических церквей, но в Новом Завете оно встречается только один раз.

3. ПРИМЕР И СЛУЖЕНИЕ ИИСУСА

Неожиданное столкновение с открытым неповиновением бесов прямо посреди воскресного служения (как я описал это в первой главе) побудило меня начать исследовать Новый Завет в вопросе того, как Иисус разбирался с подобными ситуациями. Он является единственным основанием и примером для любого христианского служения. Поэтому в этой главе мы более детально исследуем то, как Сам Иисус разбирался с бесами.

Один из самых первых эпизодов Его публичного служения, имевший место в синагоге Капернаума, наглядно описан в Евангелии от Марка 1:21-26: *«И приходят в Капернаум; и вскоре в субботу вошел Он в синагогу и учил. И дивились Его учению, ибо Он учил их, как власть имеющий, а не как книжники. В синагоге их был человек, одержимый духом нечистым, и вскричал: Оставь! что Тебе до нас, Иисус Назарянин? Ты пришел погубить нас! знаю Тебя, кто Ты, Святой Божий. Но Иисус запретил ему, говоря: замолчи и выйди из него. Тогда дух нечистый, сотрясши его и вскричав громким голосом, вышел из него».*

Реакция присутствующих описана в 27-м и 28-м стихах: *«И все ужаснулись, так что друг друга спрашивали: что это? что это за новое учение, что Он и духам нечистым повелевает со властью, и они повинуются Ему? И скоро разошлась о Нем молва по всей окрестности в Галилее».*

В стихе 23, когда версия Короля Якова (и Синодальный перевод Библии – примеч. ред.) говорит «бесноватый» («одержимый духом нечистым»), в греческом оригинале сказано «в нечистом духе». Наверно ближайший эквивалент звучал бы так – «под влиянием нечистого духа».

Интересно, что современная Новая Интернациональная версия (общепризнанный перевод Библии на современный английский язык – *примеч. ред.*) переводит это как «одержимый духом нечистым». Это является наглядным примером того, как перевод может ввести в заблуждение относительно деятельности злых духов (бесов). Ничто в оригинальном греческом тексте не оправдывает использование здесь слова «одержимый» с его значением полной принадлежности. Такой перевод является просто выражением традиционной религиозной терминологии, которая затрудняет понимание истинного значения оригинального текста.

Иисус проповедовал в Галилее: *«Исполнилось время и приблизилось Царствие Божие»* (Марка 1:15). Как Он должен был продемонстрировать превосходство Своего Царства над царством сатаны? Существует шесть важных пунктов, которые следует отметить.

Во-первых, Иисус разбирался с бесами, а не с людьми. Бесы говорили из людей, и Иисус отвечал бесам. Дословный перевод слов Иисуса, адресованных бесу, звучит так: «Закрой пасть!»

Во-вторых, Иисус изгнал беса из человека, а не человека из синагоги.

В-третьих, Иисуса нисколько не был смущен тем, что произошла заминка, был нарушен ход собрания и религиозный порядок. Изгнание бесов было частью Его служения.

В-четвертых, бес говорил о себе и в единственном, и во множественном числе: *«Ты пришел погу-*

бить нас! знаю Тебя...» (24 стих). Этот ответ очень характерен для бесов, говорящих за себя и за других. Бес в человеке из Гадара использует ту же форму разговора: *«Легион имя мне, потому что нас много»* (Марка 5:9).

В-пятых, резонно предположить, что этот человек был обычным членом синагоги, но, очевидно, что никто не знал о его нужде в освобождении от беса. Возможно, даже сам человек мог не осознавать этого. Помазание Святого Духа на Иисусе заставило беса проявиться.

В-шестых, это драматичное противостояния бесу в синагоге положило начало публичному служению Иисуса. Он стал известен среди евреев, в первую очередь, как Человек, обладающий уникальной властью над бесами.

КАК ИИСУС РАЗБИРАЛСЯ С БЕСАМИ

Вечером того же дня, когда движение людей больше не было ограничено правилами Шаббата (субботы), мы можем сказать, что Иисус провел свое первое «служение исцеления». Евангелие от Марка 1:32-34: *«При наступлении же вечера, когда заходило солнце, приносили к Нему всех больных и бесноватых («демонизированных»). И весь город собрался к дверям. И Он исцелил многих, страдавших различными болезнями; изгнал многих бесов и не позволял бесам говорить, что они знают, что Он Христос».*

То же событие описано в Евангелии от Луки 4:40-41: *«При захождении же солнца все, имевшие больных различными болезнями, приводили их к Нему, и Он, возлагая на каждого из них руки, исцелял их. Выходили также и бесы из многих с криком и говорили: Ты Христос, Сын Божий. А Он запрещал им сказывать, что они знают, что Он*

Христос».

Чтобы иметь ясную картину того, как Иисус обращался с бесами, мы должны сопоставить эти два места Писания. В Евангелии от Марка сказано: *«Он... не позволял бесам говорить»*, но в Евангелии от Луки говорится *«выходили также и бесы из многих с криком и говорили: Ты Христос, Сын Божий».* Так же как и в том случае в синагоге, бесы публично объявляли о своем знании, что Иисус — Святой Божий, или Сын Божий, но после этого Он запрещал им говорить более сказанного.

Примечательно и то, что народ приходил к Иисусу, ища исцеление, однако, вместе с тем, многие люди получили освобождение от бесов. Повидимому, они не осознавали, что причиной некоторых их заболеваний были бесы. Что характерно для служения Иисуса от начала до конца — это то, что Он никогда не делал строгого разграничения между служением исцеления больных людей и освобождением их от бесов.

То же самое можно сказать о Его служении проповедника, согласно Евангелию от Марка 1:39: *«И Он проповедовал в синагогах их по всей Галилее и изгонял бесов».* Его служение в качестве проповедника включало в себя изгнание бесов. Это было обычной частью Его служения и сопровождало Его проповеди. Освобождение людей от бесов было одновременно, как подтверждением, так и практическим применением того, что Он проповедовал: *«Приблизилось Царствие Божие»* (Марка 1:15).

Какого рода людям, можно задать вопрос, Иисус служил таким образом? Прежде всего, набожным евреям, посещавшим каждую субботу синагогу, а остальные дни недели посвящавших заботам о своих семьях, работе на своих полях, своему ремеслу, рыбной ловле, торговле и т.д. Те, кому служил Иисус, были в массе своей людьми «нормальными» —

уважаемыми и религиозными. И все же, они были «демонизированы». Бесы получили доступ к какой-то сфере (или сферам) их личности, в результате чего эти люди не могли полностью контролировать определенные сферы внутри себя.

Нам нужно помнить, что моральный и этический свод правил евреев в те времена основывался на Десяти Заповедях и законе Моисея. Это означало, что большинство из них жили более моральной жизнью, чем большинство людей в нашем современном обществе.

Несомненно, среди современных христиан много хороших, уважаемых, религиозных людей, посещающих церковь и использующих правильный религиозный язык, — и все же, многие из них такие же, как те религиозные евреи времен Иисуса. Бесы вторглись в некоторые сферы их личности и, как результат, они не имеют полного контроля над этими сферами. Без всякого сомнения, они нуждаются в освобождении точно так же, как и люди, которым служил Иисус!

Иисус дал ясно понять, что Его практическое служение больным и демонизированным будет продолжаться без изменений до конца: *«Се, изгоняю бесов и совершаю исцеления сегодня и завтра, и в третий день кончу»* (Луки.13:32) *«Сегодня и завтра, и в третий день»* — это выражение на иврите, которое можно перефразировать так: *«начиная с этого момента и до тех пор, пока работа не будет выполнена»*. Практическое служение Иисуса началось, продолжалось и закончилось двумя служениями: исцелением больных и изгнанием бесов. Он с самого начала пошел правильным путем, который не нуждается в усовершенствовании.

Когда пришло время подготовить и послать Своих учеников, Иисус наставил их продолжать служение в точности так, как это делал Он. Двенадцати апостолам Он передал двойную власть: во-первых, изгонять бесов; и во-вторых, исцелять любого рода заболевание и немощь (см. Матфея 10:1). Затем Он дал им определенные инструкции, как использовать эту власть: *«Ходя же, проповедуйте, что приблизилось Царство Небесное; больных исцеляйте, прокаженных очищайте, мертвых воскрешайте, бесов изгоняйте»* (Матфея 10:7-8).

Марк дает краткое описание того, как ученики выполнили эту задачу: *«Изгоняли многих бесов и многих больных мазали маслом и исцеляли»* (Марка 6:13). Следовательно, изгнание бесов вовсе не было необязательной частью программы!

Позже Иисус послал еще семьдесят учеников парами, чтобы они приготовили Ему путь везде, куда Он намеревался идти. Мы не имеем детального описания Его наставлений, но совершенно ясно, что там содержалось указание изгонять бесов (и они получили власть делать это), поскольку эти ученики возвратились назад с радостью, говоря: *«Господи! и бесы повинуются нам о имени Твоем»* (Луки 10:17).

После Своей смерти и воскресения Иисус опять дал поручение Своим ученикам, но теперь Он расширил их служение, распространяя его на весь мир. Он пообещал, что служение тех, кто будет двигаться в вере и послушании, будет сопровождаться пятью сверхъестественными знамениями. Вот два первых из них: *«...именем Моим будут изгонять бесов; будут говорить новыми языками»* (Марка 16:17).

С начала двадцатого столетия в проповедях и учениях было уделено много внимания второму знамению: говорению на новых языках. Но знамение, указанное Иисусом в первую очередь — изгнание бесов, не получило надлежащего внимания. Очень печально, что современная Церковь не отнеслась серьезно к вопросу изгнания бесов.

Еще одно описание последнего поручения Иисуса Своим ученикам мы находим в Евангелии от Матфея 28:19-20: *«Итак, идите, научите все народы, крестя их во имя Отца и Сына и Святого Духа, уча их соблюдать все, что Я повелел вам; и се, Я с вами во все дни до скончания века».*

Это поручение было простым и практическим: приобретать учеников (буквально: «производить учеников» — *примеч. ред.*) и затем *обучать их исполнять все, что повелел Иисус Своим первым ученикам.* Затем, эти новые ученики в свою очередь научат следующих учеников тому, чему учил Иисус. И таким образом, это будет продолжаться от одного поколения к другому — и так *«до скончания века».* Иисус начал готовить Своих учеников по правильной «программе» и никогда не предусматривал никаких изменений для нее. К сожалению, на протяжении последующих столетий Церковь предприняла множество недозволенных (несанкционированных и неправомочных) изменений, и ни одно из них не было изменением к лучшему!

НОВОЗАВЕТНЫЙ ОБРАЗЕЦ ПРОПОВЕДИ ЕВАНГЕЛИЯ

Новый Завет дает один ясный пример ученика, который служил по образцу служения Иисуса: это — Филипп. Это единственная личность в Новом Завете, названная «евангелистом» (Деяния 21:8), и его служение, описанное в книге Деяний 8:5-13 и 26-40, является примером новозаветного стандарта проповеди Евангелия.

Проповедь Филиппа была очень простой. Мы читаем, что в Самарии он *«проповедовал Христа».* А эфиопскому евнуху он *«проповедовал Иисуса».* Филипп не нуждался в организационном комитете, рекламе, музыкальном сопровождении и арендованном зале. Причина, почему толпы собирались слушать его, была только одна — наглядная демонстрация Божественной сверхъестественной силы. Деяния 8:6-7: *«Народ единодушно внимал тому, что говорил Филипп, слыша и видя, какие он творил чудеса. Ибо нечистые духи из многих, одержимых ими, выходили с великим воплем, а многие расслабленные и хромые исцелялись».*

Это новозаветный стандарт: звучит Евангелие, и толпы людей слушают — они видят чудеса и изгнание бесов, верят и получают крещение — в результате, образуется поместная община. Центральным элементом является изгнание бесов, часто сопровождаемое шумом и проявлениями, нарушающими порядок. Другие атрибуты евангелизма могут меняться, но этот элемент является центральным для евангелизма, практикуемого в Новом Завете, — сначала Иисусом, затем Его учениками.

Этот образец евангелизма не ограничивается только учениками, бывшими свидетелями служения Иисуса. Он был явлен и в служении апостола Павла. Однажды успех Павла в изгнании бесов произвел впечатление на весь город Ефес. Деяния 19:11-17: *«Бог же творил немало чудес руками Павла, так что на больных возлагались платки и опоясания с тела его, и у них прекращались болезни, и злые духи выходили из них. Даже некоторые из скитающихся Иудейских заклинателей стали употреблять над имеющими злых духов имя Господа Иисуса, говоря: заклинаем вас Иисусом, которого Павел проповедует. Это делали какие-то семь сынов Иудейского первосвященника Скевы. Но злой дух сказал в ответ: Иисуса знаю, и Павел мне известен, а вы кто? И бросился на них человек, в котором был злой дух, и, одолев их, взял над ними такую силу, что они, нагие и избитые, выбежали из того дома. Это сделалось известным всем живущим в Ефесе Иудеям и Еллинам, и напал страх на всех их, и величаемо было имя Господа Иисуса».*

Поскольку сыновья Скевы намеренно подражали Павлу, мы видим в их действиях попытку «позаимствовать опыт», благодаря чему мы можем сформировать представление о том, как разбирался с бесами сам Павел. Судя по всему, он прямо обращался к бесам и приказывал им во имя Иисуса выходить из людей. Таким образом, мы понимаем, что Павел следовал примеру самого Иисуса.

Позорный провал сыновей Скевы также является явным доказательством того, что успех в изгнании бесов не зависит просто от использования «правильной формулы». Человек должен не только следовать образцу, но также быть искренним и податливым каналом для сверхъестественной Личности Святого Духа.

Вдобавок, эти события в Ефесе дают новозаветные примеры того, как служение освобождения может повлиять на целое общество. Вся эта бурная история с сыновьями Скевы, закончившаяся бегством в неприглядном виде от демонизированного человека, оказала влияние на весь город Ефес, и особенно на живущих там христиан. Это послужило к тому, что была произведено четкое различие между учениками Иисуса и неверующими. Деяния 19:18-19: *«Многие же из уверовавших приходили, исповедуя и открывая дела свои. А из занимавшихся чародейством довольно многие, собрав книги свои, сожгли пред всеми, и сложили цены их, и оказалось их на пятьдесят тысяч драхм».*

Вплоть до этого момента многие верующие, по-видимому, пытались стоять одной ногой в Царстве Божьем, а другой — в царстве сатаны. Они говорили о том, что веруют во Христа, но все же сохраняли у себя свитки, содержащие тайные заклинания, используемые для занятий оккультизмом. Видимо, свитки были очень дорогими, и это было одной из причин, почему христиане не желали расстаться с ними. Но когда у них раскрылись глаза на духовную реальность, они предпочли увидеть свои свитки горящими.

В те дни драхма была общепринятой платой за один рабочий день. Если бы мы подсчитали стоимость тех свитков, используя значение средней зарплаты наших дней на Западе (минимальная заработная плата в Соединенных Штатах — 40 долларов в день), то у нас получилась бы сумма больше двух миллионов долларов. (Можно представить, сколько всего денег было выручено только за оккультные книги в этом отдельно взятом античном городе!)

Результат этого наглядного противостояния между двумя царствами приведен в заключительном стихе: *«С такою силою возрастало и возмогало слово Господне»* (Деяния 19:20).

Если евангелизм очень редко достигает такого результата в современном мире, то мы можем задать вопрос: кто изменился? Иисус? Бесы? Или Церковь?

Часть вторая

В ШКОЛЕ ПРАКТИКИ

Личный опыт сам по себе никогда не является достаточным основанием для установления Библейского учения. Однако порой он может помочь нам увидеть, как применить на практике ту доктрину, которую раньше мы знали только теоритически.

Именно так все и было, когда я лично столкнулся с бесами. Я был знаком с описаниями того, как Иисус и Его ученики обращались с бесами, и принимал это, как часть откровения Священного Писания. Но оно никогда не было живым для меня.

Мне была хорошо знакома радость привода грешника ко Христу. Я также видел ответы на молитвы людей, просивших о физическом исцелении. Но я не имел осознанного и реального опыта в противостоянии и изгнании бесов с теми очевидными проявлениями и результатами, которые так наглядно Затем Бог по Своей суверенной воле дал мне прямое личное переживание в различении и обращении с бесами. Прежде всего, я сам получил свободу от постоянных, запинающих приступов депрессии, когда осознал, какой источник подпитывает их и воззвал к Богу об освобождении. Позже я встретился с проявлениями бесов в других людях и испытал на своем личном опыте истинность обещания Иисуса Своим ученикам в Евангелии от Марка 16:17: *«Именем Моим будут изгонять бесов»*. Это добавило новое важное измерение в моем служении.

Оглядываясь назад, я понимаю, что Бог зачислил меня в Свою «школу практики», суверенно проводя меня от одного столкновения с бесами к другому. В конце концов, противостояние с бесами стало обычной частью моего христианского служения.

В следующей главе я поделюсь некоторыми самыми важными уроками, которым Бог научил меня в том пути, по которому Он вел меня.

4.
МОЯ БИТВА С ДЕПРЕССИЕЙ

Хорошо помню годы перед Второй Мировой войной. После начала войны я четыре с половиной года находился в британской армии, участвовавшей в боевых действиях на Ближнем Востоке. Затем, по окончании войны, я женился на Лидии Кристенсен, датской учительнице, которая возглавляла маленький семейный детский дом в Иерусалиме. В результате моего брака, я стал главой этого детского дома и отцом восьми приемных дочерей Лидии, из которых шесть были еврейками, одна — палестинской арабкой, и самая маленькая — англичанкой.

Всей нашей семьей мы были свидетелями возрождения государства Израиль в 1948 году и затем переехали в Лондон. Мы оказались в городе, устало пытавшимся восстановить свою вдребезги разбитую войной жизнь. Во время войны на протяжении многих дней нацистские бомбардировщики ночи напролет изливали дождь ужаса и уничтожения на людей, которые не могли отплатить тем же. Много дней спустя, уже под мирным небом, кровоточащие раны города были все еще видны.

Многие улицы напоминали мне человека, который пытается улыбнуться при отсутствии двух или трех передних зубов. Посреди уцелевших домов, просматривались заросшие сорняками пустыри, служившие безмолвными памятниками целым семьям, погибшим под обломками своего собственного дома. Но еще более жутко выглядели пустые каркасы домов с почерневшими, обвалившимися стенами и пустыми глазницами окон. Взгляд безуспешно блуждал в поисках хоть каких-нибудь остатков изящества и красоты. Внешнее состояние города отражало внутренние эмоциональные раны людей, его населяющих. Всюду чувствовался усталый цинизм. Британия вышла из войны победительницей, но эта победа оставляла привкус горечи. Практически все основные продукты питания были в дефиците. Такие товары, как сахар, масло, чай и табак, которые могли принести в жизнь немного радости или, по крайней мере, сделать ее более терпимой, были строго нормированы. Очереди были длинными, а настроение — подавленным.

Уровень духовной жизни Британии был самым низким, если не за всю историю ее христианства, то по крайней мере, за последние двести лет. Менее пяти процентов населения регулярно посещали места поклонения Богу. Многие церкви были разобраны или переделаны в мебельные склады. Среди тех церквей, которые остались открытыми, только некоторые несли позитивное послание надежды, которое могло послужить противоядием преобладающей депрессии.

Вскоре после того, как мы приехали в Лондон, я начал свое пасторское служение в маленькой пятидесятнической общине, которая находилась недалеко от центра города. Мое основное впечатление о том времени одно — серость. Улицы были серыми, дома были серыми, люди были серыми. Большую часть времени и небо было серым. Дым от сжигания топлива, которое использовалось для обогрева домов, задерживал, по меньшей мере, четвертую часть солнечного света, который мог бы уменьшить серость. В зимнее время город порой погружался в такой густой смог, что практически было невозможно разглядеть вытянутую руку.

Однако был другой тип серости, еще более депрессивный. Это была странная, необъяснимая серость внутри моей души. По духовным стандартам того времени, я был сравнительно успешным служителем. Каждую неделю кто-то приходил к Господу, или я был свидетелем чудесного исцеления, либо каких-то других проявлений сверхъестественной силы Святого Духа. И все же меня преследовало постоянное внутреннее чувство разочарования. Неслышный голос как будто шептал: «Другие могут иметь успех, но не ты».

Мой жизненный опыт к тому времени состоял из череды успехов. Избранный на королевский стипендиат Итона в возрасте тринадцати лет, я закончил Кингз-Колледж в Кембридже в качестве лучшего студента своего года. После защиты с отличием обоих уровней классического экзамена (официальный курс изучения латинского и греческого, культуры и истории) я был избран главным аспирантом университета на два года. Наконец, в возрасте 24 лет я был избран на заветную для многих позицию члена научного общества (профессуры) Кингз-Колледжа Кембриджского университета. Нестроевой род моей службы в медицинском корпусе британской армии не позволял мне получить офицерский чин во время войны. Тем не менее, по ее окончании, я был демобилизован с высшей характеристикой, которую только можно заслужить в британской армии: *образцовый.*

Во время моей военной службы я пережил сверхъестественную встречу с Иисусом Христом, которая кардинальным образом поменяла все мои цели в жизни. Со времени моего увольнения из армии я мог видеть, как Бог вел меня шаг за шагом к моему служению пастора. Это была ирония, которой я не мог понять. Пока я ходил своими собственными путями по жизни, игнорируя Бога, я достигал одного успеха за другим, и так без конца. И вот теперь, искренне пытаясь следовать Божьему плану для своей жизни, я постоянно испытывал давящее чувство, что я не справлюсь, и что меня ждет провал.

При всем этом я никогда не подвергал сомнению реальность моего спасения. Оно было слишком глубоко и слишком реально. И все же временами депрессия опускалась на меня, подобно серому туману, окутывая мои плечи и голову. Стряхнуть этот туман было все равно, что попытаться вырваться из тюрьмы. Я чувствовал себя изолированным и одиноким, оторванным от остального мира, включая даже самых близких — жену и дочерей. Я не знал ни одного зрелого служителя, к которому мог бы обратиться за помощью.

Я перепробовал каждое духовное средство, который только знал, чтобы сбросить эту депрессию. Я верно читал свою Библию, по меньшей мере, дважды в день. Я постился один день в неделю. Время от времени я посвящал несколько дней или неделю интенсивной молитве и посту. В такие времена депрессия оставляла меня ненадолго, но затем возвращалась опять. Каждый раз, когда это случалось, моя безнадежность становилась только глубже.

Мне было известно наставление из Послания к Римлянам 6:11: *«почитайте себя мертвыми для греха»*. День за днем я почитал себя мертвым для греха и для всех последствий депрессии, которые он принес мне. Но, казалось, я в действительности не мог войти в следующую часть стиха: быть *«живыми для Бога во Христе Иисусе, Господе нашем»*.

ПОБЕДА НАД МОИМ ВРАГОМ

В конце концов, в 1953 году, когда я исчерпал все свои ресурсы, Бог пришел мне на помощь совершенно неожиданным для меня образом. Я читал первые стихи 61 главы Книги пророка Исаии, которые описывают сверхъестественную работу Святого Духа в подтверждении проповеди Евангелия, — это слова, которые Иисус сказал о Себе, выступая в синагоге в Назарете (см. Луки 4:16-21). Когда я дошел до слов в третьем стихе *«вместо унылого духа* (в др. переводах: «духа тяжести, безнадежности, отчаянья и упадка сил» — примеч. ред.) — *славная одежда»*, то просто не мог дальше читать. Слова *«унылый дух»* как будто были подчеркнуты чьей-то невидимой рукой.

Я повторил эту фразу: *унылый дух*. Был ли это Божий диагноз моего состояния? Могло ли это означать, что силы, с которыми я боролся, не были частью меня самого, но чужой личностью — злым духовным существом, которое каким-то образом оккупировало определенное место в моем разуме?

Мне на память пришло словосочетание, которое я когда-то слышал, но не понимал: *фамильный дух*. Может ли оно свидетельствовать о существовании какой-то злой силы, которая может каким-то образом прицепиться к членам семьи, переходя от поколения к поколению?

Некоторые черты характера моего отца, всегда озадачивали меня. Он был хорошим человеком, с высокими моральными качествами. Он был успешным офицером, уволенным в запас в чине полковника. 98% времени он вел себя как английский джентльмен, которым он и был. Но во время тех двух процентов времени я видел в нем нечто чуждое и не свойственное его личности. Казалось бы, совершенно незначительные инциденты могли вдруг настолько огорчить его, что он на 24 часа впадал в жесткое, каменное молчание. Он закрывался от моей матери и не открывал рта даже чтобы сказать спасибо за чашку чая. Затем, без видимых причин, он вдруг опять возвращался в свое нормальное состояние хороших манер.

Получив новое понимание сути происходящего, я увидел тот же «темный дух», преследующий мою жизнь с детства. По-видимому, он изучил мой темперамент и стал использовать мои слабости и мои реакции. Он знал, когда я бываю наиболее уязвимым для его давления. И теперь он имел одну главную цель: помешать мне эффективно служить Христу.

Это был ключевой момент моей жизни. Я всегда рассматривал свою депрессию и негативное отношение, как выражение моего собственного характера, как что-то, с чем я был рожден. Я чувствовал вину, что я не становился «лучше», как христианин. Теперь для меня стало ясно, что здесь мне следует бороться не против части моей собственной личности.

Немедленно Святой Дух напомнил мне обетование из Книги пророка Иоиля 2:32: *«И будет: всякий, кто призовет имя Господне, спасется»*. На основании своего изучения иврита я знал, что этот глагол также имеет значение *«будет освобожден»*. Я решил применить это обетование и действовать соответственно ему. Я произнес простую молитву: «Господи, Ты показал мне, что я находился под давлением духа уныния, но Ты обещал в Своем Слове, что если я призову Твое имя, то буду освобожден. Поэтому я призываю Тебя освободить меня во имя Иисуса!»

Ответ был немедленным. Что-то подобное огромному небесному пылесосу опустилось на меня и поглотило серую пыль, которая окутывала мою голову и плечи. В то же время давление в районе моей груди было с силой высвобождено, и я сделал непроизвольный выдох.

Бог ответил на мою молитву. Неожиданно все вокруг меня стало как будто ярче. Я почувствовал, как тяжелое бремя было снято с моих плеч. Я был свободен! Всю свою жизнь я находился под этим давлением, и для меня было странно чувствовать себя свободным. Но очень быстро я понял, что это состояние было нормой, а давление было неестественным.

Однако мой старый враг сдался не сразу. Он попытался взять реванш, и я все еще должен был сражаться с депрессией. Но огромная разница заключалась в том, что его атаки теперь приходили извне, а не изнутри. Постепенно я научился не поддаваться им.

Главная цель атак, направленных против меня, была в том, чтобы вызвать во мне негативную реакцию и пессимизм. Когда мне казалось, что все идет не так, я начинал развивать негативные мысли о том, что будет. Вскоре после этого я начинал чувствовать такой знакомый серый туман, начинавший окутывать мою голову и плечи.

Когда такое происходило, Бог дал мне другой важный урок: Он сделает для меня то, что я не могу сделать для себя, но Он не будет делать за меня то, что следует делать мне. Бог ответил на мой зов и освободил меня от духа уныния, но после этого Он возложил на меня ответственность за тренировку и Библейскую дисциплину своих мыслей.

Конечно же, я нуждался в чем-то, что помогло бы мне защитить мой разум. Когда я размышлял о духовном оружии, перечисленном Павлом в Послании к Ефесянам 6:13-18, я сделал заключение, что то, что апостол назвал «шлемом спасения» было предназначено для защиты моего разума. Это навело меня на размышления: имею ли я уже шлем спасения? Я знаю, что я спасен. Значит ли это, что я имею шлем автоматически?

Затем я увидел, что Павел написал это христианам, которые уже были спасены, однако он все равно пишет им: «шлем спасения возьмите», т.е. ответственность за это действие возложена на меня. Я сам должен был взять шлем. Но что было шлемом?

К счастью, я использовал Библию, в которой были указаны параллельные места. Рядом с Ефесянам 6:17 стояла ссылка на 1-е Фессалоникийцам 5:8:

«Облекшись... в шлем надежды спасения». Итак, шлем, который Бог приготовил для защиты моего разума, была *надежда*!

Это дало пищу моему логическому разуму. Моей проблемой был пессимизм, но противовес пессимизму — это оптимизм, постоянная надежда на лучшее. Следовательно, моей защитой была надежда.

От 1-го Фессалоникийцам 5:8 я обратился к Посланию Евреям 6:18-20: *«Дабы... твердое утешение имели мы, прибегшие взяться за предлежащую надежду, которая для души есть как бы якорь безопасный и крепкий, и входит во внутреннейшее за завесу, куда предтечею за нас вошел Иисус...»*

Мы находим здесь два прообраза надежды. Во-первых, надежда сравнивается с рогами по краям жертвенника. Во времена Ветхого Завета, когда человека преследовал враг, желающий убить его, он мог найти защиту, ухватившись за рога жертвенника, и тогда враг не мог убить его. Для меня этот жертвенник говорил о жертве, принесенной Иисусом на кресте. Эти рога символизируют мою надежду, которая основана на Его жертве. Пока я крепко держусь за эту надежду, мой враг не может подойти, чтобы поразить меня.

А как насчет второго прообраза — надежды как якоря? Это вызвало краткий диалог в моем разуме.

— *Что нуждается в якоре?* — Корабль.

— *Почему корабль нуждается в якоре?* — Потому что он плавает в воде — в нестабильной среде, где нет никакой возможности закрепиться. Якорь проходит через толщу этой нестабильной среды и закрепляется в чем-то крепком и непоколебимом, например, в скале. Я увидел, что надежда может быть таким якорем в моей жизни — проходящим через постоянные волнения и нестабильность этой жизни и закрепленным навсегда в «Твердыне вечной» — «Скале веков» — в Иисусе.

По мере моего размышления над этим, я понял, что существует разница между надеждой и позитивным мышлением. Читая далее Послание Евреям, я увидел, что *«вера же есть осуществление ожидаемого* (др. переводы: *«сущность и основание того, на что мы возлагаем надежду» — примеч. ред.)»* (Евреям 11:1). Я нуждался в такой надежде, которая была бы заякорена на твердом основании веры в Слово Божье и его обетования. Без этого Библейского основания надежда может быть ничем иным, как только позитивным мышлением (т.е. принятием желаемого за действительное — *примеч. ред.*).

Постепенно я разработал простой и практический путь, как применять эти истины в своей повседневной жизни. Я научился различению между теми мыслями, которые происходили из моего собственного разума, и теми, которые были навеваемы бесами. Каждый раз, когда враг пытался подбросить мне негативную и пессимистическую мысль, я дисциплинировал себя, провозглашая позитивное слово Писания.

Если демон пытался убедить меня, что вещи происходят не так, как нужно, то я провозглашал место из Послания Римлянам 8:28: *«Любящим Бога, призванным по Его изволению, все содействует ко благу»*. «Я люблю Бога, — отвечал я своему невидимому врагу, — и я призван по Его изволению. Поэтому все содействует к моему благу».

Время от времени враг прибегал к тактике, которую он часто использовал в прошлом: «У тебя никогда не будет успеха». Я парировать этот выпад врага стихом из Послания Филиппийцам 4:13: *«Все могу в укрепляющем меня Иисусе Христе»*.

Полная победа пришла не сразу. Но со временем мои ментальные рефлексы укрепились до такой степени, что я почти автоматически отражал любые негативные внушения врага позитивными словами из Писания. В результате, этот бес просто напрасно тратил время, атакуя меня.

Бог также начал учить меня важности постоянного поклонения и благодарения. Я обнаружил, что это окружало меня атмосферой, которая отталкивала бесов. Я был впечатлен словами Давида в Псалме 33:2: *«Благословлю Господа во всякое время; хвала Ему непрестанно в устах моих»*.

Вступление к этому псалму указывает на то, что в тот момент своей жизни Давид убегал от царя Саула, который хотел убить его. Давид попытался скрыться у языческого царя Анхуса, который не оказал ему теплого приема. Чтобы спасти свою жизнь, Давиду пришлось притвориться: *«И изменил лицо свое пред ними, и притворился безумным в их глазах, и чертил на дверях, и пускал слюну по бороде своей»* (1 Царств 21:13).

Если Давид мог продолжать благословлять Бога в той ситуации, подумал я, то не существует никакой ситуации, в которой бы я не должен был бы делать то же самое.

УРОКИ

Из этой борьбы я вынес три урока, которые подтвердили свою ценность: 1) реальность демонической активности такова, как она описана в Новом Завете; 2) Бог предусмотрел сверхъестественное обеспечение для освобождения; 3) необходимо хранить свое освобождение, дисциплинируя себя в применении Писания.

Зачастую христиане склонны смотреть на вопрос освобождения односторонне. Некоторые делают ударение на самом процессе изгнания бесов. Другие отвергают сверхъестественный элемент в освобождении и делают упор только на необходимости христианской дисциплины.

Истина в том, что одно не может быть заменой

другому. Освобождение не может быть заменено дисциплиной, и дисциплина не может послужить заменой освобождению. Необходимо и то, и другое.

Оглядываясь на прожитые годы, время от времени я спрашиваю себя, какой бы курс приняла моя жизнь, если бы Бог не пришел мне на помощь со Своей сверхъестественной силой и не освободил бы меня от злого духа уныния? У меня нет сомнений, что рано или поздно я оказался бы в таком отчаянии, что был бы вынужден прекратить служение. И как прекрасно оглядываться назад на более чем сорок лет плодоносного служения, которое последовало за освобождением!

Однако я отдаю себе отчет, что моя борьба с бесами не была каким-то странным и уникальным переживанием. Напротив, я верю, что всякий призванный к христианскому служению, входит в число главных целей атак сатаны. Враг направляет на них непрестанное демоническое давление и мучение, пытаясь вывести их из служения. К несчастью, слишком часто ему это удается!

Существует только одно надежное средство защиты: научиться распознавать демоническую активность и действовать соответственно установленному Иисусом образцу.

Это было основной причиной, побудившей меня написать эту книгу.

5. ЛЮДИ, КОТОРЫМ Я НЕ СМОГ ПОМОЧЬ

Было бы естественным предположить, что сразу же после моего чудесного освобождения от депрессии я начал немедленно делиться этой замечательной истиной с моей общиной. К несчастью, все было не так. Для этого существовало две главные причины.

Причина первая и очень простая: *гордость*. Я чувствовал, что моей пасторской обязанностью было жить на более высоком духовном уровне, чем остальные члены моей общины. Я должен был быть человеком с ответом на их проблемы, — к кому бы они приходили за помощью. Что бы случилось, если бы я вдруг публично заявил, что освободился от беса? Большинство членов содрогнулись бы при одном упоминании слова бес. А вдруг они потеряли бы уважение ко мне, как к пастору? Что если они прекратили бы слушать мои проповеди? А что если бы я остался без общины, над которой так много трудился?

Я решил, что освобождение от беса было моим «личным делом». И пастору не следует делиться такими вещами со своей общиной.

Но была и другая причина моей сдержанности. С момента своего обращения, я отождествлял себя с пятидесятническим движением и соглашался с его основными доктринальными позициями. Одна из таких доктрин гласила, что если человек спасен, крещен Духом Святым и говорит на иных языках, то он не может после этого нуждаться в освобождении от бесов. На самом деле, даже сделать такое предположение уже было бы непочтительно.

Я никогда не слышал и не читал ни одного обоснованного Библейского подтверждения такой доктринальной позиции. Большинство христиан считали это настолько очевидным, что даже не искали для этого подтверждения в Библии. Время от времени, конечно, кто-то упоминал слова Иисуса из Евангелия от Иоанна 8:36: *«Итак, если Сын освободит вас, то истинно свободны будете»*, как если бы этим решались все вопросы.

Но всего лишь несколькими стихами выше мы находим такое утверждение Иисуса: *«Если пребудете в слове Моем, то вы истинно Мои ученики, и познаете истину, и истина сделает вас свободными»* (Иоанна 8:31-32). Следовательно, состояние «истинной свободы» не приходит автоматически, но при условии познания истины Слова Божьего и хождения в послушании Ему.

Это поставило меня перед некоторыми сложными вопросами. Предположим, что какое-то время я не был послушен так, как следовало. Нуждался ли я тогда в дальнейшем освобождении? Как я мог знать из своего личного опыта, что действительно был «истинно свободен»?

Я сделал вывод, что пока не в состоянии дать точный ответ. Я также осознал, что религиозные традиции оказывают сильнейшее влияние на жизнь служителей, а зачастую и формируют ее. Для освобождения от контроля традиций необходима реальная сила и действительные убеждения. Я рассуждал так: одно дело — получить освобождение для себя лично; но совершенно другое дело — идти и начать учить других, что крещенные Духом Святым христианине могут нуждаться в освобождении от бесов. Многие мои друзья-пятидесятники (и, конечно же, другие круги Церкви) немедленно заклеймили бы меня, как еретика.

К тому же, я не был уверен, что случившееся

со мной, могло послужить примером для других. Возможно, мой случай был уникальным (т.е. только я один нуждался в таком освобождении). Если так, то даже упоминание в моей общине того, что они, возможно, нуждаются в освобождении от бесов, могло подорвать их веру и внести в их жизнь нестабильность.

В конце концов, я поделился переживанием своего освобождения только со своей женой и ничего не сказал об этом публично. Несмотря на то, что христиане обращались ко мне со своими проблемами, которые они не могли разрешить, я никогда не упоминал о том, что причиной их проблем могут быть бесы, от которых им надо получить освобождение. Мне стыдно говорить, что я просто исключил эту возможность из своего мышления.

Это небиблейское решение очень ограничивало эффективность моего служения. Некоторые люди, которым я пытался помочь, достигли реальной свободы и победы. Однако другие проходили лишь определенную дистанцию и затем упирались в какой-то невидимый барьер. Они так никогда и не реализовали полностью своего потенциала как христиане.

МАРКУС И РОДЖЕР

Сегодня я осознаю, что не исполнил свои пасторские обязанности. Два особых случая запечатлелись в моей памяти. Я сожалею, что не подал той помощи, в которой эти люди нуждались.

Первым был Маркус, еврей из Германии. Он и его старший брат остались единственными из их большой семьи, кто не был сожжен в гитлеровских газовых камерах. Затем, уже находясь в Англии, Маркус пережил сильнейшую личную встречу с Иисусом из Назарета и получил крещение в Святом Духе. Много раз во время нашей молитвы я слышал, как он ясно и свободно молился на ином языке. (Я знаком с немецким языком и знаю, что это не был язык, на котором он говорил.) Все время моего знакомства с Маркусом я видел, как он смело и верно свидетельствовал об Иисусе, как о своем Спасителе и Мессии. И все же он никогда, казалось, не имел того глубокого внутреннего мира, который был обещан Иисусом верующим в Него.

Кроме травмы, нанесенной Холокостом, Маркус имел другие эмоциональные проблемы из прошлого. Когда он родился, его мать хотела дочь и не хотела смириться с тем фактом, что он был мальчиком. Все детство она одевала его, как девочку, и обращаВремя от времени Маркус переживал радость реального мира и победы, но потом впадал в черное отчаяние. Он мучился чувством вины, которое не мог ни объяснить, ни разрешить. Временами, чтобы наказать себя, он вкладывал свои пальцы в дверь и закрывал ее. Он дошел до того, что пил свою собственную мочу.

После подобных эпизодов он обращался ко мне за помощью. «Вы можете выгнать этого дьявола из меня?» — плакал он. Но я закрыл свой разум для возможности, что он действительно нуждается в освобождении от беса. В конце концов, я слышал его говорящим на иных языках!

После того, как я оставил свое пасторское служение в Лондоне, я постепенно потерял прямой контакт с Маркусом. Но через общего друга я узнал, что врачи сделали ему операцию по рассечению лобной доли головного мозга для удаления определенных нервных волокон, в попытке исправить трудноизлечимое ментальное расстройство. Очевидно, это лечение не помогло Маркусу, и через некоторое время он преждевременно умер.

Оглядываясь назад, я чувствую, что мог бы помочь Маркусу, если бы решился признать демонический корень его проблемы.

Другой случай произошел с Роджером, молодым человеком, который пришел к Господу на уличном собрании, на котором я проповедовал. Он пережил глубокое и мощное обращение, был крещен в Духе Святом и стал ревностным и посвященным свидетелем и слугой Господа. Его усердие и посвящение устыдили некоторых наших членов.

Однако Роджер имел один преследующий его грех, — очень постыдный, и поэтому никто не говорил об этом в те дни. Это была мастурбация. Он ненавидел это и боролся с этим, но не мог одержать полной победы.

Роджер приходил к нам с Лидией и просил молиться за него. Однажды мы молились за него с десяти вечера до двух часов ночи. К этому моменту Роджер сказал: «Оно оставляет меня, оно оставляет меня! Не прекращайте молиться; я чувствую это. Оно в моих пальцах, оно уходит!» Казалось, победа была нашей, но каким-то образом она всегда ускользала от нас.

И все годы, что я знал Роджера, он так и не смог достичь полной победы над своей проблемой.

ЗОНД И ЩИПЦЫ

Маркус и Роджер — только два примера людей, которым я не помог, потому что не разбирался с их проблемам, как с демоническими. Это было похоже на случай, который произошел во время Второй Мировой войны, когда я служил в медицинском корпусе действующей британской армии в Северной Африке.

Британский солдат пришел на наш приемный пункт с раной от шрапнели, попавшей в него от разорвавшейся рядом бомбы. Он снял свою рубашку, показав маленькое отверстие в плече. Край раны слегка почернел.

Подумав о готовой стерильной повязке, которая

была в нашем медицинском снаряжении, я сказал офицеру-медику:

— Наложить повязку, сэр?

— Нет, это не то, что сейчас нужно, — ответил доктор, — принесите мне зонд.

Доктор посадил раненого на стул. Затем, он ввел в рану тонкий серебряный стержень и пару минут аккуратно водил им из стороны в сторону. Неожиданно раненый вскрикнул и подпрыгнул.

— Теперь принесите мне щипцы, — сказал доктор.

Я дал ему хирургические щипцы, которые он ввел туда, где зонд в ране обнаружил инородное тело, и осторожно извлек оттуда маленький кусочек черного металла. После очищения раны он наконец сказал мне:

— Теперь можете наложить повязку.

После всего он объяснил мне:

— Видите ли, осколок шрапнели, который проник в тело, был все еще там. Если бы мы просто покрыли рану и не извлекли из нее инородное тело, то он стал бы постоянным источником инфекции и дальнейших осложнений.

Оглядываясь назад на свое служение в Лондоне, я сознаю, что делал ту же ошибку, что и в тот день на медицинском пункте во время войны. Пытаясь помочь людям, пришедшим ко мне, я пробовал наложить повязку первой помощи на рану, которая все еще содержала демонический источник «инфекции». Прежде чем действительно помочь таким людям, мне необходимо было иметь два необходимых инструментах духовного снаряжения: «зонд» распознания и «щипцы» освобождения.

В последующих главах я опишу, как Бог действовал в моей жизни, чтобы снабдить меня этими необходимыми инструментами служения.

6.
СТОЛКНОВЕНИЕ С БЕСАМИ

В 1957 году я оставил пасторскую службу в Лондоне и вместе с Лидией уехал на миссионерский труд в Кению в качестве руководителя колледжа для подготовки школьных учителей. Мы подружились с командой африканских евангелистов, которые рассказывали нам о своем личном знакомстве с бесовскими проявлениями.

Однажды они служили одной необразованной африканской женщине, которая разговаривала только на диалекте своего племени. Но бес проговорил из нее на английском языке: «Вы не сможете изгнать нас; вы не достаточно образованы для этого». На что мои друзья ответили: «Мы изгоняем тебя не потому, что имеем образование, а потому что мы служители Господа Иисуса Христа!»

Я хорошо знаю своих друзей и с убеждением могу сказать, что они не преувеличивали и не фантазировали. Рассказы об их столкновениях с бесами напомнили мне все случаи, описанные в Новом Завете. Но я не знал, что делать со всей этой информацией. Занятый работой в качестве директора колледжа я «отложил это в долгий ящик».

После пятилетнего служения мы с Лидией оставили Кению и путешествовали и служили два года в Европе, Британии, Канаде и Соединенных Штатах. Затем, в 1963 году, я принял предложение стать пастором маленькой пятидесятнической общины в Сиэтле.

В одну из суббот мне позвонил Эрик Ватсон,

харизматический баптистский пастор, с которым я был немного знаком.

— У меня находится женщина, — сказал он, — которая крещена в Духе Святом. Но она нуждается в освобождении от злых духов.

Никогда до этого я не слышал, чтобы так говорил баптистский пастор. Но что последовало за этим, было еще более неожиданным.

— Господь показал мне, что вы и ваша жена должны стать инструментами для ее освобождения, — продолжал он, — и это должно произойти сегодня.

Я был несколько застигнут врасплох. Конечно, я не собирался позволять другому человеку принимать такое решение за меня. Поэтому я выдохнул краткую молитву: «Господь, это от Тебя? Ты действительно хочешь, чтоб я сделал то, что он сказал?»

К своему удивлению, я почувствовал, что Господь ответил мне: «Да, это от Меня».

— Хорошо, — ответил я пастору, — привезите женщину.

ПЕРВАЯ БИТВА

Пока мы с Лидией ждали пастора Ватсона и женщину, к нам неожиданно пришли Джон и Шерри Фолкнер, супружеская пара пресвитериан, только что получившая крещение в Духе Святом. Мы рассказали им об ожидаемом визите и пригласили их остаться для молитвы.

Затем вошел Эрик Ватсон в сопровождении голубоглазой блондинки, которую он представил, как миссис Эстер Хендерсон. Я внимательно вгляделся в нее, стараясь найти какие-то внешние признаки ее странного духовного состояния: например, дикий блеск глаз или, возможно, металлическое звучание голоса. Но она выглядела совершенно обыкновенной американкой, домохозяйкой среднего класса, на вид лет около тридцати пяти. Она не выглядела взволнованной или испуганной.

Пастор Ватсон немедленно принялся за дело. Он усадил Эстер на стул и объяснил:

— Она получила освобождение от беса никотина, но остались и другие.

Слушая, что он говорил, я решил занять нейтральную позицию, пока Господь не даст мне ясности или направления.

Пастор Ватсон встал прямо перед Эстер и сказал громким голосом:

— Вы, злые духи, я приказываю вам выйти из Эстер!

Когда это не произвело никакого видимого результата, его голос повысился, и он повторил те же слова:

— Я приказываю тебе выходить из нее!

И все же ничего не произошло.

— Я знаю, что вы здесь, — продолжал пастор, — и я приказываю вам выходить во имя Иисуса!

В тот момент, когда он произнес имя Иисуса, мы четко увидели определенную реакцию со стороны Эстер. Я сидел близко от нее и внимательно наблюдал за всем происходящим. Выражение ее лица изменилось. Это было подобно тому, как будто другая личность появилась на поверхности. Желто-зеленый свет появился в центре ее зрачков. Я осознал, что внутри этой простой баптистской домохозяйки находилась другая сила.

Эрик Ватсон продолжал стоять и громким голосом приказывать чему-то — чтобы это ни было — покинуть Эстер. Очевидно, он чувствовал, что крик дает ему больше власти. Но через некоторое время похоже он осознал, что нет никакого прогресса, и вопросительно взглянул на меня.

Все это время я обдумывал происходящее, старательно пытаясь вспомнить то, как действовал в таких случаях Иисус. Когда пришел мой черед, я встал перед Эстер и сказал:

— Теперь, злой дух, находящийся в этой женщине — я обращаюсь к тебе, а не к женщине — как твое имя? Во имя Господа Иисуса Христа я приказываю тебе ответить мне!

Ответ последовал незамедлительно — всего лишь одно слово, произнесенное с невероятным ядом:

— Ненависть!

Все в лице женщины выражало чистую, неразбавленную ненависть. Никогда за всю свою жизнь я не видел такой ненависти ни в чьих глазах.

Быстрота, с которой бес ответил, удивила меня. Я не знал, что делать дальше. Но я решил следовать инструкции, данной Иисусом Своим ученикам.

— Во имя Господа Иисуса Христа, — приказал я, — ты, дух ненависти, выходи из этой женщины.

Наглый голос, ничего не имеющий общего с голосом Эстер, ответил:

— Это мой дом. Я живу здесь 35 лет. И не собираюсь выходить.

Немедленно я вспомнил место из Библии, где нечистый дух, вышедший из человека, сказал: *«Возвращусь в дом мой, откуда я вышел»* (Матфея 12:44). Итак, бес относился к Эстер как к своему дому, и это полностью соответствовало Писанию.

Тогда я сказал бесу:

— Во имя Господа Иисуса Христа, ты обязан выйти!

Бес продолжал демонстрировать неповиновение, но я продолжал повторять:

— Во имя Господа Иисуса Христа, ты обязан выйти!

Это было настоящим столкновением моей воли и воли беса. Казалось, что я должен был побеждать беса шаг за шагом. Каждый шаг занимал некоторое время. Но чем больше я цитировал Писание и использовал имя Иисуса, тем большую власть над врагом я получал. В конце концов, бес начал торговаться со мной:

— Я выйду, — сказал он, — но вернусь назад.

Я сказал:

— Нет, ты выйдешь и не вернешься.

Затем он сказал:

— Если даже я выйду, мои братья останутся здесь и убьют ее.

Я сказал:

— Нет, вначале выйдешь ты, а твои братья выйдут после тебя.

В тот же момент я понял, что получил полезную информацию. Очевидно, там было больше, чем один бес.

Затем бес сказал:

— Даже если мы выйдем из нее, все равно ее дочь в наших руках.

Я не знал, что у Эстер есть дочь, но я следовал простому принципу: что бы бес ни говорил, я отвечал противоположное.

С этого момента бес поменял тактику. Без всякого предупреждения у Эстер поднялись руки и вцепились в ее горло, и она начала душить себя своими собственными руками. Ее лицо сделалось пунцовым, и глаза начали вылезать из орбит. Джон Фолкнер, пресвитерианин, был выше и тяжелее меня, и он присоединился ко мне; общими усилиями мы, в конце концов, оторвали руки Эстер от ее горла. Ее сила была сверхъестественной.

Затем я снова вернулся к сражению с бесом. Я начал чувствовать сильнейшее внутреннее давление в районе своего живота — было похоже на то, что как будто меня накачали изнутри, словно внутри меня вдруг появился упругий шар — и это давление было направлено против беса в Эстер. Внезапно изо рта Эстер вышел шипящий звук. И сразу же после этого ее голова расслаблено наклонилась вперед, а мышцы тела обмякли. В то же время давление во внутреннем «шаре» упало. Я знал, что бес вышел.

Вскоре Эстер опять напряглась, и «шар» внутри меня опять стал упругим. Я понял, что передо мною один из тех, кого первый бес назвал своими «братьями».

Я прошел через ту же процедуру со следующим бесом, который назвал себя страх. Последовала еще одна битва, и этот тоже был изгнан. Эстер снова расслабилась и напряжение внутри меня снова спало. Устав, я отошел, и за дело взялся другой из присутствующих, следуя примерно той же процедуре, которую начал я.

К тому времени, когда все было закончено, каждый из присутствующих принял участие в этом сражении. Все это продолжалось около пяти часов.

Вышедшие после страха бесы назвались так: *гордость, ревность и самосожаление*. «Оказывается, самосожаление может быть бесом!» — отметил я для себя. Я начал понимать, почему некоторым людям, казалось, никогда не удается иметь позитивное, Библейское отношение во время трудных обстоятельств. Все произошедшее дало мне новый угол зрения, имея который теперь я мог по-новому и более объемно видеть поведение людей, а также действие сил, влияющих на них.

Следующим вышедшим бесом был *неверность*. Я понял, как духовная сила часто пытается ввести замужних женщин и женатых мужчин в сексуальную нечистоту.

Следующий бес назвал себя так — *смерть*. Сначала я отнесся к этому скептически. До этого я всегда рассматривал смерть как чисто физическое состояние. Затем, я вспомнил о коне из шестой главы книги Откровение, чьим всадником была *смерть*. Итак, смерть это также и личность! Не означает ли это также, что это может быть демон?

Заинтригованный, я сказал этому духу смерти:

— Когда ты вошел в эту женщину? — Три с половиной года назад, — ответил он, — когда она чуть не умерла на операционном столе.

После того, как дух смерти наконец-то вышел, Эстер осталась лежать на спине на полу. Ее кожа была цветом мертвенно-холодного воска. На ее лице была маска смерти. Не было никакого признака жизни, ни следа живых тонов. Если бы в тот момент кто-то вошел в комнату, то решил бы, что на полу лежит мертвая женщина.

Эта картина напомнила мне случай, когда Иисус освободил мальчика от глухого и немого духа и мальчик *«сделался как мертвый, так что многие говорили, что он умер. Но Иисус, взяв его за руку, поднял его; и он встал»* (Марка 9:26-27).

Эстер лежала так около десяти минут, затем подняла руки и начала славить Господа и говорить на иных языках. В конце концов, силы начали возвращаться к ней, и она поднялась. Через полчаса мы помогли ей сесть в машину пастора Ватсона, и он отвез ее домой.

Мы с Лидией вернулись в дом, где нас ожидали Фолкнеры. Мы все смотрели друг на друга в изумлении. Затем кто-то предложил:

Когда обсуждение закончилось, мы все были взволнованы. Впервые мы увидели драматическую, объективную, сверхъестественную демонстрацию власти нам над бесами, дарованную нам Иисусом.

ЕЩЕ ОДИН ПЛЕННИК ПОЛУЧАЕТ ОСВОБОЖДЕНИЕ

Примерно в середине следующей недели Эстер Хендерсон позвонила моей жене и сказала:

— Я думаю, что они пытаются вернуться. Можете ли вы прийти и помочь мне?

Мы приехали домой к Эстер, чтобы служить ей и молиться за нее. Казалось, что бесы давили на нее через страх, пробуя использовать это как дверь, чтоб опять войти. Мы ободрили ее стоять на обетовании из Послания Иакова 4:7: *«покоритесь Богу; противостаньте диаволу, и убежит от вас»*.

Пока мы были там, младший ребенок Эстер — маленькая шестилетняя девочка — держалась на заднем плане. Роза была худенькой, несчастной, замкнутой девочкой. Каждый раз, когда я смотрел ей в лицо, она отводила глаза и опускала голову. Как я узнал, ее считали отстающей в развитии.

В конце концов, я сказал Эстер:

— Я знаю, что дьяволу не стоит верить; но когда те бесы сказали, что у них в руках ваша дочь, я думаю, что они говорили правду.

— Можете ли вы помолиться за нее? — ответила Эстер.

Мы с Лидией назначили встречу с ней и ее дочерью Розой у нас дома в следующую субботу. Затем мы пригласили семью Фолкнеров прийти и поддержать нас в молитве.

В ту субботу, прежде чем мы начали молиться в нашей гостиной, я спросил Эстер о том, что она помнит из того, что случилось в прошлую субботу. Она ничего не помнила, начиная с момента, когда бес ненависти овладел ею, и до того, как она обнаружила себя на полу, лежащей на спине, славящей Бога. Бесы полностью подавили ее личность и использовали ее голос и лицо для выражения себя. Эстер также подтвердила, когда мы спросили ее, что она имела тяжелую операцию три с половиной года назад и чуть не умерла на операционном столе.

Когда мы начали молиться за Розу, мы во всем следовали той же процедуре, которая происходила с Эстер. Бесы снова проявили себя и стали контролировать поведение и выражение лица Розы. Они также использовали уста ребенка.

В один момент я повернулся к Эстер и спросил:

— Это голос вашей дочери?

Она в растерянности ответила:

— Это и близко не похоже на голос моей дочери. Я вовсе не ожидала услышать от нее чего-либо подобного.

Некоторые бесы, находившиеся в Розе, имели такие же имена, как и те, которые были в ее матери, но их было не так много. Так же, как и в случае с Эстер, первый проявившийся был ненависть, а последний — смерть. Когда дух смерти вышел, Роза лежала, вытянувшись на полу как труп, так же, как не так давно лежала ее мать.

Наконец, Эстер и Роза были полностью освобождены, и правильным было передать их на духовное попечение пастору Эрику Ватсону. Однако я поддерживал контакт с Эстер в последующие два года. В течение этого времени она имела очевидный прогресс в своем духовном развитии, не смотря на то, что время от времени она должна была отражать демонические атаки.

Роза стала нормальной, счастливой маленькой девочкой, которую больше не рассматривали, как отстающую. Бесы, по-видимому, подавляли ее естественные личные качества и интеллект.

Это происшествие с Эстер и Розой побудило меня взглянуть на свою общину в новом свете. Я явственно увидел некоторые признаки действия демонических сил, которые я никогда не понимал раньше. Могло ли быть, что и члены моей общины имеют бесов, действующих внутри них? Если это правда для такой «добропорядочной» баптистки, как Эстер, можно ли это отнести к «добропорядочному» пятидесятнику?

7.
ПОЛУЧАЮ ВЫЗОВ ПРЯМО ЗА КАФЕДРОЙ

Моя община состояла из хороших пятидесятников, и я любил их. Иногда они свидетельствовали, как это было принято у пятидесятников, каким миром и радостью от Бога они наслаждаются. Я не сомневался в их искренности. Но я также знал, что иногда эти слова о мире и радости были религиозным фасадом. Порой, пытаясь свидетельствовать о Божьей благости, люди просто скрывали постоянное напряжение и давление, которые они всеми силами пытались сдержать или утаить, но так и не могли преодолеть.

Я начал в своей общине проповедовать об освобождении, не прямо, а, так сказать, окольными путями. Я высказал такое предположение, что, возможно, чьи-то личные проблемы, которые никогда полностью не разрешались, могли быть следствием демонической активности. Но мои намеки не имели эффекта. Мои прихожане сидели со снисходительными улыбками на лицах. «Какая муха укусила нашего пастора? — было написано на лицах, — ну ничего, это пройдет...»

Я не знал, как смогу без посторонней поддержки решить эту проблему. Но я не был один. Однажды воскресным утром, спустя месяц после нашего служения Эстер и Розе Хендерсон, Божья сила и сатанинская сила внезапно проявили себя и разрушили иллюзию покоя.

В то утро я выбрал для проповеди отрывок из Книги пророка Исаии 59:19: *«Если враг придет как река, дуновение Господа прогонит его»*. Я не был предупрежден, а узнал позже, что один из членов записывал мою проповедь на магнитофон. Прослушав запись позже, я смог объективно оценить содержание моей проповеди, а также то, что последовало после этого.

Через пятнадцать минут после начала моей проповеди Святой Дух взял контроль надо мной, и я начал говорить то, чего не планировал. Даже тон моего голоса изменился. Я стал необычно смелым.

Тема моей проповеди была: не имеет значения, что делает дьявол, — Бог всегда имеет последнее слово. Бог начал напоминать мне некоторые примеры.

— У Египта были свои волхвы, — говорил я, — но у Бога был Свой Моисей. У Ваала были свои пророки, но у Бога был Свой Илия.

Затем ко мне пришла мысль, что когда Бог хотел показать Аврааму, сколько у него будет потомков, Он вывел его в ночное поле и показал небесные звезды, сказав: *«Столько будет у тебя потомков»* (Бытие 15:5).

— Мы — семя Авраамово по вере в Иисуса Христа, — сказал я, — и мы подобны этим звездам. Когда светят все другие источники света, вы не можете видеть звезд. Но когда всякий иной свет уходит, тогда звезды сияют ярче, чем когда-либо до этого. Именно так это будет в конце этого века. Когда всякий другой свет исчезнет, мы, семя Авраамово через веру в Иисуса Христа, будем сиять как звезды.

Когда я произнес эти слова, молодая женщина, сидевшая одна в первом ряду, издала длинный, пронзительный, леденящий кровь крик, взмахнула в воздухе руками и упала на пол, оказавшись в неподобающем для леди положении. Она лежала, корчась и издавая стоны прямо перед моей кафедрой.

Это был вызов сатаны моему заявлению, что не имеет значение, что делает дьявол, — последнее слово всегда за Богом; и вот, демонические проявления прямо перед моей кафедрой! Я должен был либо доказать то, что я проповедовал, либо прекратить проповедовать это.

В тот момент я решил, что не отступлю перед сатаной. С другой стороны, я чувствовал, что нуждаюсь в поддержке, поэтому подозвал свою жену Лидию. Я знал, что могу рассчитывать на нее. Чувствуя, что мне необходимо еще дополнительное подкрепление, я вгляделся в лица моих добропорядочных пятидесятнических членов церкви. Они все были в состоянии шока. Затем, в конце зала я увидел наших друзей пресвитериан Фолкнеров, и позвал их выйти вперед.

Вчетвером мы собрались вокруг лежащей на полу, корчащейся и издающей стоны женщины, которую я не сразу узнал. Шерри Фолкнер не стала дожидаться, пока я что-то скажу. Она была похожа на терьера, преследующего крысу.

— Ты, дух, который в этой женщине, — сказала она, — как твое имя?

Из горла молодой женщины вышел грубый, хриплый, мужеподобный голос, который сказал: «Мое имя...» Но ничего более этого не было сказано.

Шерри еще раз задала тот же вопрос, и бес ответил: «Мое имя...» и остановился.

Каждый раз, когда она задавал этот вопрос, она получала один и тот же ответ. Тогда подключился я, используя тот же самый прием, который сработал для Эстер:

— Ты, дух, который находится в этой женщине, во имя Иисуса Христа, я говорю тебе, а не этой женщине. Как твое имя?

И опять ответом беса было: «Мое имя...»

Каждый раз, когда я повторял вопрос, то получал тот же ответ. Я обнаружил себя в том же напряженном противостоянии с демонической личностью, который я имел во время служения Эстер. Но в этот раз все это происходило на виду у всей моей общины, которая широко открыв глаза следила за всем происходящим!

Мне на память пришли слова учеников, с которыми они вернулись к Иисусу: *«Господи! и бесы повинуются нам о имени Твоем»* (Луки 10:17). Поэтому, я сказал бесу:

— Во имя Иисуса, ты обязан подчиниться мне. Как твое имя?

И все равно последовал тот же ответ: «Мое имя...» и не более. Я увидел, что должен покорить беса местами из Писания и именем Иисуса, и начал делать так. Неожиданно бес сдался. Он громко закричал: «Мое имя... *ложь*!»

Все люди в моей общине подскочили со своих мест и громко плюхнулись назад!

Я быстро мысленно обратился к Писанию и вспомнил, что в 22 главе 3-ей книги Царств говорится о лживом духе в устах пророков Ахавовых. Итак, полученный ответ соответствовал Писанию. И каким-то образом я получил впечатление, что эта женщина больше слушала ложь, чем говорила ее.

Я сказал бесу: «Ты, лживый дух, выходи из этой женщины!» Бес игнорировал меня; он отказывался выходить. Но к этому времени я был абсолютно уверен, что если я буду настойчиво использовать имя Иисуса, то он должен будет покориться мне. В конце концов, примерно через десять минут, бес вышел с громким, продолжительным ревом, похожим на звук проходящего мимо скоростного поезда. Никакие человеческие легкие не смогут произвести такую силу звука в течение такого длительного времени. Как только бес вышел, язык женщины высунулся изо рта, наливаясь синим цветом и извиваясь, как у змеи. Затем, когда рев стих, она повалилась на пол, как пустой мешок.

Стоя у алтаря, я тихо благодарил Господа за свой предыдущий опыт по изгнанию бесов у себя дома, вдали от людских глаз!

ПРОДОЛЖЕНИЕ СЛЕДУЕТ!

Было очевидно, что один бес вышел из молодой женщины, но давление внутри меня предупреждало меня, что там оставались и другие, с которыми надо было разбираться. Не имея этого предупреждения, я мог бы просто сказать: «Слава Господу, наша сестра освобождена!» — и больше ничего не делать. Однако рано или поздно ее поведение показало бы, что она не была полностью свободна, и служение освобождения было бы дискредитировано.

В то же время, я понимал, что было бы уместно закончить общее воскресное служение. Поэтому, я сказал Джону Фолкнеру и церковному казначею, который стоял рядом: «Проводите, пожалуйста, эту леди в мой офис, я продолжу свою проповедь».

Они вместе с Лидией провели ее в мой офис, а я вернулся за свою кафедру и продолжил проповедь. Мне внимала аудитории с круглыми от изумления глазами и открытыми ртами. Утренняя демонстрация убедила их в реальности бесов намного больше, чем любая проповедь!

Через некоторое время я услышал звук глухого стука с той стороны, где располагался мой офис. Затем из-за угла появилась Лидия.

— Тебе желательно поскорее прийти сюда, — сказала она.

Я знал, что она не паникует, поэтому сказал людям: «Я заканчиваю свою проповедь, и вы можете либо остаться в церкви и молиться, либо идти домой — как вам угодно».

Как только я оставил платформу, одна из членов общины, богобоязненная женщина, мать церковной пианистки, подошла ко мне и сказала: «Мистер Принс, неужели это была наша дочь?»

Я остановился пораженный. Шэрон, наша пианистка, всегда сидела в первом ряду. Она была зрелой пятидесятницей, спасенной и крещеной в Духе Святом еще в детстве. Ее отец был пятидесятническим пастором, ее муж — студентом пятидесятнической Библейской школы, и брат ее мужа — пятидесятническим служителем. Она была тихой молодой женщиной, служившей Богу своей игрой на пианино, никак не похожей на женщину, которая только что валялась на полу. Я не знал, что ответить.

Наконец, я сказал:

— Думаю, что это была Шэрон. На этой скамье никого кроме нее не было.

— Могу я пройти вместе с вами в офис?

— Конечно.

Муж Шэрон и ее отец также присоединились к нам, и мы пошли в офис. Там мы застали сцену, которую я никогда бы не смог себе вообразить. Джон Фолкнер и церковный казначей держали руки Шэрон, но в те моменты, когда она вырывалась из их рук, она рвала на себе одежду.

«Вот так проповедники и попадают в проблемы!» — подумалось мне.

Я обратился к мужу и родителям Шэрон и отчетливо и громко сказал им:

— Если вы хотите отвести Шэрон к психиатру, я не возражаю. Я буду продолжать служить ей только в том случае, если получу ваше согласие.

— Мы хотим, чтобы вы продолжили, — ответили они.

Мы поблагодарили Джона Фолкнера и казначея, и попросили их оставить нас. Они ушли, передав Шерон в руки ее отца и мужа. Как только она оказалась под их властью, проявления утихли.

Затем мать Шэрон отвела меня в сторону и сказала, что она собиралась организовать встречу со мной для консультации Шэрон и ее мужа. Ее мать была опытной медсестрой; используя тактичный, профессиональный язык, она попыталась объяснить, что происходило между молодоженами. В те годы христиане не использовали такой термин, как оральный секс, но я понял, что это именно то, что она хочет мне сказать.

Я вспомнил странное искривление языка Шэрон, когда лживый дух вышел из нее. Могло ли это быть проявлением демонической активности?

Когда я начал разговаривать с семьей, обнаружилась другая деталь. У Шэрон развились странная душевная связь с братом ее мужа, который был служителем. Они обменивались, казалось, безобидными письмами, которые все же имели сексуальные намеки. И одно из таких писем находилось у Шэрон в сумочке.

— Это греховная связь, — сказал я немедленно, — и пока ты не раскаешься и не прервешь ее, я не могу молиться за тебя. Ты не можешь просить у Иисуса освобождения, пока остаешься в этом грехе. Но если ты желаешь покаяться в этом, то отдай мне это письмо, которое у тебя сейчас в сумочке; я разорву его перед тобой.

Мне понадобилось десять минут, чтобы убедить Шэрон. Наконец, она отдала мне письмо, и я разорвал его и выбросил его в мусорную корзину.

Как только я возложил свою руку на Шэрон, чтоб молиться за нее, она резко спустилась на пол в сидячее положение; и я опустился рядом с ней. Я чувствовал, Господь показывает мне, что была только одна поза, в которой Шэрон могла получить освобождение: ее тело должно было быть наклонено вперед, и голова должна была быть между ее коленями. Это было так, как если бы Сам Господь мягко направлял мои действия. Я положил свою руку Шэрон на спину и направил ее тело вперед. Затем я начал приказывать бесам выходить.

Около часа или более, они выходили один за другим, называя свои имена. Почти все имена были сексуального рода. Один назвал себя флиртом, а другой ласканием. Некоторые имена были непристойными.

К моему удивлению, моя рука, лежащая на спине Шэрон, служила своего рода электронным индикатором. Как только очередной бес выходил, я чувствовал легкий толчок в ладони, как будто это «регистрировало» его уход.

Когда, должно быть, последний бес вышел, Шэрон расслаблено упала навзничь и пролежала на спине около десяти минут. Затем она подняла свои руки и начала славить Бога за свое освобождение. Насколько я понимал, Шерон была полностью свободна.

И все же финал был печальным. Шэрон больше не вернулась в нашу церковь. Ей было слишком стыдно показаться на глаза людям, которые были свидетелями ее поведения в то воскресное утро. Для меня это выглядело серьезным упреком для нашей церкви. Мы были слишком «респектабельными», чтобы люди, имеющие реальные проблемы, приходили к нам.

Это привело меня к проверке состояния собственной души. Пастором чего я был? Общественного клуба для лиц среднего класса, собирающегося по воскресеньям? Или местом, куда люди с настоящими нуждами могут прийти за помощью?

Тогда я принял решение, которое определило мое будущее. Я не мог со спокойной совестью потратить остаток своей жизни, продолжая работать пастором в социальном клубе для людей среднего класса. Я решил, что должен посвятить данные мне Богом способности для помощи людям, которые более всего нуждаются в этом, даже если это значит, что нужно отказаться от принятых норм религиозного поведения.

Но я не имел никакого представления, куда это решение приведет меня.

ВСПЛЕСК И РАСХОДЯЩИЕСЯ ВОЛНЫ

Происшедшее в то воскресное утро было подобно камню, упавшему в середину пруда. Сначала большой всплеск, а затем от него кругами расходятся волны, достигающие краев пруда. Всплеск имел место, когда бес бросил Шэрон на пол прямо перед моей кафедрой. В течение следующей недели мы с Лидией начали ощущать последствия от волн. Люди приходили к нам отовсюду, большинство из них мы никогда не видели до этого. Как правило, они приходили к нам домой, а не в церковь. Я не имел ни малейшего представления, как они находили нас; но неделю за неделей мы в своем доме консультировали и наставляли людей, а затем молились за освобождение от бесов. Нам редко удавалось добраться до постели раньше двух-трех часов ночи.

Через некоторое время мое физическое состояние начало ухудшаться. Я получил серьезный урок: если я не позабочусь о своем физическом и духовном состоянии, то буду не в состоянии помочь другим получать освобождение. На самом деле, я сам буду нуждаться в помощи. Я пришел к пониманию, что человек, выматывающийся физически и духовно, становится уязвим для демонических атак.

Вскоре я убедился также, что для эффективного освобождения очень важно соответствующее наставление из Писания. (Я привожу такое наставление в 21 и 22 главах.) Прежде чем молиться с людьми, я должен был предоставить им здравое Библейское основание того, что я собирался делать. Через это я укреплял в них веру принимать то, что Иисус дарует нам через Свою жертвенную смерть на кресте. После чего, через нашу совместную веру, победа была гарантирована.

Все это требовало много долгих часов. Я сознавал, что нахожусь в опасности пренебречь остальными своими пасторскими обязанностями. Пришло ли время для меня оставить пасторское служение?

Тем временем Бог шаг за шагом вел меня от одной ситуации к другой. Каждая успешно разрешающаяся ситуация открывала новые аспекты служения — детали, которые я должен был хорошо усвоить. Затем Он вел меня к следующей ситуации — но только после того, как я успешно «сдал экзамен» в предыдущей. Оценивая все происходившее тогда, я осознавал, что Бог обучает меня служению освобождения, и делает Он это не через посещение классов теологической семинарии. Он записал меня в менее престижное учебное заведение: в школу практики.

8.
СОКРЫТОЕ ПОД ПОВЕРХНОСТЬЮ

Это полное драматизма столкновение с бесами открыло окно в новую и неизведанную духовную реальность. Места из Евангелия, описывающие демонические проявления, больше не были записями из какой-то иной культуры или далекого прошлого. Неожиданно они ожили. Я увидел на своем собственном опыте, что эти описания были также уместны в Соединенных Штатах двадцатого века, как они были уместны в Израиле первого века.

Годы спустя, отдыхая на море, я пережил нечто, напомнившее мне это первое знакомство с бесами. Когда я впервые окунулся под воду с аквалангом и смог увидеть жизнь под водой, я познакомился с новым миром. Неведомые создания ослепительных цветов двигались во всех направлениях на фоне таких растений и кораллов, которые не были похожи ни на что, что я когда-либо видел на суше. «Только представь, — сказал я себе, — этот иной мир был так близко от меня почти всю мою жизнь, и я практически ничего не знал о его существовании!» Все, что требовалось от меня, это надеть акваланг и спуститься под воду!

По-видимому, мы в нашей «передовой» западной цивилизации уподобились купающимся без аквалангов. Наше гуманистическое, материалистическое, анти-духовное понимание Вселенной удерживает нас от осознания реальности демонического мира, который никогда не был слишком далек от нас. В таких частях мира, как Африка или Азия, люди осознают существование бесов и могут предоставить множество реальных свидетельств их вмешательства в людские дела.

На Западе бесы также оказывают постоянное и значительное влияние на наши жизни, однако наши гуманистические предубеждения ослепили нас, и мы не видим очевидного. Фактически, наш отказ осознать и принять очевидное, облегчает бесам возможность действовать неопознанными. Мы склонны покрывать их активность красиво звучащей психологической или психиатрической терминологией; причем средства решения проблем, которые нам предлагают, часто приводят лишь к разочарованию.

«Акваланг», в котором мы нуждаемся, — это возвращение к духовному взгляду Нового Завета. Иисус и Его апостолы открыто признавали реальность бесов и демонстрировали, как обращаться с ними. Установленное ими лечение часто было драматичным, но всегда эффективным.

Изучая Евангелия в свете моего нового опыта, я увидел всю поверхностность своего предыдущего служения. Я принял к сердцу Господню оценку пророков Израиля в дни Иеремии: «Врачуют раны народа Моего легкомысленно, говоря: *«мир! мир!», а мира нет»* (Иеремия 6:14).

Зачастую я не мог распознать демоническую природу проблем людей, которым служил. Я занимался только внешними проявлениями и поведением. В результате, некоторые успехи были лишь кажущимися, незавершенными или недолгими. И слишком часто не происходило реального духовного прогресса. Мы были подобно Израилю у Синая, ходящему вокруг одной и той же горы снова и снова, вместо того, чтоб направить свой путь в данном Богом направлении.

Апостол Павел сказал о своем служении: *«Бьюсь не так, чтобы только бить воздух»* (1 Кор. 9:26). Я понял, что временами был похож на неумелого боксера, размахивающего кулаками, но не наносящего ударов противнику. Мои проповеди и молитвы не могли помочь, когда дело касалось бесов, мучающих и запинающих тех, кому я служил.

Но теперь это начало меняться. Через несколько недель Бог придал моему служению новый размах. Когда ко мне почти каждый день приходили люди, имевшие острую нужду в освобождении, я старался следовать образцу, установленному Иисусом, и оценивать свои успехи соответственно записям Нового Завета.

Когда Иисус разбирался с бесами, они порой просили Его не делать определенных вещей, — например, *«не посылать их в бездну»* (Луки 8:31), но нет ни одного упоминания, что они отказались повиноваться Ему. Но с другой стороны, при моих первых столкновениях с ними, некоторые бесы открыто не повиновались мне. В случае с Эстер, я полагаю, они надеялись испугать меня, чтоб я не усилил свою атаку против них.

Я понял, что власть над ними приходит ко мне от Иисуса, но очевидно, она не была того же уровня, как Его. Я убедился в том, что когда я настойчиво цитирую Писание, провозглашаю Его победу, и призываю Его имя, бесы подчиняются.

Один особенный теологический вопрос возник из моего опыта с Эстер, Розой и Шэрон: насколько мудро и правильно вести диалог с бесами? Самый ясный пример служения Иисуса находится в Евангелии от Луки 8:27-33: *«Когда же вышел Он на берег, встретил Его один человек из города, одержимый бесами с давнего времени, и в одежду не одевавшийся, и живший не в доме, а в гробах. Он, увидев Иисуса, вскричал, пал пред Ним и громким голосом сказал: что Тебе до меня, Иисус, Сын Бога Всевышнего? умоляю Тебя, не мучь меня. Ибо Иисус повелел нечистому духу выйти из сего человека, потому что он долгое время мучил его, так что его связывали цепями и узами, сберегая его; но он разрывал узы и был гоним бесом в пустыни. Иисус спросил его: как тебе имя? Он сказал: «легион», — потому что много бесов вошло в него. И они просили Иисуса, чтобы не повелел им идти в бездну. Тут же на горе паслось большое стадо свиней; и бесы просили Его, чтобы позволил им войти в них. Он позволил им. Бесы, выйдя из человека, вошли в свиней, и бросилось стадо с крутизны в озеро и потонуло».*

Описание Луки проясняет многие вопросы.

Иисус начал приказывать бесам выйти из человека. Затем человек (точнее: бес в человек) не просто сказал, а закричал громким голосом к Иисусу (28 стих).

Затем Иисус спросил беса: *«Как тебе имя?»* (30 стих). Бес ответил: *«Легион»*. Легион обычно насчитывал от 4200 до 6000 солдат. Совершенно ясно, что в человеке было огромное количество бесов.

Затем бесы умоляли Иисуса (в англ. переводе сказано, что они *«просили и просили Иисуса многократно» — прим. ред.*) не отправлять их в бездну (31 стих). Возможно, множество разных бесов говорили из человека и говорили много! Видимо, Иисус не возбранял им говорить.

В конце концов, бесы начали торговаться и просить позволения войти в стадо свиней; и Иисус разрешил им это сделать (32 стих).

Когда бесы вошли в свиней, все стадо, состоящее из 2000 свиней (см. Марка 5:13), бросилось в воду и потонуло (33 стих). Невероятно, что один человек мог иметь в себе такое количество бесов, что их было достаточно, чтобы заставить две тысячи свиней утопиться!

Размышляя над этим случаем, я пришел к двум выводам. Во-первых, это соответствует Писанию (а иногда необходимо!) спрашивать бесов об их имени. Во-вторых, если бес отвечает, то необходимо использовать его ответы, пока он не будет вынужден покориться власти Христа, и оставит свою жертву.

После этого я выучил тот урок, что знание имени беса дает дополнительный инструмент для приведения его в покорность. Мы можем сравнить это с тем, какой эффект может принести знание имени собаки, которая готова атаковать нас. Позвать собаку по имени властным тоном в голосе — это первый шаг для приведения ее к покорности.

Меня удивляло, почему Иисус позволил тем бесам войти в свиней. Возможно, это была одна из альтернатив, которую они были готовы принять. Если бы им было приказано оставить человека, и взамен этого не позволено войти в другую жертву, то они могли устроить такую борьбу, что человек не в состоянии был бы выжить под таким давлением.

Очень важно помнить, что все, что Иисус говорил и делал, преследовало одну практическую цель: выгнать бесов из человека. Этот инцидент не может быть никоим образом использован для оправдания диалога с бесами для любых других целей.

В особенности, всегда крайне неправильно и очень опасно, искать любого рода откровений (какой-либо «сверхъестественной» и «особой» информации — *примеч. ред.*) от бесов. Бог дал нам Своего Святого Духа в качестве нашего единственного Учителя, и Того, Кто дает нам откровения. Святой Дух — это Дух истины, в то время как сатана является отцом лжи. Искать откровение из каких-либо сатанинских источников, значит не почитать Святого Духа и открывать себя обольщению.

(В 1970-х годах группа служителей, разбиравшаяся с бесами, начала проводить длительные общения с ними, ища особого понимания происходящего в духовной сфере. В конечном итоге все это закончилось плачевно. Эта группа служителей оказалась в серьезных доктринальных заблуждениях, а некоторых из них преждевременно умерли. — *примеч. ред.*)

В те первые недели моего служения в освобождении Бог дал мне глубокое сострадание к тем, кто был связан бесами. Я начал смотреть глубже поверхности проблемы, которая выглядела физической или психологической, и распознавать действие скрытых демонических сил. Это было замечательно, что теперь я был в состоянии помочь нуждающимся людям, чьих нужд я раньше не мог понять. Бог начал возжигать во мне пламенеющую ревность о том, что так много Его людей все еще находятся в зависимости от бесов.

После того, как Иисус освободил женщину, которая была связана восемнадцать лет духом немощи, религиозные лидеры противостали Ему, потому что Он не следовал их религиозным правилам исполнения субботы. Он ответил с негодованием: *«Сию же дочь Авраамову, которую связал сатана вот уже восемнадцать лет, не надлежало ли освободить от уз сих в день субботний?»* (Луки 13:16)

«Аминь, Господь! — ответил я. — Она должна была быть свободна! И так же должны быть свободны тысячи других Твоих людей, которые связаны и мучимы бесами».

9. УРОКИ, СОПРОВОЖДАВШИЕ СЛУЖЕНИЕ

Тем временем, пока мы с Лидией были заняты служением людям у нас дома, наша община тоже была занята — обсуждением происшедшего с нашей пианисткой Шэрон. Некоторые люди радовались одержанной победе. Другие находились в страхе и смятении. Поэтому я объявил, что дам систематическое учение на эту тему на наших Библейских занятиях, которые мы проводили среди недели.

На занятие собралось около сотни человек. Я беспристрастно провел их по всем местам Нового Завета, упоминающим о бесах, и позаботился указать, как распознавать их и как с ними обращаться. Но как только я собрался закончить Библейское занятие пасторской молитвой, как я это делал обычно, и распустить людей, люди вдруг запротестовали.

— Ты не можешь закончить на этом! — сказали они. — Нам нужна помощь.

— Сколько из вас нуждается в помощи? — спросил я. — Поднимите свои руки.

Когда подняли руку около пятидесяти человек, я оказался перед лицом кризиса. Я вспомнил ту интенсивную борьбу, которая потребовалось для служения всего лишь одному человеку. Как я смогу повторить это для пятидесяти человек?

Но в тот момент меня посетило озарение. Я вспомнил, как действовал в тех случаях, когда после моей проповеди о Божьем спасении могло одновременно выйти вперед для покаяния десять или двадцать человек. Ни на секунду меня не посещала мысль, что спасать их было моей ответственностью. Я вел их в молитве, но каждый из них устанавливал свой личный контакт с единым Могущим спасти — с Иисусом Христом, Спасителем. Многие годы я наблюдал сотни людей, получающих спасение таким простым образом.

Тот же Христос, который является нашим единственным Спасителем, — рассуждал я, — также и наш единственный Освободитель. Только Иисус может разбить ярмо демонических сил в человеческих жизнях и освободить их. Поэтому я должен был привести их к получению освобождению от Христа таким же образом, как приводил к принятию спасения.

Я попросил тех, кто поднял свои руки, пройти вперед, а остальных оставаться на своих местах и тихо молиться. Затем, я объяснил желающим получить освобождение, что они должны сами непосредственно, личным образом обратиться ко Христу, и указал на четыре простых шага, которые они должны выполнить:

1. Убедиться в своем покаянии, т.е. что они отвернулись от всякого греха.
2. Смотреть только на Иисуса; только Он — Освобождающий.
3. Основывать свою просьбу только на том, что Иисус совершил для нас через смерть на кресте, а не на своих собственных «добрых делах».
4. Убедиться, что решением своей воли они простили каждого человека, который когда-либо причинил им боль или поступил с ними несправедливо.

В заключение, я напомнил им обетование, благодаря которому когда-то я сам получил освобождение от беса депрессии: *«И будет: всякий, кто призовет имя Господне, спасется* (в оригинале: *«будет освобожден» — примеч. переводчика*)» (Иоиль 2:32). Я также процитировал слова Иисуса: *«Именем Моим будут изгонять бесов»* (Марка 16:17). И добавил: «В имени Иисуса вы имеете власть выгонять из себя бесов».

Я провел их в простой молитве, шаг за шагом проходя все перечисленные выше пункты, и закончил таким образом: *«А теперь, Господь Иисус, я отрекаюсь от всякого злого духа, который получил какой-либо контроль надо мною, и провозглашаю Твое обетование освобождения. Во Имя Твое, Господь Иисус!»* Затем, когда они начали получать освобождение, я молился общей молитвой за всех них.

Следующие пятнадцать минут были очень оживленными — крик, рыдание, кашель, дрожание. Некоторые упали на пол, в то время как другие не проявляли никаких признаков того, что что-то происходит внутри них.

Когда все стало стихать, я спросил: *«Сколько человек, молившихся о своем освобождении, получили его?»* Около 75% присутствующих подняли свои руки. Оставшиеся 25% нуждались в дальнейшем индивидуальном служении. Я отпустил людей, чьи нужды были удовлетворены, и мы вместе с Лидией постарались сделать все, что могли, чтобы помочь тем, кто остался. В большинстве случаев мы просто стояли с ними, подбадривая их, чтоб они сделали усилие для своего освобождения и применяли имя Иисуса против врага. Мы также подсказали им соответствующие места Писания для провозглашения.

В некоторых случаях выяснилось, что они не до конца исполнили все условия, которые я упомянул вначале. Более всего пришлось делать ударение на необходимости простить тех, кто причинил им вред или поступил с ними неправильно.

На основании этого опыта я научился одному важному принципу: самый важный вопрос не в том, достаточную ли я имел власть, а в том, выполнены ли Божьи условия для получения освобождения людьми, желающими его. Обетования, которые Иисус дал Своим ученикам, никогда не изменялись: *«Даю вам власть наступать... на всю силу вражию, и ничто не повредит вам»* (Луки 10:19). Что может измениться? Есть отличие только в том то, как реагируют люди, нуждающиеся в этом служении. Когда люди исполняют требования Писания, освобождение приходит.

Однако полное освобождение может произойти не моментально, а постепенно, в прогрессирующей форме, по мере того, как люди приходят к пониманию различных аспектов своей жизни, которая была подвержена демоническому влиянию. Часто вырисовывается черная тень наследственного проклятия или проклятия оккультного источника. (Это описано мной в книге «Благословение или проклятие: ты можешь избрать!», а в этой книге я расскажу об этом подробнее в 21 главе.)

ДИСКУССИЯ

На основании своего первого опыта я увидеть, что служение освобождения не является в первую очередь испытанием моей личной власти. Освобождение приходит к людям, которые отчаянно желают этой помощи. С тех пор я постоянно стал делать главное ударение на том, чтобы объяснять Божьи условия и настойчиво убеждать людей принимать правильное решение.

Те Библейские занятия в середине недели стали поворотной точкой моего служения. Когда я обнаружил, что большинство людей может получить освобождение коллективно после надлежащего наставления, я больше не был ограничен служением один на один. Фактически, я обнаружил, что объединенная вера ста человек, собравшихся с одной целью, как правило, сильнее веры одного человека.

Как только я понял этот принцип, Господь начал открывать для меня путь, как применять его шире. В 1964 году, я, в конце концов, отказался от своего пасторства и, сделав шаг веры, стал разъездным Библейским учителем, совмещая служения учения и освобождения.

Господь мне ясно дал понять, что Он не хочет, чтоб я стал «специалистом» по освобождению. Я понимал, что освобождение людей от бесов является неотъемлемой частью проповеди Евангелия, а не каким-то необыкновенным служением, зарезервированным для «экспертов». Примером для меня был Иисус, который *«И Он пошел по Галилее, проповедуя в синагогах и изгоняя бесов»* (Соврем. перевод Марка 1:39). По всей видимости, проповедуя, Иисус вместе с тем всегда был готов изгонять бесов. Если бы Он этого не делал, то Он не смог бы удовлетворить нужды многих людей, и Его служение было бы незавершенным.

Как только Господь начал открывать для меня одну дверь за другой, мое имя стало известно в различных кругах Тела Христова в США. Некоторые люди рьяно выступали против демонических проявлений, которые часто сопровождали служения освобождения, в то время как другие слали нам настойчивые просьбы о помощи. Крик о помощи значительно превышал критицизм.

Мне приходит на память один из ранних случаев. В 1965 году, меня, как учителя Библии, пригласили проповедовать на большую международную Полноевангельскую конференцию, которая проводилась в гостинице «Конрад-Хилтон-Отель» в Чикаго. В один из дней я дал Библейское учение об освобождении от бесов почти шести сотням человек. Когда в конце я спросил, сколько человек чувствуют, что возможно нуждаются в освобождении, то, по меньшей мере, две сотни подняли свои руки. Глядя на них, я выдохнул благодарственную молитву за то, что Бог научил меня принципам коллективной молитвы за освобождение!

Когда люди вышли вперед, я дал им те же основные наставления (которые подтвердили свою эффективность в меньших группах), — наставления о том, какие Божьи условия им необходимо выполнить. Затем я, шаг за шагом, вел их в молитве так же, как делал это на других собраниях. После этого, я попросил каждого из них лично воззвать к Господу об освобождении, пока я буду молиться общей молитвой за всех них.

Последующая сцена была несколько хаотичной. Двое или трое упали на пол, бились и корчились, пока бесы не вышли. Некоторые женщины кричали, когда бесы выходили из них. В то время как, некоторые поспешили к выходу в панике и разбежались по своим гостиничным номерам, заявляя, что они не вернутся назад до тех пор, пока я не прекращу проповедовать.

Это собрание вызвало волну резкой критики. Однако в последующие годы я часто встречал людей по всем Соединенным Штатам, которые говорили мне: «Я получил освобождение во время того служения в гостинице «Конрад-Хилтон-Отель» в 1965 году».

Некоторые люди, противостоявшие моему служению освобождения, опирались на то, что я не делал этого так же эффективно, как это делал Иисус. Они цитировали Матфея 8:16: *«...Он изгнал духов словом и исцелил всех больных»*, утверждая, что когда служил Иисус, не было шума и буйных проявлений. Но, как я сказал в третьей главе, это не соответствует истине. Другие отрывки этого же Евангелия описывают случаи, которые были и шумными и буйными.

Кроме того, Матфей описывает, что Иисус не

только изгонял бесов, но так же *«исцелил всех больных»*. Так же, как многие другие проповедники, я молился за больных, но нельзя сказать, что все они были исцелены. Однако я не могу припомнить ни одного случая, что кто-нибудь критиковал меня за то, что я не служу больным людям так же эффективно, как это делал Иисус. Почему люди фокусируют все внимание только на вопросах изгнания бесов?

Опять же, я знаю, что не учу так же превосходно, как учил Иисус, — и все же, никто не критиковал меня за это и не выдвигал это в качестве причины, что раз это так, то я должен прекратить учить. К тому же, люди, критиковавшие мое служение освобождения, сами были учителями Библии. Уверен, что и они сами осознают, что не учат так же хорошо, как учил Иисус. И все же, им и в голову не приходит, что это является достаточно веской причиной для того, чтобы им перестать учить. Поэтому снова возникает вопрос, почему критика была сосредоточена именно на служении освобождения?

Полагаю, есть две основные причины. Первая, потому что сатана ревностно охраняет секреты своего демонического царства. Многие столетия он строил в разумах христиан преграду страха и суеверного невежества, удерживая нас, как от осознания истин Писания, так и от признания фактов, полученных на собственном опыте.

Вторая причина в том, что номинальная христианская церковь установила образец поведения, считающийся «приличным для дома Божия». Слишком часто там не остается места для неприглядных фактов человеческих грехов и демонического влияния. Некоторые прихожане оскорбляются шумными и буйными проявлениями, которые иногда сопровождают изгнание бесов. Достоинство ценится выше, чем освобождение.

Обращаясь снова к служению Иисуса, я нахожу

примеры, когда бес или бесы вопили и кричали на Него; прерывали Его проповедь; били людей в конвульсиях, прежде чем выйти из них; оставляли их лежащими как мертвые; катали человека по земле с пеной у рта; вызвали паническое бегство громадного стада свиней в озеро. Однако Иисус никогда не волновался об этом и не подавлял эти проявления. Он просто относился к этому, как к части Своего служения страдающему человечеству.

Постепенно я пришел к выводу, что существуют три возможных источника проявлений, нарушающих общепринятый «порядок»: 1) Святой Дух, 2) злые духи или 3) неуправляемая человеческая плоть. На каждое из них мы должны иметь соответствующую реакцию. Если определенные необычные проявления приходят от Святого Духа, мы должны распознать Его и течь вместе с Ним. Если они от злых духов, мы должны противостоять им и изгнать их. Если они приходят от несдержанной человеческой плоти, нам необходимо применить дисциплину и взять распоясавшуюся плоть под контроль.

Библейское решение вопроса не в том, чтобы употреблять такой жесткий контроль над каждым собранием, что там не останется места для каких-либо необычных проявлений. Это может увести нас далеко в сторону от образца, данного Иисусом. Более того, такое понимание (если собрание — то упорядоченное и контролируемое; если изгнание бесов — то тихое, запланированное и упорядоченное — *примеч. ред.*) является недопониманием и пренебрежением того факта, что именно помазание Святого Духа, пребывающее на служении Иисуса, заставляло бесов проявлять себя. То же помазание и сегодня произведет тот же результат.

Если бесы не проявят себя, то не будет возможности изгнать их. Они будут продолжать скрываться под видимой поверхностью, свободно продолжая свою вредоносную и разрушительную активность. Если дать им возможность выбора, то без сомнения они предпочтут внешнее благочестие некрасивому изгнанию. В то же время я сознаю, что иногда не мог быстро определить источник определенных проявлений. Я допускал проявления плоти, относя это к духовному источнику и не применяя соответствующие меры. (Верю, что за многие годы, я стал более проницательным в этих вопросах.)

Но не вся критика была враждебной. Некоторые из многих моих друзей говорили мне: «Дерек, это хорошо, что ты изгоняешь бесов, но ты не делай это публично — там, где это смущает людей». Это казалось мне разумным, но я полагал, что прежде, чем изменить свои методы, я должен продолжить изучение служения Иисуса и увидеть, стремился ли Он разбираться с бесами вдали от посторонних глаз.

К своему удивлению, я обнаружил в Евангелиях, что именно изгнание бесов, как ничто иное, Иисус делал публично со всей регулярностью и всяким постоянством. Я не мог найти ни одного случая, когда бы Он с этой целью отвел человека в сторону и служил ему. Этот аспект Его служения привлекал намного больше внимания людей, чем все остальные. По-видимому, Он не переживал о том, что нуждающиеся в освобождении, получая его, будут выглядеть в неприглядном свете. Поэтому я решил не пытаться улучшить методы Иисуса!

ДРУГИЕ УРОКИ, КОТОРЫМ Я НАУЧИЛСЯ

Глубочайшее и самое продолжительное влияние на мою жизнь оказал тот новый свет, который освобождение проливало на крест. Я обнаружил на собственном опыте, что наша власть над бесами пришла *только* через победу Иисуса, достигнутую для нас через Его пролитую кровь, через Его смерть и Его победное воскресение.

Главное оружие сатаны против всего человечества — это вина. Вот почему он является *«клеветником братьев наших»* (Откр. 12:10). Он постоянно напоминает Богу, что мы виновны в нарушении праведного Божьего закона. Следовательно, по его утверждению, мы не можем притязать на Божью милость, но заслуживаем лишь Божье осуждение.

Но Иисус Своей искупительной смертью *«истребил... бывшее о нас рукописание, которое было против нас»* и *«отнял силы у (сатанинских) начальств и властей»* (Колос. 2:14-15), забрал от них основное оружие, направленное против нас — *вину*. В результате этого теперь мы *«оправданы»* и *«имеем мир с Богом»* (Римл. 5:1). Быть оправданным — означает быть засчитанным праведным праведностью Христа, в которой не было найдено ни одного прегрешения — нет ничего, в чем можно быть обвиненным. В результате, можно сказать, что каждый из нас побывал в небесном суде и приговор для каждого таков: *невиновен*! На этом основании — и только на этом — мы имеем право применять власть Иисуса, данную нам над бесами.

Пройдя многие столкновения с бесами, я понял, что на них не производит никакого впечатления религиозная терминология. Они презирают деноминационные ярлыки и церковные титулы. Но когда мы применяем имя Иисуса и смело утверждаем слова Писания, провозглашая Христову победу, одержанную на кресте, а также не вызывающую возражений праведность, полученную от Него по вере, тогда их высокомерие и злобность тают. В их действиях начинает проявляться вся их ничтожность, и мы становимся свидетелями исполнения слов книги Откровение 12:11: *«Они победили его Кровию Агнца и словом свидетельства своего, и не возлюбили души своей даже до смерти»*.

Несколько раз я видел, как бесы проявляли такой ужас, что это выражалось через дрожь в теле их жертвы. Вот почему Иаков сказал, что *«бесы веруют, и трепещут»* (Иаков 2:19)! В других случаях бесы принуждали людей, в которых они находились, затыкать уши руками, чтобы не слышать уверенные провозглашения победы Иисуса на кресте, являющейся единственным и вседостаточным основанием освобождения людей, но мучения для бесов.

С самого начала моего служения Бог запечатлел внутри меня другую истину — важность покаяния. Люди, оказавшиеся под влиянием бесов и совершавшие греховные действия, могут сказать: «Я не отвечаю за это. Бесы принуждали меня к этому! Я не мог ничего поделать с собой». Тем самым подразумевается, что они не виновны и, следовательно, не нуждаются в покаянии.

Но в книге Деяния 17:30 мы находим слова Павла, обращены к афинянам: *«Бог ныне повелевает людям всем повсюду покаяться»*. Фраза «всем и повсюду» не оставляет в стороне никого и нигде. От каждого человека без исключения ожидается покаяние перед Богом.

Причина, почему мы должны покаяться, заключается в том, что все мы произвели плоды той внутренней преступной натуры, которую каждый из нас унаследовал от Адама. Мы все преступники, противящиеся Богу. Пока мы не отложим в сторону свой бунт, пока мы не покаемся, — мы не сможем иметь мира с Ним. Вот истинная природа покаяния: *сложить свой бунт*. Речь идет в первую очередь не об эмоциях, но о решении нашей воли.

Но кроме общей ответственности за бунт, каждый из нас добавил к этому свои собственные греховные действия и своеволие. Порой цепочка подобных неправильных решений и действий приводит людей к такому состоянию, что они больше не способны противостоять демоническому давлению и совершают определенные греховные действия. Они были буквально *принудительным* образом заставлены сделать это. Несмотря на это, они все равно ответственны за все неправильные поступки, которые привели их к такому состоянию беспомощности перед лицом зла. Поэтому они также нуждаются в покаянии.

Насколько я убедился, существует два основных препятствия для освобождения: 1) отказ покаяться и 2) отказ простить других и сложить обиду. Как только люди исполняют эти два условия, я обнаруживаю власть от Иисуса, изгнать бесов из них.

Но, принимаю эту власть, я должен понимать ее пределы. Например, мне приходилось слышать о людях, которые, изгоняя бесов, «посылают их в бездну». Соответствует ли это Писанию? Я не мог найти ни одного примера в Новом Завете, где Иисус посылал бесов в бездну. В случае с гадаринскими одержимыми (см. Матфея 8:28-32), Иисус ответил на упрашивание бесов и позволил им войти в стадо свиней. Но Он не сделал ничего больше этого. До этого бесы спрашивали Иисуса: *«что Тебе до нас, Иисус, Сын Божий? пришел Ты сюда прежде времени мучить нас»* (28 стих). Очевидно, бесы уже знали о том, что в Божьем календаре установлено определенное время, когда они будут подвергнуты своей окончательной участи; но до этого времени им было позволено продолжать свою прежнюю деятельность. Следовательно, Иисус использовал власть в тех рамках, которые были установлены Его Отцом.

МЕЖДУНАРОДНОЕ СЛУЖЕНИЕ

По ходу того, как я делился истинами об освобождении, которые Бог открыл мне, кассеты с моим учением начали циркулировать по всем Соединенным Штатам и за их пределами. В 1967 году я получил приглашение в Новую Зеландию, где я провел первое служение освобождения за пределами США. Когда спустя некоторое время я снова посещал Новую Зеландию, то познакомился с христианами, которые все еще помнили об этом первом служении, и даже с теми, кто получил тогда освобождение. С тех пор я проводил публичные служения освобождения еще более чем в двадцати других странах.

Особенно мне запомнилось служение в 1984 году в одном из самых отдаленных сельских уголков северо-западной Замбии в Центральной Африке. Около семи тысяч мужчин и женщин собрались для того, чтоб слушать мое учение. «Аудиторией» служил большой естественный амфитеатр размером с поле для американского футбола, имеющий небольшой склон к помосту, на котором стоял проповедник. Кустарник и прочую растительность предварительно вырубили, но деревья были оставлены для тени. Это было подобно кафедральному собору на открытом воздухе, где солнечные лучи пронзали толщу листвы. Все пришедшие сидели прямо на земле — мужчины, женщины, пожилые, молодые, матери с грудными младенцами и дети — они полностью заполнили это место.

Меня пригласили учить на протяжении пяти дней. Я рассматривал это, как прекрасную возможность шаг за шагом провести людей через все этапы искупительного плана Божия: от рабства греха и сатаны в *«свободу славы детей Божиих»* (Римл. 8:21).

Моя первая проповедь была о единственной, вседостаточной жертве, которая удовлетворяет нужды всех возрастов и всех рас: о кресте. Когда я призвал всех, кто в этом нуждается, к покаянию, многие люди отреагировали и обрели спасение.

Затем я учил их тому, как перейти от проклятия к благословению. Я объяснил, как на кресте Иисус стал проклятием за нас, чтобы мы могли наследовать благословение Авраама, которого Бог благословил во всем (Гал. 3:13-14). Затем я повел этих африканцев, хорошо осознающих реальность проклятий и боящихся их, к молитве освобождения от проклятий, в которой участвовали все. (Мы поговорим об этом более подробно в 21 главе.)

В конце проповеди к нам подошел хорошо одетый мужчина, упал на землю и стал валяться в пыли у наших ног. «Спасибо, спасибо, спасибо! — повторял он. — Всю свою жизнь я не имел и дня без боли. Сегодня впервые я освободился от боли». Мы подняли его и вместе прославили Господа за это исцеление.

На третий день я учил их тому, как распознавать демоническую активность и освобождаться от бесов. В конце я вел их в коллективной молитве освобождения.

Последовавшую картину можно назвать, по крайней мере, драматичной. Африканцы этого района были отличными охотниками. Они были научены местными колдунами, что для того, чтобы иметь успех, они должны открыть себя для духа определенного животного (такого как лев, слон или кабан), на которого они собирались охотиться. К сожалению, их жены оказывались под влиянием тех же духов.

Когда мы молились коллективной молитвой об освобождении, эти звериные духи начали проявлять себя. Место собрания наполнила просто какофония звуков джунглей. В находившемся недалеко от меня мужчине вдруг проявился дух льва, и он сделал попытку наброситься на меня. Но другой мужчина успел схватить его, и он рухнул на землю, не достигнув меня. Несколько человек, мужчин и женщин, рылись в земле носами, как кабаны. Часть женщин скользили на своих животах по земле подобно змеям. Один мужчина катился как бревно вверх по склону до самого конца нашего места собрания.

Мне пришло на память слово *«пандемония»* (букв. греч. *«все демоны»* — этим выразительным словом называли ад преисподний, наполненный невообразимым шумом неистового беснования — *примеч. ред.*), которое хорошо подходит для описания ситуации, в которой множество бесов проявляет себя и выходит одновременно. Удивительно, но применение силы и насилие полностью отсутствовало. Имя Иисуса постоянно было на устах помогавших служителей. Примерно через час оглушительный рев начал стихать. Сверхъестественный мир, последовавший за этим, вселил в меня веру, что многие люди были освобождены.

На четвертый день конференции моей темой было крещение в Духе Святом и как его принять. После того, как я повел людей в молитве, несколько тысяч исполнились Духом и начали молиться на иных языках одновременно, что повергало в благоговейный трепет! Затем, в последний день я учил людей, как развивать речевые дары Святого Духа, и помог им войти в личное употребление этих даров. Результатом было подтверждение слов Павла в Первом послании к Коринфянам 14:31: *«Ибо все один за другим можете пророчествовать, чтобы всем поучаться и всем получать утешение»*.

Эта конференция в Замбии во многом была кульминацией того, чему Бог научил меня. Освобождение не является самоцелью, но важной ступенью, без которой многие христиане никогда не смогут войти в ту полноту, которую Иисус приготовил для них. После Замбии я проводил множество подобных конференций в других странах, включая такие страны как Россия, Казахстан, Турция, Польша и т.д. Повсюду, где я учил людей, как распознать и выгнать бесов, это всегда приводило к славному переживанию силы и даров Святого Духа.

В настоящее время из-за плотного графика общих конференций, а также из-за того, что Господь побуждает меня уделять больше внимания написанию книг, я достаточно редко консультирую людей на личном уровне. Через печатное слово я могу помочь намного большему числу людей, чем через служение один на один.

В следующей главе я поделюсь некоторыми важными личными уроками, которым я научился через служение другим.

10. ПРОДОЛЖАЮЩИЕСЯ ЛИЧНЫЕ КОНФЛИКТЫ

В четвертой и пятой главах я описал свою мучительную борьбу с депрессией и с гордостью, которая не желала признать перед всей моей общиной, что я нуждался в освобождении от беса и получил это освобождение.

Кроме того, я всегда считал, что для того чтобы помогать в освобождении другим, служитель должен быть сам свободен от бесов. При этом я четко осознавал, что от получившего спасение через веру во Христа не требуется сразу же стать примерным христианином для того, чтобы свидетельствовать о спасении или приводить других к Иисусу. На самом деле, вдохновенные свидетельства новообращенных часто производят больший эффект, чем более обоснованные изложения зрелых верующих.

Я обнаружил, что то же самое бывает истинным и в отношении освобождения. Люди, пережившие освобождение на собственном опыте, часто бывают более успешными в этом служении другим, потому что они знают из личного опыта силу имени Иисуса и слова Божьего. Они также могут сопереживать другим в их борьбе. В то время как теологические знания без практики могут послужить больше препятствием, чем помощью. Освобождение — это служение, в котором человек не должен бояться «запачкать свои руки», имея дело с представителями злого сатанинского царства.

Основное требование для служения освобождения установлено Иисусом в Евангелии от Марка 16:17: *«уверовавших же будут сопровождать сии знамения: именем Моим будут изгонять бесов...»* Иисус требует одного: простой веры в Его имя и Его слово. Это истина остается неизменной независимо от того, изгоняет уверовавший человек бесов из других или из себя.

Обнаруживая проблемы других и помогая им обрести свободу, как это ни парадоксально, я лучше смог распознать и разобраться со своими собственными проблемами. Вскоре я научился двум важным принципам. Во-первых, многие проблемы с бесами (вероятно, большинство из них) начинаются в детстве. Во-вторых, если человек имеет продолжительные или неподдающиеся проблемы с бесами, то почти всегда это указывает на существование какого-либо корня в оккультизме. По этой причине, вполне вероятно, что полное освобождение не придет до тех пор, пока этот корень не будет разоблачен и удален.

Оба эти принципа оказались действенными в моем случае. Я родился и провел первые пять лет мой жизни в Индии, в семье номинальных английских христиан. Согласно традиции, установившейся в британском высшем классе, моя мать вскоре передала меня на воспитание няне. Это была женщина-индуска, которая, несомненно, оказала сильное духовное влияние на меня в первые годы моей жизни. Я не помню, что она делала, но позже, немного повзрослев, я часто чувствовал, как какая-то злая сила преследует меня по пятам.

Это темное влияние преследовало меня все годы моей ранней жизни. В подростковом возрасте я сформировал в своем воображении обаятельный образ Индии, как источника эзотерической мудрости, которая превышала по своему уровню материалистическую культуру Запада. Во время моих студенческих лет в Кембридже я изучал йогу и даже задумывался над тем, чтобы стать йогом. Если бы путешествия на дальние расстояния в те времена были так просты, как сейчас, то я, несомненно, обивал бы порог какого-нибудь индийского гуру.

В Кембридже я изучал греческую философию и, в частности, философию Платона. Двумя моими героями в то время были Сократ и Платон. Затем, во время Второй Мировой войны, мне сверхъестественным образом открылся Иисус Христос (я упоминал об этом в четвертой главе), и это откровение полностью изменило курс моей жизни. С того дня я с горячим рвением стал изучать Библию. Но большая часть моего мышления была все еще под влиянием Платона, и я хранил некоторые из его работ, в качестве сборников мудрых изречений.

По мере роста моего понимания, каким образом люди становятся открытыми для бесов, я увидел, что мое любование Сократом и Платоном оставляло дверь моей личности открытой, и это делало меня уязвимым для демонического влияния. Сократ сам признавал влияние беса в своей жизни. Когда он умирал, выпив по приговору настойку ядовитого растения, его последними словами были: *«Мы должны петуха Эскулапу»*. Он приказал от его имени принести петуха в жертву Эскулапу, языческому богу исцеления.

Несмотря на это, имя Сократа почитается в интеллектуальном мире, его поведение попадает в ту же категорию, что и приносящего в жертву петуха на церемонии культа вуду. Идолопоклонство остается идолопоклонством, даже если оно описано элегантным, классическим греческим языком.

Я осознал также, что подобные оккультные влияния пропитывали также труды Платона, другого моего героя. В его последнем большом диалоге «Тимеус» он признает: *«Мы не имеем слова от Бога»*.

Тогда он обратился к оккультной литературе Египта за откровениями о таинствах Вселенной.

Помогая нуждающимся в освобождении, я снова и снова находил близкую связь между вовлечением в оккультизм и серьезными проблемами с депрессией. Для меня стало ясно, что, возможно, именно это было причиной моей собственной борьбы против депрессии, когда я был молодым пастором.

Однажды в 1970 году, я размышлял над Второзаконием 7:26: *«И не вноси мерзости в дом твой, дабы не подпасть заклятию, как она; отвращайся сего и гнушайся сего, ибо это заклятое»*. Я обошел свой дом и понял, что я имел достаточное количество «мерзостей». Тогда я принял решение, которое, как я верю, оказало серьезное влияние на будущий курс моей жизни и служение: я решил не хранить у себя ничего, что каким-то образом оскорбляет Иисуса Христа или открывает дверь демоническому влиянию.

Я освободился от предметов, унаследованных от своей семьи: четырех старинных изящно вышитых китайских императорских драконов и целого набора китайских произведений искусства с изображениями дракона. Я также избавился от вещей, содержащих элегантную арабскую каллиграфию, некоторые из которых, несомненно, прославляли Мухаммеда и мусульманского бога Аллаха. Кроме того, я очистил свою библиотеку, особенно от книг Платона и от всего, что каким-то образом прославляло оккультизм. Затем я выбросил серию поэм, которые были написаны мною в те дни, когда я был очарован Индией. Эта чистка сильно изменила духовную атмосферу вокруг меня. Это было похоже на то, как будто я вышел из сумерек навстречу ясному дневному свету.

Меня действительно беспокоит состояние многих христиан, которые не очень-то торопятся осознать Божью ненависть к любой форме оккультизма.

Небрежение к любому роду оккультному влиянию в нашей жизни открывает нас силам, которые угрожают нашему собственному духовному благополучию.

Мне приходит на память телесериал «Заколдованные», который в те далекие годы приносил оккультизм в наши дома, как казалось, занимательным и невинным образом. Распознав это обольщение, я предупреждал других христиан об опасности допущения такого влияния на свой разум и дух. Тридцать лет спустя оккультные программы просто заполонили телеэкран, производя коварный разрушающий эффект на многие семьи. Это же, но сегодня уже в гораздо большей степени, относится к интернету, видеофильмам, компьютерным играм, игрушкам и другим формам развлечений для детей.

БОРЬБА СО СТРАХОМ

Мое освобождение от бесов было постепенным, возможно, из-за моего оккультного прошлого и наследия. Время от времени я все еще должен был искать Господа для своего освобождения. Один из врагов, постоянно досаждавших мне, был дух страха, пришедший ко мне в детстве. В определенных обстоятельствах меня мог охватить страх. Несмотря на все усилия воли, на меня накатывались приступы страха — мой живот сжимало, в моем теле росло напряжение, иногда даже мое лицо становилось бледным. Внешне я мог контролировать себя, поэтому люди не знали о моей внутренней борьбе.

Я хорошо помню, когда я впервые испытал такого рода страх. Мне было девять лет, я сидел на заднем сиденье машины, несущейся вниз по крутому склону. Все мое тело напряглось, и неожиданно я почувствовал дрожь в ступнях, которая начала подниматься вверх по ногам и, казалось, осела в глубине моего живота. Мы не попали в аварию, но дух страха вошел в меня.

После того, как я обрел спасение и получил крещение в Святом Духе, эти атаки страха уменьшились, но не исчезли полностью. Как только я вошел в служение освобождения, я знал, что мне делать. Я должен был воззвать к Господу, чтобы Он освободил меня. И все же поначалу я почему-то не мог хранить полученное освобождение. В моменты физической или эмоциональной слабости, когда моя духовная защита ослабевала, дух страха незаметно мог войти в меня. Как только я осознавал его присутствие, я снова провозглашал и получал свободу.

Вначале я не понимал, почему должен постоянно бороться с этим, но затем я увидел в Писании, что многие сильнейшие Божьи слуги находились в продолжительной битве со страхом. Я думал о Давиде, доблестном предводителе армии Израиля. Он имел близкие, глубокие взаимоотношения с Господом, и все же, у него было множество страхов. В Псалме 33:5, например, Давид сказал: *«Я взыскал Господа, и Он услышал меня, и от всех опасностей моих избавил меня»* (англ.: *«освободил меня от всех моих страхов» — прим. переводчика)*.

Я задумался над этой фразой: *«всех моих страхов»*. Затем я начал вспоминать о существовании множества самых разных навязчивых видов страха: страх темноты, страх высоты, страх людей, страх провала, страх заболеть, страх смерти, страх закрытого пространства (клаустрофобия), страх открытых или публичных мест (агорафобия), страх неизвестности... Полный список был бы слишком длинным. И каждый из этих страхов является мучительной реальностью для того, кто страдает от него.

Также мне пришли на память слова Павла о трудностях, которые он встретил в Македонии. Он испытал атаки не только извне, но и изнутри: *«Мы были стеснены отовсюду: отвне — нападения, внутри — страхи»* (2 Кор. 7:5).

Не дерзну сравнить себя с Давидом и Павлом, двумя самыми доблестными слугами Господа. Однако если даже они сражались со страхами, мне нет нужды считать себя неудачником из-за того, что я тоже проходил через подобные сражения.

Со временем я научился тому, как разбираться с подобным родом атак. Сегодня, когда бы я ни обнаруживал знакомые симптомы подступающего страха, я цитирую 2-ое Тимофею 1:7, применяя это лично к себе: *«Бог не дал мне духа страха, но силы, любви и целомудрия (обладания собой)»*. Затем я противостою духу страха. Когда я делаю это, я одерживаю победу. Дух страха может атаковать меня извне, но уже не может войти в меня.

ОСНОВНОЙ ДУХОВНЫЙ КОНФЛИКТ

Этот духовный опыт и многое другое привели меня к тому, что я решил пересмотреть свое понимание христианской жизни. Я всегда буду благодарен христианам, которые в 1941 году привели меня к Господу. Я уважаю их бескомпромиссное принятие Писания, как вдохновенного и авторитетного Слова Божия. Но по мере моего изучения Библии и столкновения с проблемами, стоявшими перед христианами, я понял, что некоторые из их доктринальных позиций основывались на человеческих традициях, а не на Писании. Например, они часто представляли упрощенную картину христианской жизни: вы обретаете спасение и рождаетесь свыше, креститесь в воде, креститесь в Духе Святом со знамением говорения на иных языках — и затем у вас не может быть никаких проблем. Хотя они прямо не говорили об этом и не представляли это в виде доктрины, но таким было их понимание и их подход.

К сожалению, это не соответствует действительности христианской жизни. Имея за плечами опыт хождения с Господом, я могу засвидетельствовать (как, впрочем, и многие другие), что мы не понимаем, что такое настоящие духовные проблемы, до тех пор, пока не будем крещены в Святом Духе. Только после этого мы начинаем понимать полностью значение таких слов, как *искушение, давление и духовный конфликт*. Конечно, это не причина впадать в уныние. Нам нужно постоянно иметь перед глазами пример Иисуса. После того, как Святой Дух сошел на Него и Он начал свое служение Мессии, Помазанника, Ему пришлось пройти через интенсивное личное противостояние сатане в течение сорока дней в пустыне.

Но, заметьте, что Он пошел в пустыню *«исполненный Духа Святого»* (Луки 4:1), а вышел оттуда, после победы над сатаной, и начал Свое публичное служение *«в силе Духа»* (стих 14). Полнота *силы* Духа Святого не была высвобождена даже в Иисусе, до тех пор, пока Он не встретился с сатаной и не победил его в прямом личном противостоянии.

Каждый из нас должен следовать примеру, установленному Иисусом. Бог высвобождает силу Святого Духа через нас только в той мере, в какой мы одерживаем победу в нашем духовном конфликте с сатаной. Иисусу потребовалось для этого сорок дней, но в результате Он одержал полную победу. Мы должны следовать Его примеру, хотя наши победы никогда и не будут победой Его уровня. Мы не сможем избежать конфликта с сатаной, если желаем видеть высвобождение силы Святого Духа в нашу жизнь. Духовные конфликты такого рода не являются свидетельством неудачи. Наоборот, это необходимое условие для плодоносного служения.

Размышляя над этим, я вспоминаю о своей первой жене — Лидии, которая сейчас с Господом. Когда я впервые встретил ее в середине 1940-х годов в Палестине, она была одной из самых смелых и посвященных христиан, которых я когда-либо встречал. Она была успешным преподавателем и происходила из состоятельной датской семьи. В послушании Богу, не зная, что Он для нее приготовил, она оставила все и приехала в Иерусалим. В 1928 году она взяла маленькую умирающую девочку и выходила ее. (Более подробно я описал историю Лидии в книге «Назначение в Иерусалим».)

В следующие двадцать лет Лидия жила сама и содержала дом для девочек-сирот без всякой поддержки, находясь в той культуре, где женщина рассматривается, в основном, как лицо второго сорта. В течение тех лет ей пришлось столкнуться с погромами, бандитами, материальной нуждой, грубыми условиями жизни и неприятием со стороны, как евреев, так и мусульман, но она никогда не колебалась. Она жила этой победной жизнью — независимо от того, жила ли она в гнетущей атмосфере послевоенного Лондона, на примитивной миссионерской станции в Восточной Африке, или путешествуя со мной в моем служении — и так до самой своей смерти в 1975 году.

Однако один эпизод из ее жизни был для меня сюрпризом. В 1970 году мы вместе служили сотням людей, нуждавшимся в освобождении, и видели множество славных побед. Однажды после одного из таких сильных служений мы отправились на квартиру, предоставленную для нас церковью. Но зайдя в подъезд дома, Лидия вдруг отказалась войти в лифт. Вместо этого она решила подняться на четвертый этаж по лестнице. Когда я спросил ее об этом, она ответила: «В лифте я чувствую себя неуютно».

Мы стали говорить об этом больше, и она вспомнила случай в Дании, когда она была пятилетней девочкой. Она играла в кладовке под лестницей в доме своей тети, и та, увидев открытую дверь, заперла ее.

У маленькой Лидии, оказавшейся закрытой в полной темноте, началась истерика. Она стала кричать и стучать в дверь. Тетя быстро отреагировала и открыла дверь, но, по всей видимости, за те несколько моментов бес клаустрофобии (страха закрытого пространства) вошел в Лидию.

Как только проблема Лидии была раскрыта и бес страха опознан, мы молились вместе, и она была полностью освобождена. У нее больше никогда не возникало проблем с лифтом.

Мы оба были удивлены, что, после помощи такому количеству людей обрести свободу, Лидия сама нуждалась в освобождении. Но это научило меня тому, что мы должны быть готовыми ответить на побуждение Святого Духа, даже если это не соответствует нашей теологии! Если бы мы с Лидией не молились в тот вечер, то она никогда бы не пришла к полной победе в этой сфере.

Теперь меня уже не смущает, когда я вдруг узнаю о демоническом противостоянии даже в зрелых христианах. Я готов ко всему и держу свои глаза широко открытыми. Например, мне доводилось обнаружить демоническую активность в некоторых физических немощах. Время от времени я заболевал и страдал от непонятной простуды и озноба. Я молился за себя, но никаких изменений не происходило. На одну-две недели эта болезненная слабость полностью выбивала меня из колеи, и только потом я восстанавливался. Но как-то раз я перечитывал историю, как Иисус пришел в дом к Петру и исцелил его тещу от горячки. *«Подойдя к ней, Он запретил горячке; и оставила ее. Она тотчас встала и служила им»* (Луки 4:39). Почему Иисус *запретил* горячке? Ясно, что Он увидел в этой горячке что-то большее, чем просто физическое состояние.

В следующий раз, когда я сражался с простудой, я решил последовать примеру Иисуса. Я противостал этой немощи как бесу и получил сильнейшее освобождение. Вместо обычной недели или двух, мое состояние нормализовалось в течение суток.

Теперь, когда я чувствую боль или немощь любого рода, я учитываю возможность, что за этим может скрываться бес. Если этот диагноз подтверждается, то освобождение, как правило, наступает быстро. Если же проблема вызвана естественным физическим состоянием, я молюсь об исцелении и жду Божьего ответа. Но при этом должен сказать, что я ни в коей мере не пренебрегаю помощью врачей. Я обращаюсь к врачам всякий раз, когда чувствую в этом потребность, и благодарю Бога за помощь докторов и лекарств, когда Бог ведет меня таким путем!

Было бы абсурдно предполагать, что все заболевания вызываются бесами. Некоторые — да, некоторые — нет. Поэтому очень важно развивать в себе различение, чтобы распознавать, какое заболевание вызвано бесами, и какое — нет. Послание Евреям дает ключ для развития такого рода распознания: *«Твердая же пища свойственна совершенным, у которых чувства навыком приучены к различению добра и зла»* (Евр. 5:14).

Существует два условия. Во-первых, мы должны *питаться* твердой пищей — т.е. всей полнотой откровения, которое Бог дает нам во всей Библии. Всестороннее знание Писания является необходимым. Во-вторых, мы должны *практиковать* различение. Оно не придет к нам только через знание Библии и теории. Но и применять различение исключительно в плоскости распознания демонической активности будет большой ошибкой. От нас требуется постоянно практиковать свою духовную восприимчивость в каждой ситуации, в которую мы попадаем.

ИЗБРАННЫЙ БОГОМ МОМЕНТ

В 1994 году со мной приключилось нечто странное и неожиданное. Мы с группой христиан ходатаев находились в молитвенном ожидании Господа. Внезапно, помимо моей воли, мои руки поднялись в воздух, а через мое тело прошла серия конвульсивных толчков. На момент я смутился, думая о том, что могут подумать люди. Затем я спросил себя: «Что более важно: что думают люди, или то, что Бог хочет делать?»

Я решил полностью подчиниться тому, что хотел делать Бог. (На самом деле, большинство окружавших меня людей были сосредоточены на общении с Богом и не обращали внимания на то, что происходило со мной.) Судорожные движения продолжались несколько минут; затем я расслабился, и мое тело обмякло. Я знал, что получил освобождение от духа, и в мой разум пришло слово жесткость. Затем Бог показал мне, как этот дух вошел в меня.

Когда я родился в Индии в 1915 году, местное медицинское обслуживание было очень примитивным. Когда мне было восемнадцать месяцев, доктор определил, что мои ноги были разной длины. Он наложил шину на несколько месяцев и предписал моей матери держать меня на спине. В результате у меня развилась негибкость в некоторых частях моего тела и неспособность делать определенные нормальные физические движения.

За последующие потом почти восемьдесят лет я пережил множество благословений от Бога: спасение, крещение в Святом Духе, чудесное исцеление, применение различных духовных даров. И все же этот дух жесткости не оставил меня, пока Божье суверенное вмешательство не выявило его и не освободило меня. Теперь, с момента моего освобождения, я начал испытывать необычную свободу в движениях.

Моя вторая жена Руфь (так же, как и Лидия) всегда активно участвовала в оказании помощи людям, нуждающимся в освобождении от бесов. Но ее жизнь также не была свободной от конфликтов с бесами. Мы поняли, что Бог по Своей суверенной воле выбирает время для раскрытия демонической активности.

Однажды утром, около десяти лет назад, мы как обычно сидели в кровати, читая наши Библии, когда Руфь начала говорить о некоторых влияниях, которым она открылась в то время, когда практиковала иудаизм. Она рассказала, как сильно было подвержено ее мышление гуманистическим элементам еврейской культуры. Неожиданно она сказала: «Может ли гуманизм быть духом?»

Когда Руфь отреклась от этого духа и приказала ему уйти, ее начало сильно трясти. На самом деле, если бы я не держал ее, то она, наверное, упала бы с кровати. Как только дух был изгнан, Руфь снова обрела контроль над своим телом и начала славить Бога и поклоняться Ему.

Но для нас обоих было сюрпризом, что нечто, казавшееся абстрактным и интеллектуальным, могло произвести такую сильную физическую реакцию. Когда я обдумывал это, я понял, что корни гуманизма заложены в греческой философии. Я верю, что это одна из самых главных сатанинских сил, действующих сегодня в мире: она, в конечном счете, откроет путь для прихода антихриста.

Из этого и из других переживаний, связанных с демоническим царством, я пришел к выводу, что мы находимся в состоянии войны. Чем больше битв мы выигрываем, тем больше мы учимся распознавать сатанинскую тактику, и таким образом приближаемся к полной победе, завоеванной для нас Иисусом на кресте.

Я хочу подвести итог полученным урокам словами Павла из Послания к Филиппийцам 3:12: *«Говорю так не потому, чтобы я уже достиг или усовершился; но стремлюсь, не достигну ли и я, как достиг меня Христос Иисус»*.

Часть третья

СЕМЬ ВОПРОСОВ

Тема о бесах, как я упомянул в начале этой книги, часто окружена суеверным страхом. Христиане часто думают так: «Если я оставлю бесов в покое, то и они оставят меня в покое». К сожалению, это не так. Бесы не оставят вас в покое. Тот факт, что вы являетесь христианином, сам по себе не охраняет вас. Напротив, христиане являются главной целью бесовских атак.

Самое лучшее средство защиты — это открыть, что Писание говорит о природе и образе действий бесов. Только тогда вы будсте способны воспользоваться Божьей защитой, приходящей к нам через веру во Христа.

Существует несколько вопросов, которые, как я обнаружил, люди часто задают относительно демонической сферы. В этом разделе я рассмотрю семь таких вопросов:

- *Кто такие бесы?*
- *Плоть или бесы?*
- *Как бесы входят?*
- *Что такое оккультизм?*
- *Действует ли колдовство и сегодня?*
- *Нуждаются ли христиане в освобождении от бесов?*
- *Будет ли Святой Дух обитать в нечистом сосуде?*

На каждый из этих вопросов я ответил, основываясь на Писании и на своих личных наблюдениях и многолетнем опыте служения. Это поможет прояснить множество распространенных недопониманий и подготовит вас к четвертой части, в которой мы как непосредственно разбираться с бесами. В конце 14, 16 и 17 глав вы найдете личные свидетельства христиан, которые делятся своим опытом столкновений с бесами.

11.
КТО ТАКИЕ БЕСЫ?

Когда люди осознают реальность существования бесов, то у них, естественно, возникает два вопроса: что это за творения? И каково их происхождение?

ЧТО ЭТО ЗА ТВОРЕНИЯ?

Я бы описал бесов, как бестелесные духовные существа, имеющие страстное желание оккупировать физическое тело. По-видимому, они предпочитают человеческое тело; но чтобы не существовать в бестелесном состоянии, они охотно занимают даже тела животных (см. Луки 8:32-33).

Для нас тяжело принять мысль о существовании личности без тела. Но, несмотря на то, что бесы не имеют тела, они имеют все основные отличительные признаки личности:

1. Воля
2. Эмоции
3. Интеллект
4. Самосознание
5. Способность говорить

1. Воля

Бес, вышедший из человека, сказал: *«Возвращусь в дом мой, откуда я вышел»* (Матф. 12:44). Итак, бес применяет свою волю для принятия решения и затем приводит это решение в исполнение соответствующими действиями.

2. Эмоции

«Ты веруешь, что Бог един: хорошо делаешь; и бесы веруют, и трепещут» (Иак. 2:19). Трепет

— это проявление сильных внутренних эмоций. Как уже было сказано, я видел демонизированных людей, которые при встрече с властью Христа начинали очень сильно дрожать. Это может быть внешним проявлением страха, испытываемого бесами внутри.

3. Интеллект

Бесы имеют знания, не происходящие из естественных источников. Когда Иисус впервые столкнулся с демонизированным человеком в синагоге в Капернауме, бес проговорил из человека и сказал: *«Знаю Тебя, кто Ты, Святой Божий»* (Марк. 1:24). Это случилось за год до того, как ближайшие ученики Иисуса начали осознавать это. В то время как бес знал об этом сразу, как только увидел Иисуса.

4. Самосознание

Когда Иисус спросил гадаринского одержимого его имя, то бес ответил за себя и за остальных бесов: *«Легион имя мне, потому что нас много»* (Марка 5:9). Бес осознавал личностью и себя, и других бесов, захвативших этого человека.

5. Способность говорить

В первых трех Евангелиях и в книге Деяния мы видим несколько примеров способности бесов говорить через речевые органы занятой ими личности. Они могли отвечать на вопросы и вести диалог. Способность говорить и выражать свои мысли общепринято рассматривать как свидетельство наличия личности.

Теперь перейдем ко второму вопросу.

КАКОВО ИХ ПРОИСХОЖДЕНИЕ?

Я слышал о двух основных теориях относительно происхождения бесов.

1. Они являются падшими ангелами, присоединившимися к сатане в бунте против Бога.
2. Они являются бестелесными духами расы, существовавшей до Адама, погибшей от суда Божия, детального описания которого нет в Библии. (В книге «Война в небесах» Дерек Принс высказывает ряд предположений относительно Библейских свидетельств о Божьем суде, предшествовавшем сотворению первого человека на земле — *примеч. ред.*)

Полагаю, что даже досконально исследовав Библию вы не найдете достаточно доказательств, чтобы с уверенностью утверждать верность той или иной теории. Должен сказать, что на основании моего опыта мне тяжело поверить, что бесы являются падшими ангелами. Для меня кажется ясным, что даже падшие ангелы все еще сохраняют место своего обитания где-то в *«поднебесье»* (Ефес. 6:12) — конечно же, речь идет не о *«третьем небе»*, где обитает Бог (2 Кор. 12:2-4). В то время как бесы являются творениями, привязанными к земле. Поэтому представлять ангелов постоянно действующими на земном уровне — это не по Писанию.

Бесы, с которыми я имел дело, проявляли самый широкий спектр черт характера. Некоторые из них жестоки, свирепы, имеют сверхъестественную силу. Другие слабы, трусливы и даже смешны и нелепы — характеристики, которые трудно ожидать от ангелов, даже падших.

Позвольте мне проиллюстрировать вам это одним примером. Женщина попросила меня изгнать бесов из ее мужа. Когда я начал молиться с ним, он начал проявлять признаки свирепости. В этот момент его жена отвела меня в сторону и сказала: «Дома он бросает в меня стулья».

«Что же она не сказала мне об этом до того, как я начал за него молиться?» — сказал я себе, решив никогда больше не попадать самому в такую неожиданную ситуацию!

После того, как я некоторое время молился за этого мужчину, видимо, последний бес проговорил из него: «Я нечист».

Не желая задавать вопросов и смущать мужчину перед его женой, я просто сказал: «Ты, бес нечистых мыслей, выходи из этого человека!» Я чувствовал, что обтекаемая фраза «нечистые мысли» не будет слишком смущающей.

Тем не менее, бес, ответил: «Это не мое имя».

«Твое это имя или нет, меня это не волнует, — сказал я, — я приказываю тебе выходить, во имя Иисуса!»

В конце концов, бес оставил этого мужчину, все же протестуя до конца: «Это не мое имя!»

По моему субъективному мнению, ни один ангел, даже падший, не будет вести себя подобным образом.

Классическая греческая литература проливает некоторый свет на природу бесов. Философ Сократ, например, признавал, что в нем был *даймонион*, оказывающий влияние на некоторые его действия. Этот *даймонион* никогда не говорил ему о позитивном, что он должен был делать, но давал ему некоторые негативные предупреждения о том, чего делать не следовало. Однажды, например, несколько человек поджидали Сократа на рынке, планируя напасть на него. И *даймонион* предупредил его о том, что ему не следует в тот день идти на рынок. Сегодня такие духовные проявления могли бы квалифицировать как угодно, но для греческого мышления времен Сократа было бы дико предположить, что Сократ имел падшего ангела, который управлял им.

Мне трудно поверить, что какой-либо ангел мог быть поглощен сильным желанием — что является характерным для бесов — завладеть человеческим телом или, если этого не удавалось, то телом такого животного, например, как свинья. Несомненно, что для ангела это было бы местом заключения, но никак не местом, где такое существо могло бы выразить себя.

Это правда, что для достижения особой цели — чтобы склонить Адама и Еву к бунту — сатана на некоторое время принял образе змея. Но последующие места Писания ясно показывают, что он не оставался далее в теле змея.

Опять же, в Евангелии от Луки 22:3 написано: *«Вошел же сатана в Иуду...»* Но это не обязательно свидетельствует о том, что сатана вошел в Иуду, как личность.

Ранее в том же Евангелии описан случай, как Иисус исцелил женщину с согнутой спиной, изгнав из нее *«духа немощи»* (Луки 13:11). Поясняя это, Иисус назвал женщину *«дочерью Авраама, которую связал сатана... восемнадцать лет»* (стих 16). *«Дух немощи»* был прямой реальной причиной такого физического состояния женщины. Но поскольку этот дух был направляем и контролируем сатаной, то его действия были приписаны самому сатане. Иисус сказал, что сатана связал ее.

Точно также, в момент предательства Иуды сатана мог действовать через какого-нибудь беса, который смог войти в Иуду. (Это мог быть бес алчности, поскольку Иуда, очевидно, был мотивирован любовью к деньгам.) Но если бы даже сатана вошел в Иуду как личность, то это было бы подобно искушению Адама и Евы. Его появление перед ними в виде змея было особенным действием, которое продолжалось короткий промежуток времени.

Но как бы там ни было, факт остается фактом — вплоть до настоящего времени штаб-квартира сатаны и его постоянное место пребывания все еще находится «в поднебесье».

ДЕЙСТВУЮТ ИЗ ПОДНЕБЕСЬЯ ИЛИ ПРИВЯЗАНЫ К ЗЕМЛЕ?

Во второй главе я указал, что слово бес или демон (греч. *даймонион*) произошло от первичного слова *даймон*. Тогда что же такое *даймон*?

Греческая мифология, как кривое зеркало, изображает два основных уровня «богов», обитающих в «поднебесье». Высший назывался *теос* (во множественном числе *теои*). Нижний уровень назывался *даймон*.

Видимо, основная функция, которую выполняли *даймоны*, — это привести в исполнение назначенную судьбу для каждого человека, указанную для него *теои* — «богами» высшего уровня. *Даймонионы* (бесы) обитают на нижнем, земном уровне. Они управляются и направляются «богами» высшего уровня. Возможно, *теои* направляют *даймонов*, которые, в свою очередь, направляют *даймонионов*.

Для тех, кто не может думать по-гречески, тяжело сформировать ясную картину этих трех порядков духовных существ, потому что современные языки не имеют достаточного словарного запаса для этого. *Теос* можно легко перевести как «бог», и *даймонион* — как «бес», но у нас нет подходящего слова для промежуточной категории *даймон*. В этой книге я решил использовать название *даймон*, не пытаясь найти точный перевод.

Вероятно, что эти две категории — *теои* и *даймоны* — относятся к тому, что Павел в Ефесянам 6:12 назвал *«начальства и власти»* (в др. переводе: *«те, кто управляет, и те, кто имеет силу и власть» — примеч. ред.*). Обе категории, судя по словам Павла, обитают в *«поднебесье»*.

С другой стороны, Новый Завет изображает *даймонионов* (бесов) обитающими на земле. Нет никакого намека на то, что они спускаются и поднимаются в небесные сферы.

В Евангелии от Матфея 12:43-44 Иисус дал картину действия бесов: *«Когда нечистый дух выйдет из человека, то ходит по безводным местам, ища покоя, и не находит; тогда говорит: «возвращусь в дом мой, откуда я вышел». И, пришед, находит его незанятым, выметенным и убранным»*.

Нет никакого намека на то, что бесы спускаются или поднимаются куда-то в поднебесье. Греческий глагол, переведенный как «ходит», используется только для передвижения по поверхности земли.

Теои, даймоны и *даймонионы* объединены в неослабной борьбе против человеческой расы. Под главенством сатаны, они действуют вместе, чтобы навязать человечеству максимально возможный обман и причинить урон, вред и муки.

Давайте представим на момент, что *даймонионы* — это духи, которые однажды занимали тела представителей до-адамовой расы, ведших безбожную и греховную жизнь. В их настоящем состоянии они, конечно же, не могут выразить свои похоти и желания, эмоции, которые они развили, находясь в своих бывших телах. В таком случае вполне резонно, что они находят некоторого рода заменитель, выражая свои похоти, страсти и эмоции через человеческие тела. Это может объяснить основную характерную черту бесов: их жгучее желание захватить человеческую плоть и действовать через нее.

Нам нужно помнить, что Библия описывает историю только потомков Адама. Именно в связи с этим она использует выражение *сыны* (или *потомки*) Адама. И именно для освобождения членов этой расы Иисус пришел как *«последний Адам»* (1 Кор. 15:45). Если до Адама существовали другие расы, то Библия не делает никаких определенных упоминаний о них. В книге «Ранние годы Земли» (1876 год, переиздано Кергелем в 1975 году) Дж. Х. Пэмбер более полно и аргументированно рассматривает этот вопрос.

Я рассматриваю эту теорию происхождения бесов, как одну из возможных гипотез, но не углубляюсь более. Некоторые вещи Бог держит в тайне (см. Второзаконие 29:29), и глупо пробовать совать нос в то, что Он хранит в тайне.

Возможно, что обе теории о происхождении бесов неправильны — они и не павшие ангелы и не бестелесные духи ранее существовавшей земной расы. Наш угол зрения на бесов связан с сегодняшней реальностью и с тем, как практически разбираться с ними. Мне приходилось встречаться с бесами самого разного рода, но у меня никогда не возникало впечатления, что я имею дело с ангельским существом.

В то же время, я несколько раз сталкивался с ангелами сатаны во времена ходатайственной молитвы и духовной войны, лучше всего описанной Павлом в Послании Ефесянам 6:12: *«Потому что наша брань (*буквально*: «борцовский поединок» — примеч. ред.) не против крови и плоти, но против... мироправителей тьмы века сего, против духов злобы поднебесных».*

Новый Завет не изображает Иисуса или Его апостолов «борющимися» с бесами. Скорее, их присутствие и помазание обнаруживает бесов (как было сказано главе третьей), и употребляет власть, необходимую для их изгнания.

БИБЛЕЙСКОЕ ОПИСАНИЕ БЕСОВ

Бесы проявляли себя через людей под разными именами. Вот список имен, которые использует Писание для бесов. В каждом случае следуют ссылки на Писание.

В Ветхом Завете:

Дух Ревности	Числа 5:14, 30
Злой дух	Судей 9:23; 1Цар. 16:14-23; 18:10; 19:9
Дух лживый	3 Цар. 22:22, 2 Пар. 18:20-22
Дух опьянения	Исаия 19:14
Дух усыпления	Исаия 29:10
Унылый дух	Исаия 61:3
Дух блуда	Осия 4:12; 5:4
Нечистый дух	Захария 13:2

В Новом Завете:

Дух немой и глухой	Марка 9:25
Дух нечистый	Марк 9:25
Дух немощи	Луки 13:11
Дух прорицательный	Деяния 16:16
Дух-обольститель	1 Тимофею 4:1
Дух боязни	2 Тимофею 1:7
Дух заблуждения	1 Иоанна 4:6

Другие бесы

В дополнение к именам, взятым из Писания и перечисленным выше, я добавлю другие имена бесов, которые я лично встречал.

В области физической немощи: Артрит, Астма, Рак, Искривление, Эпилепсия, Головная боль, Мигрень, Синусит, Тромбоз.

В других, более общих сферах: Прелюбодеяние, Клаустрофобия, Критицизм, Разочарование, Зависть, Фантазия, Сплетни, Ненависть, Безнадежность, Мастурбация, Убийство, Извращение, Бунт, Отверженность, Религия, Самосожаление, Стресс, Самоубийство, Насилие, Колдовство.

Приведенный выше список не является исчерпывающим, но показывает разнообразие демонической деятельности. Сатана, по-видимому, имеет в своем распоряжении огромное количество бесов, используя которых, он может нападать и мучить человечество.

Теперь давайте перейдем ко второму из семи вопросов.

12. ПЛОТЬ ИЛИ БЕСЫ?

С самого начала, с того момента как человек отвернулся от Бога в бунте, он стал подвластен двум основным злым духовным силам: греху и бесам.

Следствие греха распространилось на всех людей, во все времена и повсюду: *«Потому что все согрешили и лишены славы Божией»* (Римлянам 3:23). Грех полностью осквернил всю человеческую расу и каждого отдельного человека во всех сферах его жизни.

Личность, испорченная грехом, названа в Новом Завете *«ветхим человеком»* (Римлянам 6:6) или *«плотью»* (Галатам 5:24). Ветхий человек представляет собой преступную натуру каждого из нас, унаследованную от Адама — нашего общего прародителя. Адам не имел детей до того, как он восстал против Бога, поэтому каждый потомок Адама несет в себе природу преступника. Термин плоть в данном контексте обозначает не физическое тело, но испорченную натуру, являющуюся частью наследия, получаемого каждым из нас при рождении.

При необходимости эти два выражения — *ветхий человек* и *плоть* могут использоваться взаимозаменяемым образом. Оба описывают нашу испорченную падшую и греховную натуру.

В разных переводах встречаются видоизмененные выражения, которые порой используются скорее для *объяснения*, чем для *перевода*. Но, как бы ни называли это — *ветхий человек, плоть, греховное тело плоти* или *греховная природа* — по сути, все эти названия описывают одно и то же.

Если проблема греха является всеобщей, то о проблеме с бесами мы не можем сказать того же самого. Многие члены нашей падшей человеческой расы попадают под влияние демонических сил, но не все. Однако надо отметить то, что между бесами и грехом существует близкая связь. Если бы человечество не грешило, то мы никогда бы не были уязвимы для бесов.

Однажды один биохимик объяснил мне, что человеческое тело регулярно атакуется раковыми клетками. Когда тело здорово, то его иммунная система выявляет и атакует раковые клетки, и они не могут повредить тело. Но когда тело ослаблено болезнью или каким-либо эмоциональным шоком, то иммунная система не способна эффективно исполнять свою защитную функцию, и в организме появляется возможность возникновения какой-либо формы рака. Я сразу же отметил для себя: «Именно так дело обстоит и с бесами!»

Бесы все время находятся в поиске возможности войти в человека, но когда человек духовно здоров, его внутренняя духовная «иммунная система» выявляет и атакует бесов, и они не могут захватить контроль над личностью. В то время как любого рода немощь или эмоциональная слабость делает человека уязвимым для демонических атак.

СРЕДСТВО ДЛЯ КАЖДОГО

В духовной сфере, как и в физической, необходимо иметь точный диагноз. Очень важно знать, с чем мы имеем дело в наших проблемах или в проблемах других людей. Это плоть? Или это бесы? Этот вопрос имеет жизненную важность, потому что средства решения этих проблем существенно различаются.

Средство для нейтрализации плоти — это распятие. Своей крестной смертью Иисус отменил все притязания греха на нашу плотскую природу. Павел говорит об этом, как об утвержденном историческом факте: *«Зная то, что ветхий наш человек распят с Ним, чтобы упразднено было тело греховное, дабы нам не быть уже рабами греху»* (Римлянам 6:6).

Но каждый из нас должен лично применить крест — распять свою плотскую натуру. Павел пишет в Послании Галатам 5:24: *«Но те, которые Христовы, распяли плоть со страстями и похотями»*. Когда мы распинаем свою плоть на кресте, мы можем сказать вместе с Павлом: *«И уже не я живу, но живет во мне Христос»* (Галатам 2:20). Итак, распятие — это средство против нашей плотской натуры. Это средство каждому из нас следует применять лично для себя.

В то время как средство от бесов — как часто это демонстрировал Иисус в Своем служении — это их изгнание.

Эти два подхода нельзя поменять местами: невозможно изгнать плоть и невозможно распять беса.

В моей борьбе с депрессией (описанной в четвертой главе) я совершал именно эту ошибку. Я пытался применять сораспятие (средство нейтрализации плоти), однако в действительности имел дело с бесом, поэтому средством решения этой проблемы должно быть изгнание этого беса. Как только я осознал суть своей проблемы и применил правильное средство, то был освобожден.

Вместе с тем, мне приходилось встречаться с противоположной проблемой, когда человек пробует применять средство изгнания для плоти, которое подходит только для бесов.

Однажды ко мне пришел мужчина и сказал:

— Брат Принс, я хочу, чтоб вы изгнали из меня беса.

— Как бес влияет на вас? — спросил я.

— Я просто не могу жить со своей женой, — ответил он, — между нами нет гармонии.

Я внимательно выслушал его рассказ, как отсутствие гармонии между ними разрушает их жизнь. Наконец, я сказал:

— Не думаю, что у вас проблема с бесом, которого надо изгнать. Что вам нужно, так это применить крест к своей плотской натуре.

Было совершенно очевидно, что он был не удовлетворен. Он видел освобождение, как быструю операцию, которая заменит болезненный процесс распятия его собственной плоти.

Распятие плоти — вот что отличает тех, кто истинно принадлежит Христу. Бога не интересует наше церковное членство или деноминационные названия. Он хочет увидеть, закончился ли у подножия креста наш старый, плотской путь жизни. Распинать себя — это всегда больно, но это является дверью в новую жизнь.

ВЕТХИЙ И НОВЫЙ ЧЕЛОВЕК

Даже после распятия нашей плоти на кресте, следствием которого становится изменение нашей жизни, мы должны поддерживать личную дисциплину, чтобы держать «ветхого человека» под контролем. В Послании Колоссянам 3:3 Павел сказал верующим: *«Ибо вы умерли, и жизнь ваша сокрыта со Христом в Боге»*. Но в пятом стихе он сказал: *«Итак, умертвите земные члены ваши: блуд, нечистоту, страсть, злую похоть и любостяжание, которое есть идолослужение»*. Мы все несем постоянную ответственность за то, чтобы держать своего «ветхого человека» в умерщвленном состоянии (на кресте).

Но и умерщвление «ветхого человека» еще не является конечным этапом. После этого мы должны *«облечься в нового человека, созданного по Богу, в праведности и святости истины»* (Ефесянам 4:24).

Жертва Иисуса на кресте сделала возможным этот обмен. Наш «ветхий человек» был распят в Нем, чтоб «новый человек» мог ожить в нас.

Так же, как полностью здоровое человеческое тело имеет иммунитет к раковым клеткам, так и «новый человек» во Христе имеет иммунитет к демонической активности. Однако большинство христиан еще не достигли этого состояния полного духовного здоровья. Не буду утверждать этот факт, но на основании своего ограниченного личного опыта я должен сказать, что, на мой взгляд, сравнительно мало христиан, которые неуязвимы для демонической деятельности.

Опять же, мы можем позаимствовать пример по диагностике и лечению рака. Поскольку большинство людей не имеют абсолютного здоровья, при котором их иммунная система в состоянии надежно противостоять раковым клеткам, то ученым необходимо проводить исследование, а докторам собирать всю возможную информацию. Это дает им возможность диагностировать присутствие рака и предписать правильное лечение.

Так и христианам крайне необходимо узнавать все достоверные сведения о природе и деятельности бесов. Эти знания очень важны для всех верующих, потому что никто не может утверждать, что он имеет иммунитет против демонических атак. Особенно это важно для пастырей, евангелистов и других христиан, к которым люди обращаются за помощью. Не имея этого знания, как было сказано в пятой главе, мы будем часто не способны сделать правильный диагноз и применить правильное средство для избавления, и вследствие чего не сможем реально помочь людям.

Без зонда распознания мы не сможем эффективно использовать щипцы освобождения (как уже было сказано, в четвертой части я предложу практические инструкции для выявления и пресечения бесовской активности).

Теперь перейдем к третьему из семи вопросов.

13.
КАК БЕСЫ ВХОДЯТ?

В 1950-х годах одно время я трудился в Лондоне вместе с медицинским специалистом, христианином, который имел необыкновенную проницательность в самых разных сферах христианской жизни и духовного опыта. Он сделал одно замечание, которое навсегда осталось в моей памяти. «Помни, — сказал он, — дьявол избирает момент и место наибольшей слабости». Я применю этот принцип в поиске ответа на третий вопрос о демонической сфере: «Как бесы входят?»

Чтобы получить всестороннее объяснение всех возможных путей, нам не хватит всей этой книги. Я просто приведу семь примеров моментов или мест слабости, через которые бесы обычно получают доступ в человека:

1. Семейное оккультное прошлое и лжерелигии
2. Другие отрицательные предродовые влияния
3. Давление в раннем детстве
4. Эмоциональный шок или непрерывное эмоциональное давление
5. Греховные действия и привычки
6. Возложение рук
7. Праздные слова

Давайте рассмотрим каждую из этих областей уязвимости.

1. СЕМЕЙНОЕ ОККУЛЬТНОЕ ПРОШЛОЕ И ЛЖЕРЕЛИГИИ

В книге Исход 20:3-5 Господь предупреждает о последствиях вовлечения в идолопоклонство и лжерелигии: *«Да не будет у тебя других богов пред лицем Моим. Не делай себе кумира и никакого изо-*

бражения того, что на небе вверху, и что на земле внизу, и что в воде ниже земли; не поклоняйся им и не служи им, ибо Я Господь, Бог твой, Бог ревнитель, наказывающий детей за вину отцов до третьего и четвертого рода, ненавидящих Меня».

Бог предупреждает нас обо всех формах идолопоклонства или других вовлечениях, связанных с ложными «богами». Злые последствия от этих грехов распространяются на четыре последующих поколения. Если мы сложим вместе количество представителей четырех предыдущих поколений, то узнаем, сколько предков каждый из нас имеет: родители — 2; дедушки и бабушки — 4; прадедушки и прабабушки — 8; прапрадедушки и прапрабабушки — 16; всего — 30 человек.

Любой из этих тридцати человек, мог стать каналом, через который мы можем подвергаться сатанинскому влиянию. Сомневаюсь, что кто-то может гарантировать, что ни один из его тридцати предков никогда не был вовлечен в какую-либо форму оккультизма и лжерелигии.

Это оккультное влияние может начаться, когда мы еще в чреве матери. В конце концов, кто может быть слабее и беспомощнее, чем еще не родившийся ребенок? Он полностью зависит от своих родителей и от того, как они будут охранять его. Праведные, боящиеся Бога родители обеспечат эту защиту, но родители с оккультным прошлым оставляют своего ребенка незащищенным от того духовного влияния, которое действует в их собственных жизнях.

Я обнаружил, что такие дети часто рождаются уже находящимися под влиянием бесов. В частности, это касается людей, чьи предки были вовлечены в восточные религии, такие как индуизм или буддизм, а также другие лжерелигии, например, такие, как масонство или мормонизм. В следующей главе я рассмотрю шире вопрос оккультизма.

2. ДРУГИЕ ОТРИЦАТЕЛЬНЫЕ ПРЕДРОДОВЫЕ ВЛИЯНИЯ

Другие отрицательные силы также могут воздействовать на еще не рожденного ребенка и открыть его демоническому влиянию. Мать может отвергать или даже ненавидеть ребенка, которого она носит во чреве. Возможно, она не замужем или отец неверен и безответственен, или мать просто не хочет ребенка.

Одно, в чем ребенок нуждается как до, так и после своего рождения — это любовь. Когда он не чувствует любви, он, скорее всего, начнет чувствовать себя нежеланным. Это, в свою очередь, откроет его для еще более глубокой раны: отверженности. Многие дети рождаются уже с духом отверженности.

Неся служение в США, я обнаружил подозрительно большое количество людей, страдавших от отверженности, которые принадлежали к определенной возрастной группе. Когда я высчитал время их рождения, то обнаружил, что оно приходилось на 1929-1934 годы, которые все американцы старшего поколения помнят как время «Великой Депрессии». Тогда простым американцам приходилось очень тяжело. Матерям в семьях, которые едва сводили концы с концами, было трудно принять тот факт, что прибавится еще один рот, который надо будет прокормить. Возможно, они не высказывали этого вслух и не выражали свое недовольство, но восприимчивая маленькая личность внутри них чувствовала такое отношение матери и родилась на свет, уже неся дух отверженности. Это только один из множества бесов, которые могут повлиять на еще не рожденного ребенка.

Моя жена Руфь является типичным примером. Она родилась в 1930 году восьмым ребенком в семье. Ее родители были фермерами и имели финансовые проблемы по причине обще американской «Великой Депрессии» и засухи, из-за которой этот регион Америки был назван «Пыльной Чашей» (район пыльных бурь на западе США – примеч. ред.). В возрасте сорока лет Руфь приняла спасение и крещение в Святом Духе и в воде. Когда мы поженились в 1978 году, она уже была в служении Господу; и все же она находилась в непрекращающейся борьбе с отверженностью, пока бес не был обнаружен и изгнан. Даже сегодня она должна быть настороже, иначе он атакует ее в моменты слабости.

3. ДАВЛЕНИЕ В РАННЕМ ДЕТСТВЕ

Послание Иакова 3:16 предупреждает нас: *«Ибо где зависть и сварливость, там неустройство и все худое»*.

Поломанный, раздираемый горькими раздорами дом, где родители постоянно конфликтуют друг с другом и уделяют мало времени детям, – все это дает подходящую атмосферу для присутствия и деятельности бесов. Большинство детей не имеют необходимой эмоциональной и духовной защиты, чтоб противостоять такому демоническому давлению. Мои собственные наблюдения, как я уже сказал, доказывают, что большинство демонических проблем начинаются в детстве.

В семьях, где отец алкоголик, или жестокий и несправедливый, или свирепый и оскорбляющий, у девочек часто развивается сильная ненависть к мужчинам, что открывает дверь для беса ненависти. В частности это относится к девочкам, которые подвергались сексуальному насилию или совращению со стороны отца и взрослых родственников. Вспоминая случай с Эстер, думаю, что именно это было корнем ее проблемы (описанной в шестой главе). Это могло бы объяснить то сильнейшее влияние, которое бес ненависти имел на нее.

Таких детей часто угнетают и другие бесы, например: *отверженность, злость, страх, бунт, несчастье, одиночество, депрессия,* и даже *самоубийство*. Мы с тревогой наблюдаем рост количества подростковых самоубийств на Западе. В Соединенных Штатах, если сравнивать 1952 год и 1992 год, процент самоубийств среди подростков и молодежи возрос в три раза. В 1992 году число подростков и молодых людей погибло больше от самоубийств, чем от рака, сердечных заболеваний, СПИДа, родовых дефектов, ударов, пневмонии, воспалений и хронических заболеваний легких, вместе взятых. Насколько я могу судить, в подавляющем большинстве случаев бесу самоубийства открыл дверь бес отверженности.

4. ЭМОЦИОНАЛЬНЫЙ ШОК ИЛИ ПРОДОЛЖИТЕЛЬНОЕ ЭМОЦИОНАЛЬНОЕ ДАВЛЕНИЕ

Под вдохновением от Святого Духа апостол Петр говорит, что христианки могут называть себя дочерями Сарры: *«если делаете добро и не смущаетесь ни от какого страха»* (1 Петра 3:6). Греческое слово, переведенное здесь, как «страх», имеет множество значений. Один из словарей дает такое определение: «любые необузданные, страстные эмоции и возбуждение». В других словарях оно истолковывается либо как активное действие — «запугивание», либо как пассивное — «боязнь».

Не всегда, но очень часто женщины имеют более слабую эмоциональную защиту, чем мужчины. Особенно они подвержены страху. Одна женщина, за которую я молился, сказала мне, что дух страха вошел в нее, когда ужасная автомобильная авария произошла прямо на ее глазах.

Сегодня неудержимый поток из средств массовой информации обрушивает на головы миллионов людей всего мира репортажи о неожиданных, шокирующих происшествиях. Сцена жестокого убийства, развороченного автобуса или взорванного дома, может оставить неизгладимые впечатления не только на выживших жертвах, но и на всех тех — мужчин, женщин и детей — кто наблюдает этот ужас снова и снова по телевизору.

Не только женщины, то и мужчины подвержены многим формам эмоционального давления. Представители обоих полов, например, испытывают возбуждение сексуального желания. Неожиданная, непроизвольная уступка таким желаниям может открыть дверь духу похоти. Потворство сексуальным фантазиям или просмотр порнографии может иметь такой же эффект.

Иногда случается так, что ребенок или молодая личность, ставшая жертвой сексуального насилия, может вопреки своей воле оказаться уязвимой для беса похоти. Бес не имеет уважения к «невинности», он просто использует этот момент слабости и подавленности как удобную возможность для вторжения. С этого момента ребенок или молодая личность оказывается под давлением похоти, что совсем не является выражением его или ее характера.

Однако не только внезапный прилив эмоций открывает путь бесовскому вторжению. Бес может получить доступ через продолжительное, неослабевающее давление. Возьмем пример человека, не по своей вине потерявшего работу, который тратит впустую несколько выматывающих месяцев (или даже лет), пытаясь устроиться на новое место. Сидя без работы, он может постепенно начать вынашивать суждение о своей способности обеспечить свою семью. Разочарование может повлиять на него поразному. Какое-то нетактичное замечание со стороны его жены или простое непослушание детей может спровоцировать неожиданный взрыв и открыть дверь для беса гнева, чтобы тот мог проникнуть внутрь. Или же продолжающееся давление вынужденного бездействия может практически незаметно открыть его темному духу депрессии и безнадежности.

Также и женщина, которую постоянно унижает и критикует ее муж, может, в конце концов, поддаться духу безнадежности. Или мать, пытающаяся защитить своего ребенка от опасности, которая чаще всего является скорее воображаемой, чем реальной, может проектировать дух беспокойства на свое чадо до тех пор и до такой степени, что этот дух войдет и поселится в ребенке.

Несомненно, существует множество видов эмоционального давления и шока, которым подвергаются люди. Эти несколько примеров призваны лишь предупредить вас о такой форме демонических атак и помочь вам создать защиту.

5. ГРЕХОВНЫЕ ДЕЙСТВИЯ И ПРИВЫЧКИ

Иногда единственный сознательный поступок может открыть дорогу бесу. Решение Иуды Искариота предать Иисуса было именно таким поступком. Когда он вышел с Последней Вечери с этим намерением, тогда, по свидетельству Луки: *«вошел же сатана в Иуду»* (Луки 22:3). Сам Иуда открыл дверь, которую он уже не смог закрыть.

Конечно, и менее скверные действия, чем поступок Иуды, могут открыть путь бесам. Мой давний друг Дон Бэшэм однажды молился за женщину, которая нуждалась в освобождении от духа похоти. Когда Дон приказал бесу выходить из нее, бес ответил: «Она пригласила меня!»

— Когда она это сделала? — спросил Дон.

— Когда она пошла на этот грязный сексуальный фильм, — ответил бес.

Прежде чем бес полностью оставил ее, эта женщина должна была покаяться и попросить прощения за свой грех.

Мы должны помнить, что сатана — цепкий законник. Когда какие-то греховные действия открывают путь бесам, они не уйдут, пока этот грех не будет исповедан и покрыт прощением Божьим.

Любое преднамеренное злодеяние может открыть путь бесам. Таким действием может быть преднамеренная ложь, например, мелкие кражи или списывание на экзамене.

Но совсем необязательно один греховный поступок откроет дверь. Причиной может быть сознательная, долговременная практика греховных действий, которые очень скоро становятся привычкой. Тайные грехи, такие как повторяющаяся мастурбация, или блудодеяние, или порнография, неизбежно открывают путь бесам. Однако и другие, более «благовидные» привычки могут дать такой же результат. Частое переедание открывает путь бесу обжорства. Постоянное пребывание в мечтаниях открывают дверь духу измышления. Привычка преувеличивать открывает путь духу лжи.

6. ВОЗЛОЖЕНИЕ РУК

Возложение рук на человека во время молитвы — это не просто красивый религиозный ритуал. Это может быть мощным духовным действием — моментом взаимодействия одного человеческого духа с другим, через которое высвобождается сверхъестественная сила. Как правило, сила истекает от возлагающего руки к тому, на кого они возлагаются, но иногда потомок может течь и в обратном направлении.

Сила может быть либо положительной, либо отрицательной. Она может исходить от Святого Духа или от беса, в зависимости от того, от кого она истекает. По этой причине Павел установил определенные меры предосторожности: *«Рук ни на кого не возлагай поспешно и не делайся участником в чужих грехах. Храни себя чистым»* (1 Тим. 5:22). Другими словами, будь осторожен в том, с кем ты позволяешь своему духу соприкасаться!

Возложение рук должно совершаться в благоговении (что подразумевает страх Господень — *примеч. ред.*) и молитве. Каждый участвующий должен убедиться, что он или она, согласно словам Павла, через это действие не станет участником в чужих грехах.

Неправильно призывать людей и разрешать им возлагать руки друг на всех подряд без разбора. Короткое свидетельство Руфи показывает опасность такой практики:

«Однажды в 1971 году я была на харизматическое собрание, где проповедник попросил встать тех людей, кто нуждался в молитве об исцелении. У меня была ужасная простуда, поэтому я встала. Затем он призвал людей, находящихся рядом со вставшими для молитвы, возложить на нас руки и молиться за наше исцеление. За меня молилось четыре или пять человек. Следующим утром, когда я проснулась, моя простуда почти прошла, но мои пальцы скрутило, — они не разгибались и очень болели.

Сразу же ко мне пришла мысль: один из возложивших руки на меня вчера вечером страдал артритом! Я тотчас отреклась от духа артрита, и в течение пяти минут все симптомы исчезли. Я уверовала только за год до этого, у меня не было достаточно знаний и опыта, поэтому я была очень благодарна Богу, что Он научил меня быть осторожной в том, кому позволять возлагать на себя руки».

7. ПРАЗДНЫЕ СЛОВА

Это та область, в которой многие из нас очень неосторожны; и все же, именно об этом Иисус делает одно из самых серьезных предупреждений в Евангелии от Матфея 12:36-37: *«Говорю же вам, что за всякое праздное слово, какое скажут люди, дадут они ответ в день суда: ибо от слов своих оправдаешься и от слов своих осудишься».*

Что значит *«праздные слова»*? Это слова, которые мы произносим необдуманно, которые не выражают наших настоящих мыслей или намерений. Когда нам задают вопрос относительно таких слов, мы часто, извиняя себя, говорим: «На самом деле, я не это имел в виду» или «Да я только пошутил», как будто это освобождает нас от ответственности. Именно о таких словах предупредил нас Иисус.

Тот факт, что многие христиане повинны в привычном употреблении таких праздных слов, нисколько не уменьшает серьезность этого предупреждения. И надо добавить следующее, что всякий христианин, считающий это предупреждение Иисуса неважным, нуждается в покаянии.

Праздные слова могут открывать дверь бесам. В порыве раздражения человек может сказать о чем-то, что его тяготит: «у меня голова кругом идет от этого», «меня это просто добивает», «меня это сводит с ума», и т.п. Он не имел этого в виду буквально, но таким образом он может открыть дверь для духа усталости, болезни и т.д. Слова относительно смерти особенно опасны. Как много раз люди говорят: «я чуть не умер от смеха», или «ты умрешь, когда услышишь это!» Смерть — это темная, злая сила, и глупо относится к ней так пренебрежительно.

Во временном порыве горя и печали человек часто говорит: «лучше бы я умер», или «я хочу смерти». Такие слова — это прямое приглашение духу смерти войти. Мне пришлось служить сотням людей, которые открыли себя духу смерти такими небрежными словами (мы немного больше поговорим о духе смерти в 20 главе).

ПРИЗНАВ ИИСУСА ГОСПОДОМ И ПОДЧИНИВШИСЬ ЕГО ГОСПОДСТВУ

Эти семь примеров проиллюстрировали некоторые пути, как мы и наши дети могут оказаться подвержены демоническому влиянию. Мы должны помнить также, что бесы чрезвычайно настойчивы. Можно изгнать беса, но он все равно будет искать способ вернуться назад. Иисус предупреждал об этом в Евангелии от Матфея 12:43-45: *«Когда нечистый дух выйдет из человека, то ходит по безводным местам, ища покоя, и не находит; тогда говорит: «возвращусь в дом мой, откуда я вышел».* И, придя, находит его незанятым, выметенным и убранным; тогда идет и берет с собою семь других духов, злейших себя, и, войдя, живут там; и бывает для человека того последнее хуже первого».

Нечистый дух возвращается в «свой дом», то есть в человека, в котором он раньше обитал, и находит его «незанятым, выметенным и убранным». Затем он приглашает «семь других духов, злейших себя» и возвращается с ними в свой бывший дом.

Что же было не так с «домом», что дверь для бесов открылась вновь? Дом был «выметенным», никаких проблем с этим я не вижу. Он был «убран», — и с этим нет проблем. Но он был «пуст», — вот в чем проблема! Человек оставил свой дом незанятым. Он не принял Иисуса как своего Господа, не подчинил себя Его господству и власти.

Когда человек посвящает себя господству Иисуса, то он может найти у Него сверхъестественную силу хранить себя от демонического вторжения. Но без Господа Иисуса он не имеет силы защитить свой «дом». Когда бесы осаждают его, то они легко сламывают его неэффективное сопротивление. Затем, когда бес входит опять, он приводит с собой семь других бесов, злейших себя, и человек попадает в худшее состояние, чем было до этого.

Позвольте мне проиллюстрировать это примером, который стал очень наглядным для меня. В 1960-х годах основную часть времени мы вместе с Лидией путешествовали в машине по Соединенным Штатам, проповедуя в разных собраниях, которые нас приглашали. Иногда, чтобы добраться до следующего места собрания требовалось ехать по два-три дня. К концу дня, когда мы въезжали в город, мы искали вдоль дороги неоновую вывеску с одним словом: «Свободно». Когда мы видели такую светящуюся надпись, то знали, что в помещении, находящемся под этой вывеской, есть свободное место и там есть открытая дверь для нас.

В духовном мире сатанинские бесы рыскают вокруг, ища такую же вывеску: «Свободно». Когда они видят ее, то говорят себе: «А-а! Вот человек, который не посвятил свою жизнь и себя самого господству Иисуса. По всей видимости, мы сможем войти в него». Существует только одна защита: убедиться, что Иисус действительно Господь над всеми сферами вашей жизни.

В начале этой главы я объяснил, как семейное оккультное прошлое может открыть дорогу бесам. В следующий главе я более подробно рассмотрю весь вопрос оккультизма, обращая особое внимание на то, какой великой опасности подвергают себя люди, вовлекаясь в него лично.

14. ЧТО ТАКОЕ ОККУЛЬТИЗМ?

Одним из основных каналов, через который демоны получают доступ к человечеству, является оккультизм. Если мы не осознаем, какое поистине универсальное влияние оказал оккультизм на человеческую расу, то не сможем эффективно противостоять демонам.

Где-то глубоко внутри каждый из нас есть глубокое желание соединиться с какой-то иной и «высшей» силой, — чем-то более великим, мудрым и могущественным, чем мы сами. Это верно для людей всех уровней: от девочки-подростка, изучающей свой гороскоп, до колдуна-целителя в каком-нибудь затерянном племени, никогда не видевшего белого человека, или ученого, исследующего космос и желающего раскрыть секреты Вселенной.

Именно Бог поместил это желание в нас, но Его враг — сатана — разработал путь обольщения, чтобы совратить всякого ищущего на пути лживой, злой системы, которая приводит человека в сатанинское рабство. Эта система обольщения может принимать бесчисленное количество форм, но общее название для них всех — *оккультизм*. Поэтому самый распространенный вопрос, который задают относительно демонической сферы: что же такое оккультизм?

Слово *оккульт* произошло от латинского слова, которое означает: «тайное, скрытое». Сила, действующая через оккультную практику и системы, приходит от сатаны и является злой силой. Но большинство вовлеченных туда людей даже не подозревает об этом. Они соблазнились многообещающими словами и заманчивыми названиями.

Это очень наглядно для меня, потому что я сам прошел через это. Как уже было сказано в 10 главе, будучи молодым человеком, я был очарован всем, что имело отношение к Индии. Учась в Кембридже, я даже пытался стать йогом. Однако, как ни пытался, я не мог достичь действительной свободы и исполнения того, что искал. Это необъяснимое внутреннее желание чего-то, в конце концов, было удовлетворено, когда по Божьей благодати, я получил сверхъестественное откровение Иисуса — Сына Божьего.

Писание называет поворот от единого истинного Бога к лжебогам «духовным блудодеянием». Поэтому самые серьезные предупреждения, которые Библия делает о блуде и прелюбодеянии, также применимы ко всем формам вовлечения в оккультизм. *«Чужая (прелюбодейная* или *блудная) жена»*, описанная в Притчах, является наглядным описанием соблазна оккультизма.

Притчи 5:5 предупреждают нас о том, что бесполезно пытаться изучить ее пути, потому что они — как сказано в разных переводах — *непостоянные, изменчивые* и *кривые*. Все эти слова являются точным описанием путей оккультизма. Несмотря на все их разнообразие и всю их кривизну, в конечном итоге, все эти пути *«нисходят к смерти»* и *«достигают преисподней»* (стихи 5 и 6). Я был свидетелем тому, как на месте одного опровергнутого обманного заблуждения сразу же возникало два новых оккультных увлечения или лжерелигии. Вместо того чтобы пытаться дать полный список, я просто укажу пути, которыми они действуют. И будем помнить о том, что *знание истины — вот, что, в первую очередь, является лучшей защитой от заблуждения.*

Трагический конец тех, кто поддался соблазну

и обману «чужой женой», описан в Притчах 7:25-27: *«Да не уклоняется сердце твое на пути ее, не блуждай по стезям ее, потому что многих повергла она ранеными и много сильных убиты ею: дом ее — пути в преисподнюю, нисходящие во внутренние жилища смерти».*

Писание подчеркивает, что жертвами этой *«чужой жены»* пали *«сильные».* Это характеристика обольстительных сил, которые в первую очередь нацеливаются на мужчин с лидерскими способностями. Сатана ненавидит таких мужчин. Сильные мужчины становятся уязвимыми, когда они полагаются на свои собственные силы и на свой прошлый успех.

ДВА ОСНОВНЫХ НАПРАВЛЕНИЯ ОККУЛЬТИЗМА

Писание указывает на два основных направления оккультизма: 1) прорицательство (направление оккультного знания) и 2) колдовство (направление оккультной силы).

Прорицательство

Прорицательство — это попытка при помощи сверхъестественных средств получить знание о людях, событиях или ситуациях. Зачастую это попытка предсказать будущие события. Сегодня это называют: парапсихологическим прорицанием, телепатией, экстрасенсорным восприятием.

Наглядный пример приведен в книге Деяния 16:16-22: *«служанка, одержимая духом прорицательным».* В греческом оригинале просто сказано, что «она имела духа питона». В классической греческой культуре питон часто ассоциировался с прорицательством или предсказанием судьбы. Говоря современным языком, она была *медиумом-экстрасенсом.*

Эта девушка самой первой узнала, кем были Павел и Сила. *«Она кричала, говоря: сии челове-*

ки — рабы Бога Всевышнего, которые возвещают нам путь спасения» (17 стих). Каждое сказанное ей слово было правдой, однако это знание пришло из демонического источника. Когда бес был изгнан, она потеряла способность предсказывать будущее, и ее хозяева потеряли источник своего дохода.

Именно способность давать и использовать, казалось бы, правдивую информацию делает эту обольстительную оккультную практику столь опасной. Человек — чаще всего, это женщина — имеющий дух питона, может быть каналом сверхъестественного знания о прошлом и будущем. Определенное количество истины используется в качестве наживки на сатанинском крючке, которым он улавливает и порабощает свои жертвы.

Предсказание судьбы и прорицание — это оккультизм в истинном смысле этого слова. Оно прячет (скрывает) свой сатанинский источник. Среди тех, кто пытается узнать будущее, находятся и те, кто занимает положение высокопоставленных политических лидеров, и даже те, кто называют себя христианами. Но независимо от того, какое положение они занимают или какое звание носят, эти контакты неизбежно откроют их демоническому влиянию. Приведу вам всего несколько примеров из моих собственных наблюдений.

Мэри прослушала одну из моих проповедей и поняла, что находится под действием демонической силы. Она была членом церкви устоявшейся добропорядочной церкви, придерживающейся Евангелия Христа. Но однажды одна пожилая женщина, которую считали самой духовной в церкви, подошла к Мэри сказала: «Позволь мне посмотреть линии на твоей руке». Когда Мэри уступила ее просьбе, та сказала ей: «У тебя будет ребенок, но он родится мертвым».

Все случилось, как она предсказала. Ребенок

Мэри родился с пуповиной, обвитой дважды вокруг шеи, и он не выжил. Она совершила грех, выслушав предсказание судьбы (хотя оно и пришло через человека, который считался христианином) и тем самым, я полагаю, Мэри открыла путь для сатанинских сил, которые украли жизнь ее ребенка.

Слушая учение, она осознала, каким образом открыла себя демонической силе, и как она может воспользоваться тем, что Христос Своей жертвой на кресте совершил для нее и получить личное освобождение от демонического влияния. Но это не вернуло жизнь ее ребенка!

Как много других посещающих церковь христиан по причине своего невежества были пойманы в сатанинские сети через предсказания судьбы?

Предсказания экстрасенсов часто являются провозглашением той судьбы, которую сатана хочет навязать для жизни людей. В 11 главе я упомянул, что одна из основных функций *даймонов*, действующих на высшем уровне, — приводить в действие судьбу, приготовленную людям сатаной. От *даймона* (находящегося на высшем уровне) эта судьба через *даймониона* (действующего на земном уровне) навязывается человеку. Вот весь скрытый механизм предсказания судьбы.

Я четко увидел это, когда пытался помочь женщине, которая обратилась ко мне за помощью в освобождении. Она сообщила, что она была спиритистом, но утверждала, что покаялась. После того, как мы помолились, я сделал паузу, чтобы постараться найти направление от Господа. Неожиданно женщина повернулась ко мне и сказала: «Я вижу вас в машине, которая врезалась в дерево».

Я оторопел. «Это говорит бес!» — сказал я себе.

Затем я произнес вслух: «Сатана, я отказываюсь от твоего плана для моей жизни. Меня не будет ни в какой машине, врезавшейся в дерево».

Вот уже более тридцати лет прошло с тех пор, и этого не случилось. Предположим, что я поддался бы страху и принял эту мысль: «Однажды я окажусь в машине, которая врежется в дерево!» Тем самым я бы принял судьбу сатаны, которую он приготовил для меня, и тогда он смог бы убить меня. Благодарение Богу, я был начеку.

Однажды ко мне обратилась молодая христианка, находившаяся в большом горе. За год или два до этого, она вопреки своим убеждениям все-таки обратилась к предсказательнице будущего, и та сказала ей, что она останется молодой вдовой. Вскоре после этого ее муж был убит при странном стечении обстоятельств.

Эта молодая женщина была удручена чувством вины. Она считала, что ее визит к гадалке каким-то образом подставил ее мужа под те обстоятельства, которые забрали его жизнь. В отчаянье она просила, чтобы мы переубедили и успокоили ее. Я чувствовал огромное сострадание к ней и попытался сделать все, что было в моих силах, чтобы утешить ее, но я не мог, положа руку на сердце, сказать ей то, о чем она просила. Я не мог уверять ее в том, что она, приняв это предсказание, тем самым не приняла сатанинское определение участи для себя и для своего мужа.

Моя жена Руфь также обращалась к предсказательнице судьбы. Это было до того, как она познала Иисуса как своего Мессию. Один знакомый сказал ей о гадалке, которая предсказала определенные вещи в его жизни, и все они сбылись. Он думал, что эта женщина сможет помочь и утешить Руфь, которая проходила через очень трудные времена, в одиночку воспитывая троих детей. В то время Руфь была активным членом синагоги уже на протяжении значительного периода времени, однако она знать не знала о том, что верующим в Бога Священных Писаний людям не следует обращаться к предсказателям судьбы.

Гадалка, никогда не видевшая до этого Руфи и ничего не знавшая о ней, сказала ей три вещи: «Ты была не способна зачать детей; у тебя три приемных ребенка; твой муж оставил тебя». Каждое из этих утверждений было правдой. Но откровение об этом пришло не от Бога, оно пришло от сатаны. Он хотел использовать эту частицу правды в качестве наживки, чтобы сильнее вовлечь Руфь в оккультизм.

По Своей милости, Иисус вмешался в жизнь Руфи. Позже, когда она осознала свою ошибку, Руфь покаялась и отреклась от сатанинской власти над собой.

Моя первая жена Лидия использовала простую иллюстрацию, чтоб предупреждать людей об уловках сатаны. «Вы можете дать мне стакан чистой воды, — говорила она, — но если вы капнете туда всего одну каплю яда, весь стакан станет отравленным». Никакие сверхъестественные «откровения» ясновидящих не стоят того, чтобы отравить всю свою жизнь.

На праздниках, карнавалах и сельских ярмарках, и даже возле некоторых церковных зданий, часто стоят киоски и палатки предсказания судьбы, как дополнительное шоу — «просто для развлечения». Но нет такого понятия, как «безобидное предсказание судьбы». Яд остается ядом даже тогда, когда на нем нет ярлыка.

Следующая разновидность этой демонической активности может быть еще более опасной и обманчивой. Я называю ее «харизматическим предсказанием судьбы». Некоторые служители и проповедники на собраниях предлагают личные пророчества и подбадривают христиан обращаться к ним за «словом от Господа». Несомненно, некоторые слова приходят от Господа, но большинство из них исходят от души этих служителей, или даже от беса-прорицателя. Это может произвести разрушительный эффект на жизнь тех, кто поймался на них.

Большинство людей хотят знать, что ждет их в будущем. Прорицательство играет на этих желаниях. Но Бог требует от нас жить *«верой, а не видением»* (2 Кор. 5:7), не зная, что несет будущее, но доверяя Его неизменной верности. Несомненно, Бог может давать нам время от времени суверенные откровения о будущем, без нашего желания и поиска этого. Когда Он является инициатором этого, то результат будет служить Его целям.

Другие уловки, которые подаются в качестве игры, — это «Доска Уиджа», гадальные карты, хрустальные шары и т.д. Я помню, как учил о природе оккультизма в Епископальной церкви в Новой Англии и молился за многих, кто нуждался в освобождении от бесов. Заключительное воскресное собрание их пастор начал со свидетельства. Он рассказал, что предыдущим утром на вопрос своей жены о причине запаха гари в их доме он ответил: «Это я жгу нашу семейную гадальную доску».

Использование «Доски Уиджа» и других оккультных практик сегодня уже разрешены в школьной системе. В одной из школ группа девочек начала играть с этой гадальной доской просто ради эксперимента, — чтобы увидеть, что случится. И однажды доска вывела им — буква за буквой — такое предложение: «В течение недели одна из вас умрет». И в ту неделю одна из девочек погибла в аварии. Остальные девочки были в ужасе, не зная, что может случиться еще.

Другой путь, как люди открывают себя для прорицательства, — это гороскопы. Одно-два поколения назад многие газеты содержали стихи из Писаний на каждый день. Сегодня же на тех же страницах предлагается ежедневный гороскоп. Повторяющиеся изучение «своего» гороскопа в газетах может, через открытый ум, дать место для демонического влияния.

Опять же, и здесь многие христиане оказываются обманутыми. Они думают, что все это безобидно, не распознавая здесь опасности. Я служил одной христианке, которая нуждалась в освобождении от духа прорицания. Она не могла понять, каким образом этот дух мог войти в нее. Когда я расспросил ее, она вдруг вспомнила, что время от времени читала свой гороскоп в газете. Она была шокирована, осознав, что сама открыла себя бесу предсказания.

Другая потенциально открытая дверь для бесов — это занятия восточными единоборствами. Нам с Руфью довелось служить одному мужчине, который достиг значительных успехов в каратэ. После своего освобождения он обнаружил, что больше не может сделать своего «коронного» удара ногой в прыжке. Он не подозревал, что его способности пришли от беса. Мы должны помнить, что все восточные единоборства произошли из культур, пропитанных идолопоклонством и демоническими ритуалами.

Чародейство

Другой канал, через который действует оккультизм, — это чародейство. Его можно считать братом-близнецом прорицания, но оно имеет свои собственные особые сферы активности. Оно использует различные средства, чтоб оказать влияние на физические чувства. Его инструментами являются наркотики, зелье, заговоры, амулеты, магия, чары, заклинания и различные формы музыки.

Говоря о последних днях, Павел предупреждает, что *«злые же люди и обманщики будут преуспевать во зле, вводя в заблуждение и заблуждаясь»* (2 Тим. 3:13). Греческое слово, переведенное как «обманщики», дословно значит «заклинатель». Поскольку заклинание использовалось в различных оккультных ритуалах, то они стали позже называться «волшебниками» или «колдунами». Некоторые формы современной музыки, такие как хэви-металл, попадают в ту же категорию и используются в качестве канала сверхъестественной сатанинской силы. Это соответствует предсказанию Павла о том, что при наступлении последнего времени произойдет мощный всплеск оккультизма.

Книга Откровение описывает два Божьих суда последнего времени, в результате которых погибнет большая часть человечества. В итоге говорится следующее: *«Прочие же люди... не раскаялись они в убийствах своих, ни в чародействах своих, ни в блудодеянии своем, ни в воровстве своем»* (Откр. 9:20-21). Греческое слово, переведенное здесь, как «чародейства», дословно значит «наркотики». Колдовством здесь находится в одном ряду с таким злом, как убийства, сексуальная нечистота и воровство. Как правило, пристрастие к наркотикам открывает дверь всему перечисленному.

Во Второзаконии 18:10-12 Господь провозгласил Свое отношение к различным формам оккультного вовлечения: *«Не должен находиться у тебя проводящий сына своего или дочь свою чрез огонь, прорицатель, гадатель, ворожея, чародей, обаятель, вызывающий духов, волшебник и вопрошающий мертвых; ибо мерзок пред Господом всякий, делающий это, и за сии-то мерзости Господь, Бог твой, изгоняет их от лица твоего».*

Еще одна основная категория оккультизма, упомянутая здесь в дополнение к прорицанию и чародейству, — это ворожба, которое также использует заговоры и заклинания. В следующей главе я рассмотрю этот вопрос более полно.

Гадание на определенных объектах (на кофе, на внутренностях животных, истолкование каких-то особых примет и т.д.) тоже является формой прорицания. Последние три категории — «вызывающий духов, волшебник и вопрошающий мертвых» — сегодня соединились вместе под одним названием — *спиритизм*. Их обычная форма практики — спиритический сеанс.

О таких людях написано, что они мерзостны для Господа. Слово, переведенное здесь как «мерзость», — самое сильное слово в еврейском языке для выражения того, что ненавистно Господу и что Он отвергает. Заметьте также, что Бог поместил таких людей в ту же категорию, что и приносящих в жертву своих детей языческим божествам. Для нашей современной культуры тяжело понять, как сильно Бог ненавидит оккультизм. Всякий, кто участвует в этом, обязательно открывает себя бесам.

ЛЖЕРЕЛИГИИ

Родной сестрой оккультизма является *лжерелигия*. Зачастую их невозможно отделить друг от друга. Оба часто обещают то, что всех нас так привлекает: внутренний мир, сила, знанис, доступ к Богу. Они претендуют на то, что направляют нас к свету, но на самом деле заманивают в темноту.

Каким образом мы можем защититься? Иисус сказал: *«Я есмь дверь: кто войдет Мною, тот спасется...»* (Иоан. 10:9). Он также сказал: *«Я есмь путь и истина и жизнь; никто не приходит к Отцу, как только чрез Меня»* (Иоан. 14:6). Много разных дверей ведет в сверхъестественную сферу. Но существует только одна дверь, которая ведет в сверхъестественное царство Бога. И эта дверь — Иисус. Входящие другими дверями, могут попасть в сверхъестественное, — но это царство сатаны, а не единого истинного Бога.

Для того чтобы нанести наибольший вред человечеству сатана будет максимально использовать идеологии, такие как атеизм и гуманизм, однако лжерелигии являются гораздо более могущественным оружием в его руках. Уже сейчас большая часть человечества порабощена лжерелигиями.

Так же, как и все разновидности оккультизма, невозможно перечислить все формы современных лжерелигий. Но вот несколько основных признаков ложной религии:

1. Признание множественности богов
2. Практика идолопоклонства в любой форме
3. Учение о том, что человеческое существо в конечном итоге может стать богом
4. Учение о том, что люди могут достигнуть праведности своими усилиями
5. Предложение некоторых форм эзотерического знания, доступного только немногим избранным

1. Религии, признающие множественность богов

Ранняя церковь была окружена культурой многобожия, но Павел определяет христианскую позицию так (1 Кор. 8:5-6): *«Ибо хотя и есть так называемые боги, или на небе, или на земле, так как есть много богов и господ много, — но у нас один Бог Отец, из Которого все, и мы для Него, и один Господь Иисус Христос, Которым все, и мы Им»*.

2. Религии, практикующие идолопоклонство в любой форме

Идолопоклонство, согласно Десяти Заповедям, является первым грехом, названным особо, который влечет за собой тяжелейшие наказания (см. Исход 20:3-5).

3. Религиозные учения о том, что человеческое существо может, в конечном итоге, стать богом

«Будете, как боги» (Бытие 3:5) было первоначальным искушением, предложенным человечеству сатаной в Эдемском саду.

Это обещание содержит внутреннее самоопровержение. Бог, сотворивший все, в том числе человечество, Сам является несотворенным. Поэтому элементарная логика говорит, что сотворенному человеку невозможно стать, как Бог, несотворенным. Сотворенное не может стать несотворенным. Тем не менее, это обещание — стать как Бог — апеллирует к самопревозносящейся гордости каждого поколения людей.

4. Религиозные учения о том, что люди могут достигнуть праведности своими усилиями

Опять же, это обращено к человеческой гордости. Гордость людей затягивает их в религиозные системы, которые требуют тяжелых и бесполезных форм религиозной деятельности и даже причинения самому себе страданий. Чем суровее требования религии, тем в большей степени гордость переполняет человека.

5. Религиозные учения, предлагающие некоторые формы эзотерического знания, доступного только немногим избранным

Для доступа к таким знаниям, как правило, требуется некий специальный обряд посвящения. Уже в первом столетии апостолы предупреждали христиан об обмане, названного *гностицизмом* (от греческого слова *гнозис*: «знание» — *примеч. ред.*). Именно об этом обольщении Павел предупреждал Тимофея: *«О, Тимофей! храни преданное тебе, отвращаясь негодного пустословия и прекословий лжеименного знания (гнозис), которому предавшись,* некоторые уклонились от веры» (1 Тим. 6:20-21).

Сегодня нам известны два примера современных религий, чьи секреты открываются только тем, кто прошел строгий процесс посвящения. Это *мормонизм* и *масонство.*

В мормонизме храмовые ритуалы доступны только немногим избранным. Никто из посторонних не может войти в храм во время служения.

Масонство еще более засекречено. Кроме нескольких «официальных» публичных атрибутов, оно полностью закрыто для непосвященных, и их секреты охраняются жуткими клятвами. (За более подробной информацией вы можете обратиться к книге Уильяма Шнобелена *«Масонство — освещая сокрытое во тьме» — примеч. ред.*) Масонство включает в себя «Восточную Звезду» (женское отделение масонов), «Шринерс» («Храмовики»), «Рэйнбоу-Герлз» и «Демолэй».

В то время как истинное Библейское христианство открыто. Оно не имеет специального процесса посвящения или секретных ритуалов. Его основание — это вера, Библия — открытая книга. Каждый поощряется к ее изучению.

Все формы лжерелигий в той или иной форме апеллируют к человеческой гордости. В то время как Евангелие подчеркивает, что мы спасены по благодати Божьей, которую нельзя заработать, но только получить верой, которую дает Сам Бог. Это не оставляет места для гордости. *«Ибо благодатию вы спасены чрез веру, и сие не от вас, Божий дар: не от дел, чтобы никто не хвалился»* (Ефес. 2:8-9).

Есть огромная пропасть, через которую нельзя перекинуть мост: это пропасть между поклонением истинному Богу и любой формой оккультизма или лжерелигии. Павел подчеркивает, что за любой формой лжерелигии стоит демоническая сила, и поэтому, христиане никоим образом не должны участвовать в этом: *«...язычники, принося жертвы, приносят бесам, а не Богу. Но я не хочу, чтобы вы были в общении с бесами. Не можете пить чашу Господню и чашу бесовскую; не можете быть участниками в трапезе Господней и в трапезе бесовской»* (1 Кор. 10:20-21).

Каждый принимавший (в той или иной форме) участие в оккультизме и какой-либо форме лжерелигии, нуждается в покаянии, исповедании этого грехом и поиске Христа для получения прощения, очищения и освобождения. Кроме того, любые книги или другие объекты, имеющие отношение к оккультизму или лжерелигиям, должны быть уничтожены.

ОЧИЩЕННЫЙ И СВОБОДНЫЙ

Этот беглый обзор всей сферы оккультизма и лжерелигий открывает нам ее сложность и запутанность. Нет простого пути для ее определения или описания. Можно сравнить это с множеством щупальцев осьминога, которые опутывают жертву. В то время, когда жертва пытается отбиться от одной щупальцы, другая пытается подкрасться с невидимой стороны.

Это очень хорошо иллюстрируется следующим свидетельством молодого человека из христианской семьи, который был пойман в рабство оккультизма. К счастью, он распознал демоническое обольщение, смог получить освобождение и стать успешным пастырем:

«Мои родители — любящие Бога, рожденные свыше христиане. Так же как и маленький Самуил, я был посвящен Богу от своего зачатия. Мои родители учили меня путям истины с детства. В возрасте четырех лет я проповедовал своим друзьям и всем кто меня слушал. Мои

драгоценные родители делали все самое лучшее, что могли, чтобы научить меня ходить Божьими путями, но сильно ошибались, потому что их традиции не научили их, что оккультное вовлечение было намного хуже, чем их традиционное «ты не должен».

Читать комиксы по воскресеньям; ходить в кино, когда захочется; выпивать хоть что-то алкогольное или курить — об этом нельзя было и подумать. Но они и предположить не могли, что волшебные сказки моей бабушки станут началом дороги моей сердечной боли, по которой я буду идти двадцать лет.

Впервые я услышал эти сказки от моей бабушки, когда мне было семь лет. С этого момента я ни в чем не находил радости, кроме как в изучении оккультизма. Радиопрограммы 40-х и 50-х, такие как «Тайное Убежище», «Тень» и «Свистун» захватили все мое воображение. Затем пришло телевидение, — «Ночная Галерея», Альфред Хичкок и «Сумеречная зона» и другие ужасные шоу были для меня удовольствием. Когда я учился в шестом классе, Эдгар Аллен По был моим любимым автором. С его произведениями меня познакомил наставник из баптистского молодежного лагеря после встречи Хэллоуина в кругу церковной молодежи.

В одиннадцать лет во время очередной вспышки гнева я сказал Богу оставить меня в покое и уйти из моей жизни. Я покупал маленьких животных каждую неделю, иногда каждый день, и мучил их до смерти. (Я делал это по явному принуждению. Годы спустя я обнаружил, что это было неотделимой частью колдовства.) Как бы это ни выглядело странно, но, на самом деле, я любил животных и даже хотел стать врачом-ветеринаром.

Я мог подойти к служителям-христианам и сказать им, что я ненавижу их. Никакая форма наказания, словом или розгой, не могла совладать со мной. Бунт и внутренняя ненависть к Богу, церкви, любой форме власти, особенно к власти отца и матери, управляла какой-то частью моего естества. Другая часть меня хотела быть доброй и любящей.

Наконец, в возрасте 25 лет я пришел к познанию Иисуса. Но, не смотря на то, что Бог вошел в мою жизнь и я был рожден свыше, мои взаимоотношения с родителями оставались очень плохими. Я любил их, потому что в моем сердце был Иисус, но я не мог быть вежливым с ними больше чем один час. После короткого периода близких взаимоотношений, злость и ненависть опять проявлялись, и моя желчь распространялась на всех, кто был вокруг меня. Я пытался подавить мои внутренние борения, но они проявляли себя в тяге к алкоголю и пище. При росте 178 сантиметров я весил 98 с половиной килограмм.

Был ли я спасен? Да! Да! Да! Я мог часами рыдать, взывая о спасении потерянных душ, учил наизусть места Писания, свидетельствовал и учил Слову Божьему. Трагедия заключалась в том, что никто так и не сказал мне, что экстрасенсорика, гадальная доска Уиджа и книги о паранормальных феноменах были запретны для меня, как верующего.

Поэтому я учил этому в моем первом баптистском учебном классе, тем самым возбуждая в слушающих меня то же самое идолопоклонство и колдовство, которые возбудила во мне моя бабушка много лет назад.

Слава Господу, однажды я рассказал о своих увлечениях одному своему другу-верующему, и он сказал мне отказаться от этого, поскольку Писание предостерегает нас от этого. О, как я благодарен Богу за этого человека! Его простое предупреждение помогло мне вступить на путь освобождения.

Желая быть послушным Господу, я порвал все контакты с сатанинской сферой. Это было хорошим началом, но в чем я действительно нуждался, это в полном отречении от сатаны и освобождении от бесов, которые вошли в меня в результате моего увлечения оккультизмом.

Как я узнал, что во мне были бесы? В тот день, когда я прекратил флиртовать с сатаной и начал подчиняться Слову, мои внутренние проблемы и страхи усилились. Проблема с яростью и ненавистью обострилась. Ночью и днем я видел галлюцинации, в которых любимый мною Иисус был представлен в самом неприглядном виде. И хотя я был счастлив в своем браке, я не мог контролировать свою проблему с мастурбацией. Самой худшей мучением было то, что я был скрытым гомосексуалистом. Я постоянно должен был бороться, чтоб не дать этому выразиться. Меня мучили ужасные мысли о сексе с мужчиной. Меня преследовало желание одеваться, как женщина. Когда я оставался один, этот злой дух проявлялся, и я мог выражать женоподобную манерность.

Я ненавидел и не хотел этого всеми своими силами. Я молился, каялся и пытался распинать свою плоть, не осознавая, что мои проблемы были не земными и не душевными, а демоническими (Иакова 3:15). Во мне текло два источника: один, который любил души, благословлял Бога и страстно желал служить Ему. Другой, который осквернял меня грязными мыслями и желаниями, поносил Иисуса и проклинал святых. Я с готов-

ностью признался бы в этом кому-нибудь, кто смог бы мне помочь. Но никто из тех, кого я знал, не имел силы, чтоб разобраться с моими проблемами или даже выслушать их. Поэтому я должен был тщательно скрывать их.

В декабре 1969 года мы с женой узнали о служении освобождения. Когда я услышал о том, что христиане могут иметь бесов, то не имел никаких возражений. Мой дух трепетал от радости, когда я нашел ответ на свои проблемы. Брат во Христе послужил мне в освобождении, приказав духам оставить меня. Я буквально почувствовал, как они двинулись из моего живота вверх и выходили через рот выдохами и зевками.

С того времени и по сегодняшний день я больше не имел проблем с мастурбацией. Моя ярость и ненависть ушли. Теперь я могу проводить без раздоров целые часы в общении со своей матерью. Я просто могу обнимать ее с любовью и состраданием.

Несколько месяцев я был от счастья «на девятом облаке». Затем внезапно опять начались скрытый гомосексуализм и галлюцинации. Чтобы быть точным, это началось в два часа ночи, когда я проснулся из-за демонического давления изнутри и снаружи. К этому времени я знал, как изгонять бесов и противостоять сатане, но мое облегчение было временным.

Когда я уже начал терять всякую надежду, я прослушал кассету Дерека Принса, где он говорил, что оккультные грехи должны быть признаны и отвергнуты поименно. Это было то, чего я никогда не делал. Я сразу же сделал, осознав, откуда пришло большинство моих проблем. Вскоре после этого я прошел через мое самое сильное служение освобождения.

Однажды я ехал на машине из города Ко-

лумбус (штат Джорджия) в город Монтгомери (штат Алабама), это немногим более ста миль. Во время этого бесы преступили ко мне, и я, что было сил, воззвал к Иисусу. И тогда в моем сознании всплыло те случаи, когда бесы впервые вошли в меня в — когда мне было четыре года. По мере того, как Господь показывал мне каждый конкретный случай, я каялся в каждом конкретном греховном действии и приказывал бесам выходить. Больше часа бесы выходили изо рта, макушки моей головы и плеч. Когда я приехал в Монтгомери, то чувствовал себя полностью выжатым, но я был свободен, — действительно свободен в первый раз за многие годы.

С того времени мой духовный рост значительно ускорился. Теперь я могу направить свою энергию и время на плодоносное служение, вместо постоянной борьбы с давящими желаниями и мыслями, которые угрожали самому моему существованию. Господь также помог мне сбросить вес с 98,5 до 70 счастливых килограммов.

Слава Господу! Благодаря Иисусу я очищен и свободен!

15. ДЕЙСТВУЕТ ЛИ КОЛДОВСТВО СЕГОДНЯ?

По мере нашего исследования извилистой и обманчивой тропы демонической активности и оккультизма мы обнаруживаем, что все они происходят из одного основного источника — колдовства.

Колдовство — это универсальная религия падшего человечества, сопровождавшая его на всем протяжении истории. Когда человечество отвернулось в бунте от Бога, образовавшийся духовный вакуум заполнило колдовство. Как говорит Библия: *«Ибо непокорность есть такой же грех, что волшебство»* (1 Цар. 15:23). Каждая человеческая группа практикует свою особую форму колдовства, но основные элементы остаются практически одними и теми же у всех.

Во многих частях мира открытая практика колдовства остается неизменной на протяжении столетий. В народах, которые имеют христианскую историю, особенно на Западе, колдовство адаптировалось к культуре, и приобретает особые формы. Когда-то ограниченное влиянием на незначительное меньшинство населения, в последние десятилетия оно становится все более и более вызывающим и агрессивным.

Сверхъестественный элемент колдовства очаровывает многих людей нашей современной материалистической западной культуры. Там, где людям знакома только одна форма религии (церковь или синагога), причем действующая исключительно на материальном и интеллектуальном уровне, люди склонны искать альтернативы, которые предлагают сверхъестественное, — особенно, если это предлагает силу. Вот почему сейчас огромные массы таких людей обратились к различным формам колдовства.

Все формы колдовства объединяет одна общая цель — получить контроль. Если только какая-то религиозная активность стремится получить контроль над другими людьми, то, как правило, там присутствует влияние колдовства. Некоторые, читая эту главу, точно знают, о чем я говорю, потому что они когда-то вырвались из сатанинских когтей. Другие ухватятся за эту возможность, чтоб найти путь избавления. Третьи употребят эту информацию для того, чтобы помочь другим людям обрести свободу.

Практика колдовства, как правило, имеет следующие основные компоненты: *священничество* (колдуны, целители, шаманы); *ритуал* или *литургия* (которые могут принимать различные формы); *жертвоприношение* (животные или люди); некоторые характерные формы *музыки* (сопровождаемые заклинаниями или определенным ритмом); некоторые формы заветов, связывающие участников друг с другом и с каким-нибудь сатанинским существом, которое является средоточием их деятельности. Слово *ковен* (собрание ведьм), по всей вероятности, происходит из того же корня, что и *ковенант* — завет.

Вот четыре основные цели колдовства:

1. Умилостивить высшее духовное существо, часто рассматриваемое как капризное и недоброжелательное
2. Контролировать силы природы, например, дождь или хорошую погоду для жатвы
3. Охрана от болезней и бесплодия, как, например, в Африке, где почти каждая бесплодная женщина идет к колдуну за зельем или чарами
4. Контролировать других людей: ужасать врагов в

битве или возбуждать сексуальное влечение одной личности к другой

ЧЕТЫРЕ УРОВНЯ СОВРЕМЕННОГО КОЛДОВСТВА

Западная «современная» практика колдовства содержит те же элементы. Оно действует, по меньшей мере, на четырех уровнях:

1. Открытое, публичное, «приличное»
2. «Подпольное» — ковены
3. Пятая колонна, скрытая внутри общества и церкви
4. Дела плоти

1. Открытое, публичное, «приличное»

В своей сути колдовство учит и практикует поклонение сатане, и сегодня оно может открыто заявлять об этом. «Церковь сатаны» имеет свою собственную программу в интернете, которая представляет ее как «приличную» церковь. Но те, кто вырвались из ее когтей, расскажут вам, что главная сатанинская церемония, «черная месса», — это богохульная пародия христианского причастия. Ее основная движущая сила — это намеренная, сознательная ненависть и отвержение Иисуса Христа. Их главный враг — христианская Церковь.

2. «Подпольное» — ковены

Колдовские ковены, как правило, собираются по ночам, чтоб приносить жертвоприношения и принимать новых членов. Ключевой элемент в практике колдовства (как мы видели в свидетельстве в конце предыдущей главы) — это жертвоприношения. Обычно это животные: собаки, кошки, крысы или другие мелкие животные. Насколько нам известно, по возможности, они приносят и человеческие жертвоприношения, как правило, младенца. Нам также известны случаи, когда от молодых людей требовалось, как часть их посвящения колдовству, убить жертву или даже отсечь ей голову.

«Бог» колдовства — сатана. Его последователи связаны с ним и между собой клятвенным посвящением абсолютной секретности относительно их деятельности.

Что привлекает людей к сатанизму? Предложение сверхъестественной силы. Однажды убедившись в получении силы, сатанист становится наглым и агрессивным.

Один мой друг христианин оказался в самолете рядом с женщиной, которая отказалась от всей предлагаемой пищи. Женщина сказала моему другу, что она молится и постится.

— Я тоже христианин, — сказал мой друг. — И я время от времени пощусь и молюсь.

— О, нет! — ответила женщина. — Я не христианка. Я сатанистка.

И затем она пояснила, что имеет две главные цели своего поста и молитв: это разрушение христианских браков и падение ведущих христианских служителей. Статистика последних лет, несомненно, дает ей повод поверить, что такие «молитвы» и «посты» были очень эффективны.

Однажды я получил трогательное письмо от женщины из Техаса, регулярно слушающей мои радиопередачи. Она была ведьмой, подосланной в одну церковь, чтоб насаждать сомнение и неверие в сердцах и умах новообращенных или слабых христиан. Она успела увести из церкви троих таких людей. Затем она спросила меня в письме: «Верите ли вы, что я могу быть прощена и обрести спасение?» Я ответил, что Бог бесконечно милостив, несмотря на то, что, возможно, ей придется бороться за свою полную свободу, и направил ее к местному пастору.

3. Скрытая «Пятая колонна»

Не буду даже пытаться представить все формы, которые принимает колдовство, чтобы втянуть неискушенных людей в поклонение сатане. Просто приведу некоторые примеры.

РОК-МУЗЫКА

Рок-музыка является одним из основных каналов, и имеет страшный разрушительный потенциал. Вот письмо, которое я недавно получил от 33-летнего человека. (Один из моих помощников в служении ответил и попытался помочь ему). Я получил разрешение поделиться этим письмом:

Дорогой М-р. Принс,

я пишу вам это письмо, чтобы рассказать о своей борьбе с демонизацией. Я знаю, что написанное мной, скорее всего, не новость для вас, но для друзей, семьи и церковных лидеров я, должно быть, буду выглядеть психопатом.

Все это началось, когда мне было 16 лет и я начал слушать альбом с рок музыкой, принадлежащий моему брату. Это был не просто рок альбом, но очень демонический альбом. Это была запись рок группой Black Sabbath (один из вариантов перевода: «Черный Шабаш» — примеч. ред.) и на обложке было написано число «666» с изображением демонического создания, как будто изучающего вас. Внутри альбома была картинка с изображением мужчины в постели с несколькими бесами (по меньшей мере, шестью или семью) вокруг него, как бы набрасывающимися на него. Лицо мужчины выражало агонию. Я прослушал эту музыку один или два раза, но и этого было слишком много.

Однажды я услышал очень странный шум, исходящий из стерео-комнаты. Когда я вскочил и направился к двери, то в меня вошла и про-

шла меня насквозь какая-то сила, которая откинула меня назад. Это была реально ощутимая сила, и я уверен, что это были бесы. Затем у меня появилась мысль, что я должен спрятать этот музыкальный альбом, чтоб никто не смог его выбросить — несомненно, эта мысль была навязана бесами. До сегодняшнего дня я не могу вспомнить, куда я спрятал его, несмотря на то, что я молился об этом.

С того времени моя жизнь стала сущим адом. Эти бесы приковывали меня к постели и парализовали меня, когда я начинаю засыпать. Я не мог двигаться, говорить или открыть глаза. Все, что я мог делать, это мысленно взывать к Иисусу о помощи. Эти бесы очень жестоки, они насиловали меня всеми возможными способами. (Я мог бы дать наглядное и детальное описание, но думаю, что это неуместно делать сейчас.) Это была каждодневная пытка для меня с 16 до 31 года. Сексуальное надругательство начало идти на убыль, когда я начал регулярно посещать Библейские занятия и церковные служения.

Догадываюсь, о чем вы, скорее всего, думаете: «Спасен ли ты и является ли Иисус Господом твоей жизни?» Я молился молитвой кающегося грешника и призвал Господа в мою жизнь в возрасте 12 лет, рядом со своей матерью, и с того дня молился этой молитвой наверное сотни раз. Это в основном из-за того, что все мои друзья-христиане, всякий кого я встречаю в любых церквях и на Библейских занятиях, на которых я бывал, когда я только упоминаю об этом, говорят мне, что такого не может происходить с христианином. Поэтому, надеюсь, вы поймете мое горячее желание обрести нормальную жизнь, как свидетельство моего спасения. В это тяжело верить, когда вас бомбардируют таким большим количеством противоположной информации. Я уже не могу больше ясно мыслить и удержаться на одной работе дольше полугода, в лучшем случае — года. Я не глупый человек; у меня диплом инженера. Я просто в полном замешательстве.

Я вышел из христианской семьи, мои родители и две мои сестры рождены свыше. Только единственный брат не спасен. Мои родители поддерживают ваше служение, но я не думаю, что они верят в демонизацию людей. Я так думаю потому, что всякий раз, когда я поднимал этот вопрос, мой отец слабо и робко просил меня отбросить все это во имя Иисуса, а после этого поворачивался и уходил. Моя мать вообще отказывается признавать это, и даже говорит моим сестрам прекратить обсуждать это со мной. Семья моей матери имела потенциально демонические корни; ее отец (уже умерший) был масоном, ее мать (также умершая) и две из трех живущих сестер вовлечены в общество «Восточная Звезда». (Я упомянул опасность масонства и их женского филиала, «Восточной Звезды», в 12 главе.)

Я знаю, что это письмо выглядит бредовым, но я надеюсь, вы увидите в нем немного смысла, — я хотел бы написать вам больше, но тогда пришлось бы писать целую книгу…

Не трагедия ли это? Христианин, мучимый бесами, но не получающий ни понимания, ни помощи от окружающих христиан.

Конечно же, молодой человек поступил глупо, открыв себя влиянию сил откровенно сатанинских. Однако другие подвергают себя влиянию тех же самых сатанинских сил в менее явной форме. Сочетание определенных компонентов на рок-концертах и дискотеках тоже открывают дорогу бесам: оглушающая музыка с настойчивым, повторяющимся ритмом; слова песен, в диапазоне от безумия до богохульства; пульсирующий свет, с постоянно меняющимся цветом и частотой. Такое сильнейшее воздействие может сломить способность человека здраво и нравственно рассуждать, тем самым открывая путь для бесов, особенно если при этом присутствует алкоголь или наркотики.

КУЛЬТ «НЬЮ-ЭЙДЖ» («НОВЫЙ ВЕК»), РЕЛИГИИ И СЕАНСЫ

Действие пятой колонны колдовства постоянно растет. Один из главных «фронтов» — это странная смесь культов, религий и философий, расцветших буйным цветом под знаменем «Нью-Эйдж». К сожалению, многие, кто искренне считают себя христианами, вовлекаются в это из-за обольстительных обещаний и обманчивой терминологии. Например, некоторые люди, желающие быть здоровыми и спортивно сложенными, не осознают, что на полках многих магазинов здоровой пищи вперемешку с обычными продуктами и познавательными пособиями в изобилии находятся продукты и учебные материалы «Нью-Эйдж».

Точно так же многие люди вовлекаются в оккультизм и открываются демоническим силам через гипноз. Некоторые люди интересуются гипнозом, как «невинным» развлечением, показываемом на каком-нибудь телешоу. Другие попадают под влияние сатанинской силы через медицинских работников, пытающихся при помощи гипноза лечить психиатрические проблемы, или используя его как разновидность «анестезии» для хирургической операции.

(В конце 1997 года более чем 700 людей, в большинстве своем — дети школьного возраста, были госпитализированы с мышечными конвульсиями, которые появились в результате просмотра мультфильма по телевизору. Согласно сообщению агентства «Рейтер»: *«Обвиняли в этом тот фрагмент, где был показан взрыв, сопровождающийся пятью секундами сверкающих красных огней из глаз крысоподного существа по имени «Пикачу»... Дети были введены в состояние транса, подобного гипнотическому. По их свидетельству, во время того как они видели светящиеся глаза этого крысоподного существа, у них перехватило дыхание, их потянуло на рвоту и у них потемнело перед глазами» — примеч. ред.)*

Другое оккультное увлечение, открывающее дверь для бесов, — это *акупунктура.* Сегодня некоторые терапевты и другие медицинские работники оправдывают ее использование на основании того, что «это работает»! Но анализ ее оккультного источника обнаруживает, что акупунктура никогда, в конечном счете, не служила к благополучию тех, кто ей занимался.

Вот предостережение, которым с нами поделился китайский доктор из Малайзии:

> *Около восьми лет назад, на отдыхе в Сингапуре, Бог проговорил ко мне об опасности акупунктуры и ее связи с оккультизмом, особенно, об ее неотделимости от традиционной китайской религии. Я немедленно отказался от своих занятий акупунктурой, — искусству, которому я учился в Гонконге и успешно практиковал пять лет.*
>
> *Как только я вернулся домой, я объявил своему изумленному медперсоналу, докторам, медсестрам и пациентам, что акупунктура очень опасна, что я отказался от нее и не буду больше этим заниматься. Я собрал все свои аппараты, иглы, книги, диплом и карты и публично устро-*

ил из всего этого костер. Общая стоимость сожженного была около 15.000 долларов, но благословение, наступившее после этого, было бесценным:

1. Моя жена, страдавшая от хронической мигрени и получавшая сеансы акупунктуры, которые я проводил для нее регулярно, была немедленно исцелена без всяких лекарств и молитв.

2. Мой необъяснимый страх темноты немедленно исчез.

3. Моя медицинская практика, вместо того, чтоб пойти на убыль, получила двойное увеличение и благословение.

Около трех лет тому назад мы видели очень необычный случай во время служения исцеления в городе Кутшинг в Восточной Малайзии. Одна христианка вышла вперед, желая исцеления от ревматизма. Как только мы начали молиться, Господь дал мне слово знания, что она принимала акупунктурное лечению в прошлом. Она подтвердила это и сразу же рассказала нам о том, но всякий раз, когда она пыталась отречься от этого, она падала на пол, крича от ужасной боли.

Мы поняли, что ее мучили бесы, которые получили доступ к ее телу через акупунктуру. После того, как мы приняли власть нас бесами и изгнали их во имя Господа Иисуса Христа, она была освобождена и полностью исцелена. После она рассказала, что каждый раз, когда пыталась отречься от акупунктуры, невидимые иглы начинали колоть ее в тех местах тела, где она получала лечение.

Позвольте мне закончить трагическим примером. Христианин, который научил меня акупунктуре, страдал от депрессии и закончил жизнь самоубийством при загадочных обстоя-

тельствах. Мир не поймет этого, потому что он имел в своей жизни все, что хотел; но я думаю, что знаю причину: он попал под проклятие и заплатил за это своей жизнью.

4. Дела плоти (нашей «греховной натуры»)

Теперь, когда мы исследовали три основные формы колдовства, как сверхъестественной силы (1. открытая, публичная форма; 2. скрытая форма; 3. пятая колонна), мы должны вскрыть корни. На этот подспудный процесс меньше всего обращают внимание, но он пропитывает все общество, и стремится распространить свое влияние на Церковь.

В Послании Галатам 5:19-21 Павел перечисляет *«дела плоти»* («греховной натуры»). В середине перечня он упоминает *«идолослужение, волшебство»* (в некоторых переводах: *«идолопоклонство, колдовство» — примеч. ред.*). Как уже было сказано в начале этой главы, корень колдовства кроется в нашей плоти — в нашей падшей, бунтарской и греховной натуре.

Эта натура часто проявляет себя, зачастую с самого младенчества, в попытках контролировать других людей. Мы чувствуем себя в безопасности, если мы можем контролировать других. Тогда они не угрожают нам; они делают то, что мы хотим. Однако, Бог, со Своей стороны, никогда не стремиться контролировать нас. Он уважает свободную волю, которую дал каждому из нас, хотя мы дадим отчет за то, как мы использовали эту свободу.

Желание контролировать других может выражаться тремя способами: *манипуляция, запугивание* и *доминирование*. Конечная цель — это доминирование. Люди, осознающие, что они слабее тех, кого они хотят контролировать, имеют тенденцию к манипуляции; чувствующие себя сильнее, склонны к запугиванию. Но конечная цель одна — доминирование, что означает контролировать других и заставлять их делать то, что хочется нам.

Многие взаимоотношения в семьях отображают это. Мужья запугивают своих жен приступами гнева или открытым насилием. Жены манипулируют своими мужьями через слезы и эмоции, часто заставляя мужей чувствовать себя виноватыми за свои недостатки. Родители часто запугивают своих детей и манипулируют ними. Но, в свою очередь, дети могут стать в высшей степени экспертами по части манипуляции своими родителями.

Одно из главных орудий манипуляции — это *вина*. Мать может сказать своему сыну: «Сынок, если ты любишь свою маму, то сбегай в магазин и сделай то-то и то-то». Как это влияет на ребенка? Его заставляют чувствовать вину, если он не сделает то, чего желает его мать. Это будет воспринято как свидетельство, что он не любит ее. Так нечестно обращаться с ребенком.

И наоборот, ребенок может манипулировать своей матерью. Когда в доме гости, он может подойти и в их присутствии попросить разрешения посмотреть те телепрограммы, которые ему не рекомендуются. Он знает, что мама ограждает его от плохого влияния, но он вычислил, что она не хотела бы наблюдать приступ его недовольства на глазах у гостей.

Как только мы научимся распознавать желание контролировать других, как злую, манипулирующую силу, мы увидим ее работу во многих различных сферах.

В религии это может проявляться в том, как проповедник призывает к пожертвованиям: «Бог показал мне, что здесь есть десять людей, каждый из которых должен дать сегодня по тысяче долларов». Или он показывает душераздирающие фотографии с голодными детьми в далеких странах, и всякий, отказавшийся отреагировать на это денежным подаянием, становится виноватым: «Кто знает, возможно, я один из тех десяти, о которых сказал ему Бог...», или, «Если не дам что-то для этих детей, тогда, наверное, я бессердечный человек...».

В политике это может выражаться в том, что кандидат искусно апеллирует к расовым предубеждениям, чтобы выиграть голоса. В бизнесе это часто проявляется в рекламе, соблазняющей людей желать того, в чем они не нуждаются, и покупать то, чего они не могут себе позволить.

В любом случае манипуляция — это зло. Как только мы поймем, что такие методы являются замаскированным колдовством, мы осознаем, что в нашей современной культуре мы постоянно подвергаемся его давлению. Это принесет нам новое понимание слов Павла, что *«бог века сего ослепил умы неверующих людей»* (2 Кор. 4:4).

Повторяющееся попустительство плотской похоти может открыть дверь для соответствующего беса. Это касается всех дел плоти, перечисленных в Послании Галатам 5:19-21. Человек, регулярно допускающий блудодеяние, ревность или зависть (назовем только эти три), практически наверняка будет порабощен соответствующим бесом.

Это точно так же относится и к колдовству. Люди, выработавшие привычку использовать манипуляцию или запугивание для контроля окружающих, будут захвачены бесами колдовства. После этого они не смогут иметь иных взаимоотношений с другими, как только посредством такой колдовской тактики. И тогда это уже будет не просто делом плоти, но там появится сверхъестественная сила, приводящая людей, которых они контролируют, в состояние духовного рабства.

Мне пришлось наблюдать действие этой демонической силы между матерью и дочерью. Мать может решить, что ее дочь должна выйти замуж за мужчину определенной расы, с определенным прошлым и определенного социального уровня. Затем, если человек, которого выбрала дочь, не соответствует критериям ее матери, дух колдовства в матери станет причиной такой ее реакции, что она просто наложит проклятие на дочь и будущего зятя. Проклятие может быть произнесено таким образом: «Если ты выйдешь замуж за этого человека, у вас никогда не будет достатка. Он никогда не сможет обеспечить тебя». Как результат, эта пара будет постоянно бороться с давлением и разочарованием, для которого они не могут найти ясной причины.

Бес колдовства может действовать также и во многих других видах взаимоотношений. Иногда пастор стремится контролировать служителей своей церкви или даже всю общину. Или бизнесмен может запугивать своих работников. Или политический лидер отводит внимание своего народа от его собственных проблем, взгревая в нем ненависть против «враждебной» нации.

После того, как между людьми сложились такого рода взаимоотношения контроля, та личность, которая попала под контроль, практически всегда нуждается в освобождении от колдовства. Однако и та личность, которая использовала контроль, также нуждается в освобождении. Но каждая сторона должна выполнить условия освобождения. С одной стороны, контролирующий человек должен покаяться и отказаться от желания контролировать. С другой стороны, контролируемый человек должен раскаяться в том, что он подпал под такой контроль, и должен отсечь взаимоотношения контроля.

ПУТЬ ОСВОБОЖДЕНИЯ

В 21 главе я дам последовательное учение о том, как освободиться, но позвольте мне сказать, что люди, участвовавшие в поклонении сатане и пользовавшиеся сатанинской силой (как упомянутая женщина из Техаса), должны занять очень решительную позицию, если они хотят обрести свободу. Духовная борьба, возможно, будет очень интенсивной.

Однажды мы с Лидией были в маленькой группе, служившей молодой женщине, которая рассказала нам, что она была жрицей сатаны, но раскаялась и желает быть свободной. В один момент она показала нам кольцо, символизирующее ее брак с сатаной. По нашему настоянию она сняла его, но после этого бес заставил ее проглотить это кольцо! Один из наших служителей, молодой человек, получил сверхъестественное помазание веры, и приказал женщине отрыгнуть кольцо, что она и сделала. Затем молодой человек поднял кольцо и забросил его в озеро, которое находилось поблизости.

Освобождение молодой женщины было полностью завершено, когда она сделала публичное покаяние перед группой христиан и сожгла одежду, в которой она поклонялась сатане. Это соответствовало Библейскому наставлению *«гнушаться даже одеждою, которая осквернена плотию»* (Иуды 23).

Однако переживание освобождения не является концом конфликта. Человека, однажды сделавшего сознательное и полное посвящение сатане, он по-прежнему расценивает как свою собственность, которую он держит в вечных узах. Сатана будет постоянно искать возможность восстановить свой контроль, используя всех бесов, находящихся под его властью.

Поэтому, бывшим жертвам сатаны нужна помощь посвященной группы верующих, которые будут стоять с ним в этой борьбе. Он должен научиться противостоять любому давлению, снова и снова утверждая истины Священного Писания, гарантирующие освобождение и победу. Сам Иисус является нашим примером в этом. Каждый раз, когда к Нему приближался сатана, чтоб искусить Его, Он отвечал одним и тем же все достаточным ответом: *«Написано...»* (Матфея 4:1-11). Сатана не имеет оружия против написанного Слова Божия.

По мудрости Божьей этот процесс постоянного противостояния демоническим атакам может служить позитивной цели. Когда человек находится в рабстве у сатаны, внутренние стены личности человека разрушены. Для того чтобы удержать свободу после освобождения, защитные стены должны быть снова возведены. Постоянное утверждение в вере определенных мест Писания постепенно восстанавливает стены. Как только они будут укреплены, сатанинское давление постепенно будет уменьшаться и, в конце концов, прекратится. Сатана не так глуп, чтобы бросать свои войска в битву, которую он больше не может выиграть.

Как люди могут защитить себя от обмана? Существует только одна дверь (как было сказано в предыдущей главе), которая ведет в Царство Божье: Иисус, Который есть *«путь, и истина, и жизнь»* (Иоанна 14:6). Входящие в сверхъестественную сферу какой-либо иной дверью, обнаружат себя в царстве тьмы, а не света.

Мы должны быть бдительны (в 16 главе мы поговорим об этом), чтобы не быть обманутыми и не последовать за *«иным Иисусом»*, — который не соответствует Иисусу, описанному в Библии, и который не приведет нас к истине.

Существует только один абсолютный стандарт истины. Иисус сказал Отцу: *«Слово Твое есть истина»* (Иоанна 17:17). Все, что не соответствует Библии, является заблуждением. По этой причине очень важно изучать основные истины и принципы Библии, чтобы мы всегда могли применить этот тест ко всему, что притязает на нашу веру. Но опять-таки, мы должны быть начеку. Не каждый, бойко цитирующий Писание, на практике подчиняется ему. (Позвольте порекомендовать вам мою книгу «Защита от обольщения», которая более подробно рассматривает этот вопрос.)

Теперь перейдем к шестому из наиболее часто задаваемых вопросов относительно демонической сферы.

16. МОГУТ ЛИ ХРИСТИАНЕ НУЖДАТЬСЯ В ОСВОБОЖДЕНИИ ОТ БЕСОВ?

Этот вопрос мне задавали намного чаще всех остальных. Часто он задается скептическим тоном, подразумевая, что ответ ясен: «Нет!»

Однажды официальное издание одной большой деноминации заклеймило меня и Дона Бэшэма как еретиков, потому что мы изгоняли бесов из христиан. «Что нам делать? — спросил я Дона. — Пусть их бесы остаются в них?» Обвинение против нас основывалось, конечно, на предположении, что христиане не могут иметь бесов, которых следует изгонять. (Позже это обвинение было, очевидно, забыто, так как церкви, принадлежащие этой деноминации, неоднократно приглашали меня к себе для служения освобождения.)

Больше чем за тридцать лет, я никогда не слышал и не читал реально обоснованного, подтвержденного Писанием, изложения доктринальной позиции, что христиане не могут нуждаться в освобождении от бесов. Те, кто верит в это, как я сказал в пятой главе, считают это настолько очевидным фактом, что он не нуждается в подтверждении Писания. Но результаты такой позиции могут, мягко говоря, преподнести сюрприз.

Молодой христианин сказал мне, что брат Джоунс, хорошо известный евангелист, молился за него, и он получил освобождение от беса никотина.

— Я думал, что брат Джоунс не верит, что христианин может иметь беса, — заметил я.

— Вы правы, — ответил молодой христианин, — но когда брат Джоунс молился за меня, он не знал, что я уже был христианином.

Этот случай навел меня на размышления.

— В таком случае, — сказал я себе, — кажется, неверующие имеют «незаслуженное» преимущество перед христианами, так как они могут просить об освобождении от бесов. Но как только они становятся христианами, им отказывают в таком праве!

Слово *христианин* для разных людей имеет различный смысл. И прежде чем я пойду дальше, мне нужно пояснить, какой смысл я вкладываю в это слово. Я основываю свое определение на Евангелии от Иоанна 1:11-13: *«(Иисус) Пришел к своим, и свои Его не приняли. А тем, которые приняли Его, верующим во имя Его, дал власть быть чадами Божиими, которые ни от крови, ни от хотения плоти, ни от хотения мужа, но от Бога родились»*.

Под словом *христианин* я имею в виду того, кто покаялся в своих грехах и верой принял Иисуса своим Спасителем и Господом. В результате этот человек был рожден от Бога, — *«рожден свыше»* (Иоан. 3:5-8).

Описать христианина можно еще таким образом — это тот, кто исполнил условия для спасения, установленные Иисусом в Евангелии от Марка 16:15-16: *«Идите по всему миру и проповедуйте Евангелие всей твари. Кто будет веровать и креститься, спасен будет; а кто не будет веровать, осужден будет»*.

Такой человек услышал Евангелие и уверовал, принял крещение, и вследствие этого спасен. Может ли такой человек впоследствии нуждаться в освобождении от бесов?

Частично это зависит от того, как человек был приведен к спасению, или к рождению свыше. В служении Филиппа в Самарии люди получили очевидное освобождение от бесов, и после этого уверовали и были крещены в воде (см. Деяния 8:5-13). Вполне резонно предположить, что большинство из них уже не нуждались в дальнейшем освобождении.

Тем не менее, даже здесь упомянуто одно исключение, заслуживающее нашего внимания. Некто Симон был среди тех, кто уверовал и был крещен. Однако позже он предложил Петру деньги за приобретение власти для передачи Святого Духа (обратите внимание, именно Святого Духа, т.е. Симон хотел получить власть передавать людям истинный Божий дар и благословение — *примеч. ред.*). Но Петр сказал ему: *«Серебро твое да будет в погибель с тобою, потому что ты помыслил дар Божий получить за деньги. Нет тебе в сем части и жребия, ибо сердце твое не право пред Богом»* (Деяния 8:20-21). Утверждение о том, что Симон больше не нуждался в освобождении от бесов, поскольку он уверовал и был крещен, я не могу назвать здравым.

Давайте предположим, что Филипп следовал бы другому образцу евангелизации, — тому, который распространен в наши дни. Он проповедует Евангелие самарянам, и затем, без всякого освобождения от бесов, приглашает их выйти вперед, чтобы они произнесли молитву покаяния, заполнили карточку или получили наставление от душепопечителя. Что было бы в результате? Они были бы спасены и рождены свыше, но, вероятно, все еще нуждались бы в освобождении от бесов, которые были в них прежде, чем они стали христианами.

Хочу подчеркнуть, что моя цель не в том, чтобы критиковать такого рода евангелизм. Мне самому приходилось действовать точно таким же образом. Я просто хочу указать на то, что такой способ проповеди Евангелия и обращения людей может не произвести всех тех результатов, которые дало служение Филиппа в Самарии (по крайней мере, нет никакой гарантии, что освобождение произойдет автоматически просто потому, что человек уверовал и помолился «молитвой грешника» — *примеч. ред.*). Такая практика оставляет вероятность того, что люди, откликнувшиеся на призыв, все еще могут иметь бесов, с которыми нужно разобраться. Это не говорит о том, что они не христиане. Это значит, что некоторые из них все еще нуждаются в освобождении.

ЧТО ПРОИСХОДИТ ПРИ РОЖДЕНИИ СВЫШЕ?

Нам нужно рассмотреть более детально, что происходит, когда человек рождается свыше — что может произойти как минимум и как максимум? Когда люди получают «власть быть детьми Божьими», то эта власть эффективна только в той мере, в которой ее используют. Учитель может иметь власть, но если он не использует ее, то его ученики будут неуправляемыми и непослушными. Если полиция не будет использовать данную ей власть, преступность будет действовать безнаказанно.

Так же и с рождением свыше. Я верю, что в своем потенциале оно не имеет пределов, но раскрытие этого потенциала зависит от того, насколько каждый верующий использует свою Богом данную власть. Кто-то может избрать минимум, и стать благопристойным прихожанином. Другой, желая достичь максимума, становится активным, посвященным человеком, завоевывающим души для Господа, — даже проповедником, достигающим огромные массы людей, или молитвенником, который приведет многих к новому рождению, благодаря своей ходатаинственной молитве. Разница в том, в какой мере каждый использует свою власть, данную ему Богом.

Одна особая форма власти, приходящая с рождением свыше, — это власть изгонять бесов из себя или из других. Когда ученики сказали Иисусу: *«И бесы повинуются нам о имени Твоем»*, Он ответил: *«Се, даю вам власть наступать... на всю силу вражию»* (Луки 10:17-19). Однако эта власть эффективна настолько, насколько мы ее используем. Иногда бесы действительно уходят без специального служения, но в большинстве случаев они должны быть изгнаны (точно так же, как и в случае с исцелением — некоторые болезни уходят автоматически, как только человек обращается ко Христу; для исцеления же от других необходимо целенаправленное служение — *примеч. ред.*).

Существует два случая, если христианин нуждается в освобождении:

1. Бесы уже были в нем до того, как он стал христианином.
2. Бесы вошли в него после того, как он стал христианином.

КОГДА БЕСЫ УЖЕ В ЧЕЛОВЕКЕ

Давайте вначале обсудим тот случай, когда человек ищущий спасения уже имеет бесов. Я не смог найти ни одного места Писания, подтверждающего, что бесы обязаны автоматически (без изгнания и явного освобождения — *примеч. ред.*) оставить человека, принимающего прощение и спасение. Служение Филиппа в Самарии свидетельствует о противоположном. Если бы бесы уходили автоматически, когда люди уверуют и принимают крещение, зачем тогда Филипп тратил время и энергию, изгоняя бесов? Он просто мог крестить новоуверовавших, и это само по себе могло устранить бесов.

Логически, если евангелист не следует образцу служения Филиппа в проповеди Евангелия и изгнании бесов, то многие уверуют и получат крещение, но не будут освобождены от бесов. Что и происходит со многими современными христианами.

Но давайте на время оставим вопрос с бесами и рассмотрим общую картину того, что происходит при рождении свыше. Писание не говорит о том, что новоуверовавшие христиане автоматически освобождаются от всех последствий того, что происходило с ними до того, как они стали верующими. Предположим, женщина страдала от хронического синусита, причиной которого были бактерии. Она становится христианкой, но болезнь остается. Естественное объяснение этому будет в том, что те же самые бактерии будут вызывать ту же самую болезнь. Вряд ли кто-то станет оспаривать такой вывод, приводя в качестве аргумента свою доктрину.

Теперь давайте рассмотрим случай с человеком, который имеет некоторые эмоциональные проблемы, прочиненные бесами. Он становится христианином, но его проблемы продолжаются. Существует ли подкрепленное Писанием основание спорить с тем, что его эмоциональные проблемы все еще являются результатом работы бесов? Например, ребенок алкоголиков может быть подвержен бесу ярости и страха. Если позже он становится верующим, но попрежнему подвержен приливам неконтролируемого гнева и страха, то вполне резонно предположить, что бес гнева и страха все еще не изгнан и с ним необходимо разобраться.

То же самое относится и к тем, кто подверг себя демонизации через увлечение наркотиками, алкоголем, сексуальной нечистотой или оккультизмом. Если, став христианами, они все еще подвержены рабству какой-либо злой силы, которой они открыли себя ранее, то объяснение простое: они нуждаются в освобождении от бесов, которые являются причиной рабства.

И благодарение Богу! Как христиане, мы имеем власть Иисуса Христа, и можем разобраться с любыми формами демонического давления, которому когда-либо могли открыть себя. Однако эта власть не будет действовать до тех пора, пока мы не начнем активно применять ее в вере.

Учение о том, что христиане больше не могут быть подвержены демонической активности, может привести к печальным результатам. Либо верующий сдастся под демоническим давлением, сделав такой вывод: «Я ничего не могу поделать с собой; я такой, какой я есть». Или будет стараться сдержать внутреннее давление и израсходует на это огромное количество духовных сил и энергии (причем, без положительного результата, поскольку неизгнанного беса нельзя «распять» или перевоспитать, и он будет продолжать свою работу — *примеч. ред.*), которые можно было использовать для более плодотворных целей. В любом случае, практическое и Библейское средство решения — это признать присутствие бесов и использовать свою Богом данную власть для их изгнания.

Однако, даже имея представление, основанное на Писании, как все должны происходить, мы должны всегда помнить, что Бог может действовать так, как посчитает нужным в каждой отдельной ситуации. Мой собственный опыт спасения свидетельствует об этом. Как уже было сказано, до прихода к Господу я увлекался греческой философией и всерьез занимался йогой. В ту ночь, когда я пережил личную встречу с Иисусом Христом, больше часа я лежал навзничь на полу. Вначале, я судорожно рыдал; затем, источник радости открылся внутри меня и начал истекать волнами смеха.

До этого переживания я признавал Иисуса, как

великого учителя и чудесный пример, но не как Сына Божьего. Однако, на следующее утро после той ночи, меня не нужно было убеждать в том, что Иисус есть Сын Божий, — и знал я об этом не в результате процесса рассуждений. Годы спустя, когда я начал служить в освобождении другим, я пришел к осознанию, что в ту ночь был освобожден от беса йоги, который удерживал меня от уверования в Иисуса, как Сына Божия.

Другие получают освобождение от беса никотина или алкоголя через простую молитву, даже не предполагая, что бесы существуют. Опять же, ребенок боящихся Бога христианских родителей может получить спасение в очень раннем возрасте, даже не подвергнувшись демоническому воздействию.

Тем не менее, у нас нет Библейского основания для утверждения, что эта свобода всегда приходит автоматически. Где бы мы ни обнаружили бесов, ответ Писания — мы должны изгнать их, применяя данную нам власть Христа.

КОГДА БЕСЫ ВХОДЯТ В ЧЕЛОВЕКА ПОЗЖЕ

Теперь подошли ко второму вопросу: могут ли бесы входить в человека после того, как он, или она, стал христианином?

Было бы наивно предполагать, что быть рожденным свыше значит то, что мы больше не будем интересовать бесов, и не будем подвергаться демоническому давлению. Наоборот, сатана еще больше увеличивает свое давление на нас, когда мы становимся христианами, особенно, если мы серьезно угрожаем его царству. Это вдвойне очевиднее для тех, чей прошлый образ жизни был сильно порабощен им.

Рассматривая относящиеся к этому вопросу места Писания из Нового Завета, нам нужно помнить, что все эти послания были адресованы христианам, а не людям неверующим. Именно к христианам относятся как обетования, так и предостережения. Было бы нелогично относить Божьи обетования на свой счет, а все предостережения на счет неверующих. Более того, мы должны напоминать самим себе, что мы не имеем права претендовать на какие-либо благословения, пока мы не исполним сопутствующие им условия.

Существует множество предупреждений для христиан быть настороже против атак сатаны. Петр, обращаясь непосредственно к христианам, сказал: *«Трезвитесь, бодрствуйте, потому что противник ваш диавол ходит, как рыкающий лев, ища кого поглотить. Противостойте ему твердою верою, зная, что такие же страдания случаются и с братьями вашими в мире»* (1 Петра 5:8-9).

В предупреждении Петра можно увидеть две части. Во-первых, мы должны иметь самоконтроль и бдительность. Иначе, мы не сможем обнаружить присутствия и деятельности бесов. Во-вторых, мы должны противостоять демоническому давлению, занимая активную позицию против них. Если мы подчинимся этим наставлениям, то будем победителями. Но если мы не трезвимся и не бодрствуем, то не сможем распознать наших врагов и противостать им. Тогда они вторгнутся и попытаются уничтожить нас. Самая серьезная ошибка, которую мы можем совершить, это действовать так, как будто не существует никакой опасности.

Определенные места в Новом Завете конкретно предупреждают нас об опасности открыть себя бесам. Одно из орудий, наиболее часто используемое сатаной для этой цели — это обольщение. В Первом Тимофею 4:1 Павел настоятельно предупреждает: *«Дух же ясно говорит, что в последние времена отступят некоторые от веры, внимая духам-обольс-*

стителям и учениям бесовским».

Здесь Павел говорит о людях, которые, попав под сатанинское влияние, *«отступят от веры»*. Явно, что они не могли отступить от веры, если прежде не были в вере. Эти христиане, по всей видимости, открыли себя бесам-обольстителям, и, в результате этого, отступили от своей веры во Христа. Единственная защита — это постоянно быть бдительными и решительно отвергать всякое демоническое влияние и обольщение, которое направлено на нас.

Павел дает подобное настоятельное предупреждение христианам Коринфа, — в то время как сегодня некоторые учат, что христиане должны освободиться от всякого страха обольщения. Явно, что Павел не был сторонником такого учения! Обращаясь к коринфянам, которые были плодом его служения, он пишет: *«Но боюсь, чтобы, как змей хитростью своею прельстил Еву, так и ваши умы не повредились, уклонившись от простоты во Христе»* (2 Кор. 11:3).

В следующем стихе Павел предупрсждает о лжеучителях, которые вскоре могут прийти: *«Ибо если бы кто, придя, начал проповедовать другого Иисуса, которого мы не проповедовали, или если бы вы получили иного Духа, которого не получили, или иное благовестие, которого не принимали, — то вы были бы очень снисходительны к тому»* (4 стих).

Здесь мы видим, что предупреждение Павла можно разделить на три части. Во-первых, проповедь «иного Иисуса». Во-вторых, принимающие это ложное учение, «получают иного Духа», не того, которого получили вначале. В-третьих, они принимают «иное благовестие», которое не является истинным Евангелием.

Через служение Павла эти христиане получили Святого Духа. Следовательно, когда он упоминает об «ином Духе», которого они не получали от него, то имеет в виду духа, который не является святым, т.е. беса обольщения.

Здесь нам представлен ясный пример, как рожденные свыше и получившие Духа Святого христиане могут быть искушаемы получить ложного духа — беса. Что же откроет для беса дверь? Совершенно очевидно, что этим станет принятие учения, которое предоставляет «другого Иисуса». Здесь корень проблемы. Как только христиане возлагают свою веру на «другого Иисуса», они получают «иного Духа», — лживого беса — и соответственно, начинают верить в «иное благовестие».

Возникает вопрос: есть ли сегодня в учителя, которые проповедуют в церквях «другого Иисуса». Ответ таков: конечно, да!

Есть, например, «Иисус», который популярен в некоторых южно-американских странах. Его изображают как революционера-марксиста, отстаивающего права бедных и готового организовать вооруженное восстание против капиталистов.

Другой «Иисус» популярен в кругу движения «Нью-Эйдж». Там он представлен, как восточный гуру, смешивающий Евангелие с тайным эзотерическим учением индуизма и буддизма. Но Библейский Иисус, как Творец всего и Судья всех людей, там неприемлем.

Если люди имеют склонность к гуманистическим воззрениям, то для них тоже сатана предлагает соответствующего «Иисуса», который постоянно говорит только о любви и прощении, и никогда не упоминает об аде и покаянии. Этот милый «Иисус» только Спаситель, но ни в коем случае не Судья. Там нет места для таких слов господина: *«Врагов же моих тех, которые не хотели, чтобы я царствовал над ними, приведите сюда и избейте предо мною»* (Луки 19:27).

Сегодня очень распространена версия «Иисуса», которую я называю «рождественской». Этот «Иисус» говорит людям, что все, что они должны делать, — это верить, и тогда они получат все, о чем попросят: начиная с хорошо оплачиваемой работы, до роскошного автомобиля и дома с бассейном. Но такой «Иисус», как и его гуманистический вариант, никогда не упоминает об аде и никогда не призывает к покаянию и святости.

Очень печально, как много современных христиан соблазнилось и приняло ту или иную форму ложного, небиблейского «Иисуса». Через принятие «другого Иисуса» они принимают «иной Дух», — не что иное, как лживого беса. Это не теоретический, доктринальный вопрос для абстрактной дискуссии. Это вопрос жизни и смерти — причем, жизни и смерти вечной. Истинные служители Христа обязаны предупредить об этом Божий народ.

Частично христиане уязвимы для такого рода обольщения по той причине, что в большинстве современных проповедей ставится неправильное ударение. Делается непропорционально большой упор на единократные духовные переживания, но людей не учат о переменах, которые эти переживания должны произвести в их образе жизни, — в том единственном, что может подтвердить истинность этих переживаний.

НЕОБХОДИМОСТЬ ПОСТОЯННОГО ПРЕБЫВАНИЯ В ПОСЛУШАНИИ

Рождение свыше — замечательное переживание, пожалуй, самое важное в жизни человека. Но это только рождение. Его ценность заключается в том, что оно открывает ворота для новой жизни. Христиане, не идущие дальше в своем духовном опыте, подобны детям, постоянно празднующим свое день рождения, но не получающим питание и обучение, необходимое для того, чтобы стать ответственными взрослыми людьми.

Другие христиане делают сильное ударение на крещение в Духе Святом, но не оставляют места для продолжения Его работы в своей жизни. Иисус сказал, что получение Духа должно стать *«источником рек воды живой»*, которые потекут из жизни уверовавших (Иоанна 7:38-39). Однако некоторые христиане никогда не получают больше «лужи», или в лучшем случае, «пруда». В их каждодневной жизни нет постоянного духовного потока.

С другой стороны, есть христиане, которые не уделяют достаточно внимания необходимости пребывания в постоянном послушании и святости. Иисус спрашивает людей Своего времени: «Что вы зовете Меня: *«Господи! Господи!» — и не делаете того, что Я говорю?»* (Луки 6:46). Звать Иисуса «Господом» и не подчиняться Ему — это лицемерие, и это не дает защиты от атак сатаны.

Некоторые христиане говорят о том, что они автоматически защищены от демонических атак кровью Иисуса. Бог действительно предлагает нам полную защиту через кровь. Но опять же, это зависит от нашего выполнения Его условий.

Апостол Петр говорит нам, что мы избранные *«по предведению Бога Отца... к послушанию и окроплению Кровию Иисуса Христа»* (1 Петра 1:2). Послушный образ жизни является условием защиты кровью Иисуса. Его кровь не окропляет тех, кто упорствует в своем непослушании. Примером этому служит описание первой Пасхи в Египте, когда Моисей сказал Израильтянам: *«И возьмите пучок иссопа, и обмочите в кровь, которая в сосуде, и помажьте перекладину и оба косяка дверей кровию, которая в сосуде; а вы никто не выходите за двери дома своего до утра»* (Исход 12:22).

Израильтяне были защищены не потому, что

они были израильтянами, а потому что они исполнили Божье повеление относительно крови, и остались внутри своих домов. Они были по правильную сторону от крови. Если бы их первенцы оставили дом и вышли наружу, то их ждала бы та же самая участь, которая постигла египтян.

То же самое применимо к христианам. Наша защита от сатаны не основывается только на том, что мы являемся христианами, — нас защищает наше послушание Божьим повелениям. Кровь, как уже было сказано, не защищает тех, кто продолжает упорствовать.

Слова апостола Иоанна чудесно подтверждают силу крови Иисуса над грехом в наших жизнях: *«Если же ходим во свете, подобно как Он во свете, то имеем общение друг с другом, и Кровь Иисуса Христа, Сына Его, очищает нас от всякого греха»* (1 Иоанна 1:7).

Здесь есть некоторые важные моменты, которые следует отметить. Во-первых, начальное слово *«если»* свидетельствует, что существует условие, которое должно быть выполнено. Если условие не выполнено, то мы не можем рассчитывать на обещанный результат. Условие такое: *«если ходим во свете»*. Два результата этого: *«мы имеем общение друг с другом»* и *«Кровь Иисуса Христа... очищает нас от всякого греха»*.

Во-вторых, форма всех трех глаголов говорит о продолжающемся действии. Буквальный перевод с оригинала будет звучать так: *если мы постоянно ходим... мы постоянно имеем общение... кровь постоянно очищает нас.* Иоанн не говорит о единократном действии, которое никогда больше не надо повторять. Тот факт, что мы исполнили условия вчера, не гарантирует нам, что мы исполняем их сегодня. Также как и с примером Пасхи, Бог требует постоянного пребывания в послушании, если мы стремимся быть под постоянной защитой крови.

Нужно отметить также, что первым результатом хождения в свете будет общение (букв. «общность» — *примеч. ред.*) с нашими друзьями верующими. Если пренебрегаем этим, значит, мы уже не ходим во свете. И если мы не во свете, следовательно, кровь Иисуса больше не очищает нас. Кровь не очищает нас, когда мы ходим во тьме.

Как это не покажется странным, демоническое давление сатаны, направленное против нас, может обернуться нам во благо. Оно может служить напоминанием того, что мы должны ходить перед Богом каждый момент нашей жизни в послушании. Возможно, это одна из причин, почему Бог допускает его.

ЧЕЛОВЕК, ЛЮБИВШИЙ ИИСУСА

Божья милость в служении освобождения прекрасно проиллюстрирована в следующем свидетельстве работника психиатрической больницы в США:

Один из самых спорных вопросов сегодня, это могут ли христиане иметь демоническую зависимость. Я ознакомился с учением об освобождении от бесов незадолго до начала своей работы в большой государственной психиатрической больнице. Один из моих первых пациентов был интеллигентный мужчина 30 лет, проведший в психиатрической больнице больше десяти лет и которому было предоставлено одно из самых лучших лечений в нашей стране.

Внешние проявления его заболевания проявлялись в неконтролируемом поведении, таком как удары головой об стену и острые объекты; в результате чего он получал серьезные повреждения. Это поведение происходило независимо от методов лечения и настроения мужчины. Проблема настолько усугубилась, что пациенту пришлось надеть шлем, привязать его к кровати и кровать прикрепить к полу посреди палаты.

Это был симпатичный и приятный молодой человек, к которому хорошо относился весь медперсонал. Я, как христианин, видел особый трагизм его ситуации, в том, что он искренне любил Иисуса Христа. Он был христианином, открыто исповедующим Христа, — это и смущало меня больше всего. Он плакал от радости, когда мы проводили время в пении, молитве и обсуждении Слова Божия. Однако через несколько недель я уже знал, что всякий раз после окончания нашего общения, у него начинается приступ дикой ярости, он начинает обзывать меня богохульными именами и попытается причинить себе вред.

После того, как я узнал об этом, я начал переживать о его безопасности и прекратил посещать его, положившись единственно на молитву об облегчении его состояния. Однако без моих визитов он впал в такое уныние, что я просто вынужден был вернуться. Однажды, когда я открыл Библию в нашем с ним общении, Дух Святой внезапно побудил меня приказать бесам убраться. Хотя я произнес это практически неслышным шепотом, реакция была немедленной. Никогда до этого я не видел такого оскала зубов, таких визгливых криков с проклятиями на Христа и злобного выражения лица. Кроме того, несмотря на то, что он был крепко привязан к кровати, его тело вытянувшись оцепенело и поднялось больше чем на фут над кроватью, паря в воздухе. В нем произошла такая быстрая и такая разительная перемена, что я испугался. Я быстро покинул его палату, надеясь, что это успокоит его. Только спустя несколько секунд я осознал взаимосвязь между моим приказанием бесам уйти и его страшной реакцией. Святой Дух побудил меня вернуться. На этот раз демонические проявления не смутили меня. Я приказал бесам уйти во имя Иисуса, напомнив им Евангелие от Марка 16:17. И хотя некоторые проявления продолжались, я вернулся к своей обязанности с уверенностью, данной мне Христом.

С того самого дня этот человек полностью свободен от бесов и страшных проявлений. Это служение не только принесло благословение ему, но и стало свидетельством для всей больницы. Он с Библией в руках обошел все учреждение, от медработников до их пациентов, славя Бога за свое «освобождение от беса». Последующее медицинское обследование подтвердило его чудесное освобождение.

Конечно же, не моя молитва, и не наше общение и разбор Слова принесли восстановление в жизнь этого христианина, но изгнание бесов, согласно Евангелию от Марка 16:17.

17. БУДЕТ ЛИ СВЯТОЙ ДУХ ОБИТАТЬ В НЕЧИСТОМ СОСУДЕ?

Обычно этот вопрос задают христиане, по тону и выражению лица которых можно прочитать другой вопрос: «Могут ли верующие вообще нуждаться в каком-то освобождении от бесов?» И ответ для них очевиден: «Конечно же, нет!»

Вопреки мнению многих людей, ответом на этот последний седьмой вопрос будет «Да!» Святой Дух будет обитать в сосуде, который не полностью очищен, при условии, что Ему будет предоставлен доступ к центру, контролирующему все сферы человеческой личности, — сердцу.

Неоспоримый пример этому дан нам в лице царя Давида. Согласно 11 главе 2-ой книги Царств Давид был повинен в грехах прелюбодеяния и убийства. Вначале он совершил прелюбодеяние с Вирсавией; затем организовал убийство ее мужа Урии. Несомненно, Давид был очень осквернен этими двумя грехами. Но, когда пророк Нафан обвинил его в этих грехах, он покаялся. Позже, в горьком стенании, он молился Господу: *«Не отвергни меня от лица Твоего и Духа Твоего Святого не отними от меня. Возврати мне радость спасения Твоего»* (Псалом 50:13-14).

Слова этой молитвы Давида очень примечательны и важны (тем более что они включены в вернейшее пророческое Слово Божье — *примеч. ред.*). Давид просит Бога *вернуть* ему радость спасения, но не вернуть ему Святого Духа. Обратите внимание, Давид просит *не забирать* у него Святого Духа. Давид потерял радость спасения и молился о ее восстановлении, но он никогда не терял присутствия Духа Святого. Каким бы удивительным это не казалось, но даже несмотря на совершенные Давидом грехи Святой Дух оставался с ним.

Только потому, что Бог не забрал Своего Святого Духа у Давида, тот все еще имел способность каяться. Без побуждения от Святого Духа, он бы не смог покаяться. С другой стороны, если бы Давид отверг побуждение Духа Святого, тогда бы Бог забрал Духа от него — я практически уверен в этом.

Вот ясное Библейское свидетельство тому, что при определенных условиях Дух Святой обитает в нечистом сосуде. Каждый рожденный свыше, наполненный Духом, христианин должен благодарить Бога за этот пример Его милости и благодати. Иначе лишь очень немногие из нас могли бы надеяться, что Дух Святой останется в нас.

Мы знаем, что не только прелюбодеяние и убийство могут осквернить нас. Иисус ясно сказал об этом в Евангелии от Марка 7:21-23: *«Ибо извнутрь, из сердца человеческого, исходят злые помыслы, прелюбодеяния, любодеяния, убийства, кражи, лихоимство, злоба, коварство, непотребство, завистливое око, богохульство, гордость, безумство, — все это зло извнутрь исходит и оскверняет человека»*.

Давайте рассмотрим только пять из этого перечня грехов, которые, по словам Иисуса, оскверняют людей: 1. *злые помыслы*, 2. *лихоимство* (жадность, страсть к приобретению), 3. *коварство* (лживость, хитрость), 4. *гордость*, 5. *безумие* (глупость). Я знаком с христианами более пятидесяти лет, и не могу вспомнить никого, на кого я мог бы указать и сказать с уверенностью, что этот человек невиновен ни в одном из этих согрешений. И, конечно же, я не могу сказать этого о себе самом.

И все же Бог в Своей милости не забирает Своего Святого Духа от нас. Он продолжает обитать в нас, несмотря на нашу нечистоту, но в то же время Он постоянно ведет нас к покаянию. Я благодарен, что Новый Завет не рисует идеалистической, нереальной картины христианина!

НЕПРЕРЫВНАЯ БОРЬБА С ГРЕХОМ

Павел призывает христиан к отделенной и святой жизни: *«И потому выйдите из среды их* (неверующих язычников) *и отделитесь, говорит Господь, и не прикасайтесь к нечистому; и Я приму вас. И буду вам Отцом, и вы будете Моими сынами и дщерями, говорит Господь Вседержитель»* (2 Кор. 6:17-18).

Но сразу же после этого Павел продолжает: *«Итак, возлюбленные, имея такие обетования, очистим себя от всякой скверны плоти и духа, совершая святыню в страхе Божием»* (2 Кор. 7:1).

Павел призывает христиан: *«давайте очистим себя»*. Бог не совершит этого очищения за нас. Мы ответственны за то, чтобы сделать это для себя. Мы должны использовать средства благодати, которыми Он нас обеспечил: исповедать свои грехи, покаяться и принять Божьи условия для прощения и очищения.

Заметьте также, что Павел говорит от первого лица: *«очистим себя»*. Великий апостол включает и себя в число тех, кто нуждается в очищении. Однако Дух Святой продолжал обитать в Павле и в христианах, к которым он пишет свое послание, хотя они и не были полностью очищены.

Павел был бескомпромиссен в вопросе Божьего

стандарта святости, но совершенно очевидно, что он еще не достиг ее. В Послании к Филиппийцам 3:12-15 он описывает свое собственное стремление достичь святости: «Говорю так не потому, чтобы я уже достиг или усовершился; но стремлюсь, не достигну ли я, как достиг меня Христос Иисус. Братия, я не почитаю себя достигшим; а только, забывая заднее и простираясь вперед, стремлюсь к цели (в расширенном переводе: «я со всей силы давлю внутри и снаружи, продвигая себя к цели» — примеч. переводчика), к почести вышнего звания Божия во Христе Иисусе. Итак, кто из нас совершен, так должен мыслить; если же вы о чем иначе мыслите, то и это Бог вам откроет».

Самое лучшее, что может сделать каждый из нас, это последовать примеру Павла: осознать нашу потребность в очищении, воззвать к Богу об этом и затем простираться вперед к достижению Божьего стандарта, установленного перед нами.

Должен подчеркнуть, что я не имею намерения принизить Божий стандарт святости. Он установлен навсегда и поэтому неизменен. Но мы должны быть честными и реально оценивать степень, в которой мы продвинулись на пути к этим стандартам.

Учение о том, что каждая сфера человеческой жизни должна быть полностью очищена, прежде чем Святой Дух поселится в нем, может произвести один из двух нежелательных результатов. С одной стороны, оно может удержать некоторых искренних верующих от поиска наполнения Духом Святым, так как они скажут себе: «Я никогда не смогу достичь такого стандарта». С другой стороны, такого рода учение может подвести христиан, получивших крещение в Духе Святом, к самоправедному лицемерию. Это может вызвать суждения подобного рода: «Должно быть я совершенен, если получил Духа Святого, и пока Дух Святой пребывает во мне, это значит, что я остаюсь совершенным». (В нашей традиции слово «совершенный» заменялось словом «духовный» — если Дух Святой во мне, то это означает, что я «духовный» — если и есть во мне недостатки, то они нивелируются моей «духовностью», которая делает меня совершенным — *примеч. ред.*)

Результатом этого является образ жизни, похожий на игру, где нет ничего настоящего, а все происходит «по вере». Такие люди продолжают выходить из себя, но теперь они называют это «праведным гневом». Они все еще критикуют своих служителей или друзей христиан, но теперь они называют это «различением». Они по-прежнему потворствуют своим плотским желаниям и аппетитам, но они оправдываются: «все мне позволительно».

Нам нужно помнить, что Святой Дух является также Духом истины. Ему угождает то, когда мы честно говорим правду о самих себе, даже если это задевает нашу гордость. И наоборот, Его печалит, когда мы прячемся за религиозным фасадом.

Вы можете спросить: «Значит ли это, что Бог не прилагает никаких требований к получению Святого Духа?» Требования, конечно же, есть! Но нам нужно четко понимать, какие это требования.

БОЖЬИ ТРЕБОВАНИЯ

В книге Деяния мы видим сверхъестественное происшествие с язычниками в доме Корнилия; во время посещения Петра, они получили крещение в Духе Святом (см. Деяния 10:24-48). Это не были иудеи, стремящиеся исполнять закон Моисеев. Это были язычники. Причем, судя по всему, они в первый раз в своей жизни слышали Евангелие. Однако Святой Дух сошел на них, и они начали говорить на иных языках. Было бы нереально предполагать, что в результате этого одного переживания, каждая сфера их жизни пришла в соответствие с Божьими стандартами, и что они полностью освободились от скверн их языческого прошлого. Однако Петр повелел им принять водное крещение, тем самым признавая их право стать членами Церкви Христа. Говоря об этом происшествии позже, Петр сказал: *«И не положил (Бог) никакого различия между нами* (иудеями) *и ими* (язычниками), *верою очистив сердца их»* (Деяния 15:9). Здесь показано основное требование для получения Духа Святого: *сердце, очищенное верой.*

Соломон наставляет нас: *«Больше всего хранимого храни сердце твое, потому что из него источники жизни»* (Притчи 4:23). Все, что мы делаем, и как мы живем, берет начало из одного источника — сердца. Это характеристика деятельной Божьей натуры — достижение Его искупительной цели начинается с сердца. Поэтому очень логично, что Бог, со свойственной Ему практичностью, приступает к осуществлению Своих искупительных целей, начиная с нашего сердца. Как только наше сердце очищено, Божья освящающая благодать начинает оттуда распространять свою работу на всю нашу личность, пока мы целиком не перейдем под власть Духа Святого.

Происходит ли это сразу? Послушайте, что говорит Послание Евреям 10:14: *«Ибо Он (Иисус) одним приношением навсегда сделал совершенными освящаемых»*. Для описания жертвы Иисуса здесь использован глагол совершенного времени: *сделал совершенными.* Это полностью и окончательно совершено. К этому нельзя ничего ни добавить, ни убавить.

Однако для описания работы освящения использована продолжительно-прогрессивная форма, переведенная словом *освящаемые* («находящиеся в процессе освящения»). Становление святыми — это постепенное (шаг за шагом) овладение тем, что уже было приобретено для нас совершенной жертвой Иисуса. В этом процессе освящения нам помогает Дух Святой (о чем свидетельствует и Его имя).

Святой Дух реалистичен относительно наших ошибок. Он мягко указывает нам на наши промахи и грехи, и помогает нам измениться. Порой Он может крепко обличить нас; но Он никогда не оставляет нас под осуждением.

Новый Завет дает реалистичную картину борьбы христианина с грехом. В Послании Евреям 3:13 сказано: *«Но наставляйте друг друга каждый день, доколе можно говорить: «ныне», чтобы кто из вас не ожесточился, обольстившись грехом»*. А в первом стихе 12 главы говорится о *«запинающем нас грехе»* (в других переводах: *«с легкостью опутывающий наши ноги, уловляющий нас грех» — примеч. переводчика*). Четвертый стих: *«Вы еще не до крови сражались, подвизаясь против греха»*.

Мы должны разбираться с грехом в нашей жизни, осознавая, что это борьба не на жизнь, а на смерть. Нет ничего постыдного в том, чтобы признать, что грех все еще действует в нашей жизни. Как раз самая большая опасность заключается в обмане самих себя и отказе признать это, что оставляет нас неготовыми противостоять искушениям, когда они приходят.

Если бы Святой Дух ожидал, пока мы станем совершенными, чтобы обитать в нас, то это было бы подобно тому, как если бы профессор сказал своим студентам: «Я буду учить вас этому после того, как вы сдадите экзамены». В таком случае студенты могли бы ответить: «Но, профессор, нам не это нужно! Нам нужно начать учиться у Вас, и научиться тому, что необходимо, чтобы успешно выполнить экзамены!»

Мы нуждаемся в Святом Духе именно *сейчас*, чтобы с Его помощью постоянно побеждать силы зла и достичь Божьего стандарта святости. Одна особая сфера конфликтов, в которой мы особенно нуждаемся в помощи Святого Духа, — это победа над бесами. Святой Дух не удерживает Своей помощи от нас, даже если видит в нас бесов. Напротив, Он видит нашу нужды лучше, чем мы сами, и Он дает нам силу, чтоб выгнать их. Он сострадает нам, Он желает занять Свое место обитания внутри нас и работать с нами, утверждая победу Христа над всей вражеской силой. Наше продвижение вперед зависит от степени нашего сотрудничества со Святым Духом в нас.

Позвольте мне еще раз подчеркнуть: Святой Дух не поселяется в нас потому, что мы уже совершенны. Он приходит помочь нам стать совершенными.

Конечно же, Святой Дух не будет помогать нам в нашей борьбе с бесами, если мы намерены продолжать жить в грехе. Но если мы осознаем свои грехи и искренне каемся, то Он будет сражаться с нами против бесов, которые держат нас в рабстве. С Его помощью мы будем способны выгнать их и быть свободными.

ОЧИЩЕНИЕ СОСУДА

Вот откровенное свидетельство о личной борьбе одной женщины, работавшей штатным сотрудником Конгресса США:

Я была крещена в Духе около семи лет назад. В конце июня прошлого года, в церкви, которая находится в Вашингтоне, я получила мгновенное исцеление от нервной глухоты. Затем в августе, мой доктор подтвердил, что я была исцелена от кисты и опухоли в груди.

Я была главным советником конгрессмена, и когда он лично рассказывал эту сенсационную новость о моем исцелении, мое свидетельство не нашло одобрения в политических кругах, в кото-

рых я вращалась. В сентябре я уволилась с работы и решила посвятить несколько следующих месяцев отдыху и времени с Господом. Затем, в середине декабря, меня начали посещать подавленность и уныние. Первая неделя января была ужасной! Однажды я вышла из себя. Я была совершенно одна, и пришла в гнев по совершенному пустяку. Я сразу же осознала, что мой гнев является грехом. И когда я пыталась молиться о прощении вслух, я была шокирована... не по причине моих эмоций, но из-за явного сдавливания моего горла — это делала реальная физическая сила.

Мой друг-христианин предположил, что я, возможно, нуждаюсь в освобождении. Тогда я купила вашу кассету на тему освобождения и демонологии.

Я всегда старалась избегать всего того, что относилось к духам, бесам, приведениям и тому подобному, полагая, что если я буду обходить все это стороной, то и оно не будет трогать меня. Я просто не хотела иметь дела с духами и бесами! И все же я прослушала ваши проповеди до конца. С Библией в руках я исследовала каждый шаг по Писанию. В конце кассеты, когда Вы даете наставления аудитории, я решила присоединиться и последовать им. Затем, когда Вы стали молиться об освобождении, запись неожиданно прервалась. Последней фразой было: «Помните, что Иисус ваш Освободитель...».

У меня и понятия не было, чего мне ждать и что я должна делать дальше. Поэтому я обратилась к Господу с такими словами, что не знаю, что мне делать, но поскольку Он — мой Освободитель, то я полностью предаю себя Ему. Я перечислила Господу все то, что, как я чувствовала, было злым и греховным, и чего я не хотела, чтобы это было частью меня — негодование, ожесточение, непрощение, сомнения, беспокойства, страхи и так далее.

Как уже было сказано, я не знала, чего ожидать. Через несколько минут (не более двух-трех) я вдруг начала глубоко и с усилием выдыхать и делать рвотные движения. Через десять минут, или около того, я почувствовала, как что-то существенно изменилось в районе моего живота! Но я, по какой-то причине, не чувствовала или не верила, что полностью освободилась. Затем я приказала бесам или духам назвать себя и приказала им выходить. Этого не произошло. Почему, я не знаю.

После этого я попросила Господа сказать мне, остались ли во мне еще бесы и как их зовут: и таким образом я могла бы просить освобождения от них. Первым был самоубийство, и он имел ужасную силу. Я прочувствовала его целиком, когда он двигался вверх, и покидал макушку моей головы. Я ощутила некоторое освобождение, но неполное. Я опять попросила Господа сказать мне, если еще остались бесы, и Он назвал мне духа глухоты. Освобождение от него было фантастическим! Оно продолжалось больше, чем другие: страшная сила придавливала мой живот к спине, и я физически чувствовала, как из самой глубины моего живота вырываются корни, и вместе с этим я чувствовала давление в моей голове.

С тех пор я полностью свободна и имею чудесный внутренний мир.

Часть четвертая

КАК РАСПОЗНАВАТЬ И ИЗГОНЯТЬ БЕСОВ

Цель этой части — предложить практические советы для распознания и изгнания бесов. Я не намеривался представить полное и исчерпывающее поэтапное руководство; это также не свод правил. Я не верю, что можно разработать руководство или набор правил, которые дадут исчерпывающие ответы на все нужды. (По крайней мере, мне понятно, что я бы не смог этого сделать!)

В освобождении от бесов нам, безусловно, необходимо следовать образцу, данному Иисусом, а Он сказал, что *«изгоняет бесов Духом Божиим»* (Матфея 12:28). Иисус зависел от Святого Духа в распознании, водительстве и силе. Мы можем быть эффективными только когда мы полностью зависим от того же Святого Духа.

Имея за спиной более тридцати лет служения освобождения, я все еще время от времени сталкиваюсь с такими ситуациями, в которых весь мой предыдущий опыт никак не может помочь мне. Моя единственная защита в том, что я постоянно осознаю свою зависимость от Духа Святого. Но благодарение Богу, на Него всегда можно положиться!

Материал этой части взят из двух основных источников: во-первых, из моего исследования примеров и описаний, данных нам в Писании; и во-вторых, из моего личного опыта служения демонизированным людям.

В двух первых частях я анализировал основные пути, которыми бесы могут повредить нам и осуществлять свое влияние на нас. В конце 18, 19 и 20 глав вы найдете личные свидетельства христиан, которые имели проблемы с бесами.

Если вы последовательно пройдете через все эти главы, то подойдете к моменту, когда можете определить демоническую активность в своей собственной жизни или в жизни других людей, о которых вы заботитесь. Определив это, вы будете готовы и снаряжены для принятия соответствующих мер.

Наконец, слово предупреждения. Ничто, сказанное в этой части, не должно восприниматься так, как будто в нашей жизни нет места для получения медицинской помощи. Со своей стороны, я глубоко признателен за умение и посвящение многих врачей, медсестер и другого медперсонала, чья забота помогла мне. Без их помощи я, возможно, не был бы жив сегодня и не написал бы этой книги!

18. ВИДЫ ХАРАКТЕРНОЙ АКТИВНОСТИ БЕСОВ

Злые духи, или бесы, согласно моему пониманию, являются низшим эшелоном *«духов злобы поднебесной»* (Ефес. 6:12), которых сатана направляет против человечества. (См. 11 главу.) У них есть три основные цели, поставленные им сатаной: 1. мучить нас и причинять страдания; 2. удерживать нас от познания Христа, как Спасителя; 3. удерживать нас от эффективного служения Христу.

Пытаясь осуществить эти цели бесы, как правило, остаются невидимы. Их невозможно различить физическим зрением. Тем не менее, мы можем обнаружить их присутствие и деятельность таким же образом, как мы обнаруживаем наличие ветра. Наверное, это самое подходящее сравнение, потому что и на иврите, и на греческом языке слово «дух» означает также и «ветер». Мы не видим ветра, но мы наблюдаем эффект, который он производит: клубами поднимаемая пыль; бегущие по небу облака; клонящиеся в одну сторону деревья; косые потоки проходящего перед нами дождя. Все эти «симптомы» указывают нам на наличие и действие ветра.

Так же и с бесами. Как правило, мы не можем их видеть, но мы распознаем их присутствие благодаря определенной характерной активности. Ниже приведены некоторые из наиболее типичных видов их деятельности:

1. Бесы соблазняют;
2. Бесы беспокоят;
3. Бесы мучают;
4. Бесы принуждают;
5. Бесы порабощают;
6. Бесы пристращают;
7. Бесы оскверняют;
8. Бесы обманывают;
9. Бесы атакуют физическое тело.

Давайте рассмотрим каждый перечисленный пункт.

1. БЕСЫ СОБЛАЗНЯЮТ

Бесы склоняют людей к совершению зла. Каждый из нас переживал это. Соблазн часто приходит словесно. Вы поднимаете на улице потерянный кем-то кошелек с деньгами. Затем что-то нашептывает вам: «Возьми его! Никто никогда не узнает. Другие поступили бы точно также. Если бы это произошло с кем-то другим, то он взял бы твои деньги».

Все, имеющее голос, является личностью, и этот голос принадлежит бесу, соблазняющему вас. Если вы пойдете у него на поводу, сатана начнет разрушать вашу защиту. У вас больше не будет чистой совести. И вы будете осознавать, что вы виноваты. Это приготовит путь для следующего нападения сатаны.

2. БЕСЫ БЕСПОКОЯТ

Бесы изучают вас, следя за каждым вашим движением, наблюдая за слабыми моментами, обнаруживая ваши слабые сферы. Затем они подстраивают ситуации, открывающие путь, по которому они смогут проскользнуть вовнутрь.

Возьмем, например, бизнесмена, у которого был ужасный рабочий день. Все шло наперекосяк: он споткнулся на лестнице, секретарша пролила на него кофе, сломался кондиционер и разгневанный клиент угрожал ему судом. По дороге домой он попал в автомобильную пробку и застрял там на час. Когда он, наконец, добрался до своего дома, вдруг оказалось, что ужин не готов, а дети бегают и кричат. В этот момент он теряет контроль и начинает кричать на всю свою семью.

Обычно он добрый и нежный человек, поэтому его жена и дети шокированы. И как только он извиняется, они сразу же прощают его. Его вспышка гнева может быть просто потерей самоконтроля. Но бес гнева следил за ним, и теперь он поджидает похожую ситуацию. Когда этот человек снова потеряет самоконтроль, бес использует этот незащищенный момент и проскользнет вовнутрь.

Вскоре его жена замечает перемены в муже. Его любовь к семье осталась неизменной, но время от времени что-то чуждое берет верх над ним. В такие моменты в его глазах появляется странный блеск. Он начинает жестоко обращаться со своей семьей, раня тех, кого в действительности любит больше всего. После этого ему стыдно и он мучится угрызениями совести, говоря: «Я не знаю, почему я так поступил».

Это всего лишь один из многих примеров, как бесы беспокоят и раздражают человека, пока не найдут место или момент слабости, через что они смогут получить доступ.

3. БЕСЫ МУЧАЮТ

Иисус рассказал притчу о слуге, хозяин которого простил ему долг в несколько миллионов долларов, но который отказался простить своему товарищу долг всего в несколько долларов. Притча завершается судом над слугой, который не хотел прощать: *«И, разгневавшись, государь его отдал его истязателям, пока не отдаст ему всего долга»* (Матфея 18:34). В следующем стихе Иисус применяет эту притчу ко всем христианам: *«Так и Отец Мой Небесный поступит с вами, если не простит каждый из вас от сердца своего брату своему согрешений его»*.

Насколько я понимаю, роль истязателей выполняют бесы. Я встречал сотни христиан, оказавшихся в руках истязателей по одной простой причине: непрощение. Они заявляли о Божьем прощении неоплатного долга всех своих грехов, однако отказывались простить другого человека за какой-то проступок, реальный или мнимый.

Научив Своих последователей молиться молитвой, которую все мы знаем как молитву «Отче Наш», Иисус присовокупил к ней только одно пояснение (Матфея 6:14-15): *«Ибо если вы будете прощать людям согрешения их, то простит и вам Отец ваш Небесный, а если не будете прощать людям согрешения их, то и Отец ваш не простит вам согрешений ваших»*.

Существует множество форм мучений, которым мы можем подвергаться. Например, физическое мучение. Один из ярких примеров, это артрит: скручивающий, мучительный, калечащий, связывающий. Не утверждаю, что за всяким артритом скрывается бесовская причина. Однако невероятно, насколько часто артрит действительно связан с внутренним негодованием, непрощением и горечью. (В 20 главе вы найдете замечательный пример освобождения от артрита.)

Существует также мучение душевное. Одна из распространенных форм — это страх сойти с ума. Я был удивлен, как много христиан мучимы этим страхом. Очень часто им стыдно кому-либо признаться в этом.

Так же, как и соблазн делать зло, эта демоническая атака может принять словесную форму: «Твоя тетя только что попала в психбольницу, и у твоего соседа произошел нервный срыв. И ты будешь следующим!» Обычно этот страх является работой бесов-обвинителей, которые постоянно бомбардируют разум человека.

Другая форма духовного мучения — это внутреннее осуждение, которое говорит: «Ты совершил непростительный грех». Когда человек говорит мне, что его постоянно преследует подобная мысль, я всегда отвечаю: «Это не что иное, как обвинение лживого духа. Если бы вы действительно совершили непростительный грех, то ваше сердце так бы огрубело, что вас бы это не волновало. Тот факт, что вы беспокоитесь об этом, говорит о том, что вы его не совершали».

4. БЕСЫ ПРИНУЖДАЮТ

Никакое другое слово не характеризует демоническую активность так точно, как слово: принуждающая. За многими принуждениями кроются бесы. Рассмотрим, например, болезненное пристрастие к курению, а также алкогольную и наркотическую зависимость. Хорошо известно, что их употребление производит химическую реакцию в мозге. Таким образом, открывается место слабости в очень чувствительной сфере, через которую бесы легко входят.

Навязчивое переедание также может быть демоническим. Но любовь покушать является «приличной» слабостью. Вы с трудом найдете алкоголиков в современной церкви, зато вы обнаружите большое количество обжор! Такое переедание обычно начинается с потери самоконтроля. Но однажды обжорство проникает внутрь человека. Очень часто христиане не желают признавать, что они переедают по принуждению. Но признание греха является первым необходимым шагом для освобождения.

Однажды, в конце служения освобождения, ко мне подошла женщина и призналась, что в ней бес обжорства. Во время того, как она получала освобождение, ее вырвало на ковровое покрытие церкви. Конечно, она была очень смущена, притом, что все вокруг начали беспокоиться о покрытии. Потом я спросил себя: «Что важнее иметь: чистое ковровое покрытие и нечистую женщину? или грязное ковровое покрытие и чистую женщину?»

Существует множество других форм принуждения. Например, болтливость — непреодолимое влечение поговорить. В Писании мы находим много предупреждений относительно этого греха. Например, *«при многословии не миновать греха, а сдерживающий уста свои — разумен»* (Притчи 10:19). Неудержимая разговорчивость всегда приведет к какому-нибудь греху. Апостол Иаков сказал, что если кто-то *«не обуздывает своего языка... у того пустое благочестие»* (Иаков 1:26). Если вы не контролируете свой язык, то вы можете открыть дорогу бесу. Два беса, поджидающие такой возможности, — это сплетни и критицизм. Оба чувствуют себя как дома в религиозных кругах!

Нам всем нужно остановиться и проверить себя: свободно ли от принуждения все то, что я делаю? Мы можем так сжиться с нашими привычками, что с трудом осознаем их — однако они могут иметь демоническое начало. После одного служения освобождения я получил письмо от женщины: «Впервые за 25 лет я уже неделю не грызу ногти!»

5. БЕСЫ ПОРАБОЩАЮТ

Давайте возьмем пример из такой сферы нашей жизни, о которой только некоторые в церкви имеют дерзновение говорить: секс. Предположим, что вы совершили сексуальный грех. Вы раскаялись и исполнили все Божьи требования для получения прощения. Вы знаете, что вы не только прощены, но и оправданы, как если бы вы никогда не грешили (см. Римл. 8:30). Но вы все еще имеете сильное желание совершить тот же грех, даже если вы ненавидите это. Вы уверены в том, что прощены, но вы не свободны. Вы в рабстве.

Один часто встречающийся пример — это *мастурбация*. Некоторые психологи утверждают, что мастурбация — это нормальное и здоровое явление. Не буду сейчас спорить об этом, но я знаю, что тысячи людей, и мужчины и женщины, занимающиеся мастурбацией, затем ненавидят себя за то, что делают это. Каждый раз они говорят: «Никогда больше я не сделаю этого!» Но это случается снова и снова. Они в рабстве.

В пятой главе я упоминал о Роджере, которому мы с Лидией не смогли помочь. Годы спустя, служа в освобождении в различных частях мира, я часто слышал от людей, мужчин и женщин, то же самое, что говорил он: «Я чувствую это в своих пальцах. Я чувствую покалывание и зуд. Они начинают костенеть!»

Как я благодарен Господу, что знаю ответ! Теперь, уча об освобождении, я говорю людям: «Вы можете быть освобождены от мастурбации. Только будьте решительны. Противостаньте этому во имя Иисуса. Стряхивайте это со своих пальцев до тех пор, пока вы не почувствуете свободу». За все эти годы я видел сотни людей, получивших освобождение таким образом от мучившего их беса мастурбации.

Позвольте добавить, что брак совсем необязательно решает проблему с мастурбацией, как мы прочли свидетельство об этом в 14 главе. Если один из партнеров все еще имеет беса мастурбации, то бес будет искать своего физического удовлетворения, которое должно будет осуществляться благодаря другому партнеру. Это одна из причин, почему сексуальные взаимоотношения в некоторых браках не дают физического удовлетворения, которого должен ожидать каждый партнер.

Соединив *принуждение* и *порабощение*, в результате мы получаем практическую форму рабства.

6. БЕСЫ ПРИСТРАЩАЮТ

Я обнаружил, что пагубная привычка часто подобна ответвлению, вырастающему на дереве из другой, более крупной ветви. И для того, чтобы помочь людям, мы должны видеть, что стоит за этой привычкой, и обнаружить главную ветвь, из которой этот отросток появился. Два часто встречающихся примера — это *продолжительное личное разочарование и глубокая эмоциональная нужда*, которая не была восполнена.

Давайте возьмем пример двух замужних женщин: одна из епископальной церкви, а другая из церкви пятидесятников. Они обе знают, что их мужья бегают за другими женщинами, тратят на себя деньги, предназначенные для содержания дома, и не слишком интересуются своей семьей. Обе отчаянно ищут какой-нибудь источник утешения.

Та, что из епископальной церкви, начинает регулярно заглядывать в свою гостиную комнату, где хранятся спиртные напитки, и постепенно становится алкоголичкой. Женщина из церкви пятидесятников, никогда и близко не подходившая к алкогольным напиткам, берет из холодильника все, что только попадается ей на глаза. Она становится пищеголиком — обжорой.

В каждом случае, освобождение от пагубной привычки, будь то алкоголизм или обжорство, скорее всего, будет неполным до тех пор, пока не разобраться с ветвью, поддерживающей эту привычку — в данном случае это разочарование обеих женщин в собственных мужьях. Самым лучшим выходом из положения будет то, если их мужья покаются и изменят свое поведение. Но даже если они не сделают этого, жены не могут рассчитывать на освобождение, пока не простят мужей и не отложат всю свою горечь и обиду.

Сегодня в США более 50% взрослого населения одиноки. Как результат, глубокая эмоциональная нужда в близком и любимом человеке не находит удовлетворения. Если чувства человека говорят о том, что его предали и отвергли родители, супруг или друзья, то он может обратить свою любовь на собаку или кошку или другое домашнее животное. (Животные часто более верны, чем люди, и не так требовательны!) Эта внутренняя жажда по дружескому общению и близости может стать результатом зависимостей самого странного вида.

Когда-то Руфь была знакома с одной христианкой из Иерусалима по имени Джоанна, у которой не осталось живых родственников, и которая держала у себя дома семнадцать собак. Увидев бездомную собаку, она не могла не взять ее домой. Куда бы Джоанна не шла, все ее собаки следовали за ней. Некоторые из них спали в ее кровати. Фактически, она оказалась в «собачьей зависимости».

Когда она неожиданно заболела и была госпитализирована, ее собаки как будто сошли с ума. Они непрерывно бегали туда-сюда и громко лаяли. В конце концов, рассерженный сосед подбросил им отравленную еду, и все собаки умерли. Вскоре после этого Джоанна тоже умерла. У нее не осталось никого, для кого бы она могла жить.

В других случаях мы можем не сами попасть в зависимость, но стать причиной зависимости в других. Слишком занятые своей работой родители могут к своему ужасу обнаружить, что их ребенок-подросток попал в ужасное рабство наркотиков, которые сегодня доступны в самом разном виде. Они слишком поздно обнаружили, что их сын или дочь обратились к наркотикам, как к замене любви и дружеских отношений, которых слишком занятые родители не смогли им дать.

Почти все, что совершается по принуждению и порабощает, является зависимостью, и нет предела разнообразию форм, которую зависимость может принять.

Павел сказал: *«Все мне позволительно, но не все полезно; все мне позволительно, но ничто не должно обладать мною* (англ.: *«но ни под чьей властью я не должен оказаться» — примеч. переводчика)»* (1 Коринф. 6:12). Здесь нам дается ясное Библейское определение пристрастия, зависимости, вредных привычек — как бы вы их ни назвали: *человек находится в рабстве зависимости, когда он попадает под власть того, что не приносит ему пользы.* Полагаю, что привязанности, попадающие под такое определение, практически всегда являются демоническими.

Пытаясь разрешить свои проблемы, люди иногда меняют одну зависимость на другую. Часто случается, например, что человек, бросивший курить, сразу набирает большой вес. Он меняет никотин на обжорство.

Порнография является одним из трагических примеров такой пагубной зависимости. Человек, порабощенный порнографией, обнаруживает, что испытывает принуждение переключать телевизор на каналы, которые удовлетворяют живущего в нем беса. Он не может пройти мимо журналов или видеомагазина, — его тянет туда словно магнитом. Один пастор сказал мне: «Когда я путешествую, бес будит меня в два часа ночи, — в то время, когда начинаются порнографические фильмы. Я вынужден включить телевизор. Я не могу себя контролировать». Когда бес выходил, все тело этого мужчины выкручивало в конвульсиях. Но несколько лет спустя он сказал мне, что теперь он полностью свободен.

Телевизор — это широко распространенная непризнанная зависимость. Некоторые люди не могут войти в комнату, чтоб не включить телевизор. Это неосмысленное действие. Эти люди, наверное, даже не имеют ни малейшего представления, что они конкретно хотят смотреть. Они непроизвольно тянутся к пульту телевизора, как алкоголик к выпивке. В конечном итоге, вред, наносимый телевизионным рабством, может оказаться даже более разрушительным для общества, чем алкоголизмом.

С недавнего прошлого широко раскинул свои сети интернет. Люди попадают в разряд «зависимых» по причине своей социальной отчужденности и потери самоконтроля. Психологи обнаружили подобную зависимость среди самых различных социальных групп: домохозяйки, строители и секретари. Побочный эффект такой зависимости может быть в таких пределах: от потери работы до разрушения семьи.

Некоторые формы пристрастий не имеют определенного названия. Однажды мы с Лидией служили молодой женщине, которая была членом пятидесятнической церкви. Она постоянно испытывала непреодолимое желание нюхать лак для ногтей. «Когда я попадала в косметический отдел, — рассказывала она, — у меня было только два варианта: я должна была либо купить лак для ногтей, либо сразу же выбежать из магазина. Я должна была сделать либо одно, либо другое». Когда она получала освобождение, бес бросил ее на пол и вышел из нее с криком, так же как это произошло с мужчиной в случае, описанном в Евангелии от Марка 1:26.

Другая, более распространенная привязанность, — это желание нюхать клей или другие подобные вещества. Это невероятно распространено среди молодых людей, и часто родители не знают об этом.

Хотя одни привязанности более опасны, чем другие, но ни одна из них не приносит пользы. Два принятых обществом напитка могут стать пагубной привязанностью — это кофе и легкие напитки, особенно содержащие кофеин, такие как «Кока-кола». Согласно статистике средний американец потребляет в год около 40 литров подобных напитков. Иногда человек, прекращающий употреблять кофе и «Колу», он начинает испытывать те же симптомы, что и человек, прекращающий принимать сильные наркотики.

Решающий фактор в торговле подобными товарами — это факт, что они могут привести к зависимости. Как только человек пристрастился, производитель может быть уверен в том, что он получил клиента на всю жизнь. Некоторые табачные компании в США недавно признали, что они преднамеренно изменяли содержание никотина в сигаретах, чтобы гарантировано вызвать зависимость.

7. БЕСЫ ОСКВЕРНЯЮТ

Что бесы оскверняют, не является сюрпризом, поскольку Библия называет их «нечистыми духами». Одна основная сфера, которую бесы оскверняют, — это наша душевная жизнь: наши мысли и воображение. Это может принять форму нечистого, похотливого воображения или фантазий, которые непрошено отображаются в нашем разуме. Особенно когда мы пытаемся концентрировать свои мысли на Боге, или во время поклонения и изучения Библии. Любой сильный, похотливый импульс, возникающий в нашем разуме в такие моменты, практически всегда имеет демонический источник. Бесы противятся нашему общению с Богом.

Другая сфера личности, постоянно оскверняемая бесами, — это речь. Многие мужчины (женщины, и даже некоторые дети) не могут произнести трех предложений без использования грязной и нечестивой лексики. В течение пяти с половиной лет проведенных мною в рядах британской армии во время Второй Мировой войны, я был окружен такими людьми. Да и я сам, до тех пор, пока Господь не спас меня, был одним из них.

Это была еще одна сторона того могущественного и сверхъестественного освобождения, которое я получил во время своего спасения. До этого не проходило и дня, чтоб я не произнес богохульства или проклятия. Однако, на следующий день после моего спасения, такие выражения больше не исходили из моих уст. Причем, это не было результатом моих усилий. Это просто ушло! Только потом я осознал, что Бог сверхъестественным образом освободил меня от оскверняющих бесов. Бесы нечестивой и грязной речи должны были уйти, также как ушел бес йоги.

8. БЕСЫ ОБМАНЫВАЮТ

Насколько я вижу, бесы стоят практически за каждой формой духовного обольщения. В Первом послании Тимофею 4:1 Павел пишет: *«Дух же ясно говорит, что в последние времена отступят некоторые от веры, внимая духам-обольстителям и учениям бесовским»*.

Как уже было сказано в 16 главе, люди не могут отступить от веры, если никогда в ней не были. Здесь говорится о христианах, которые были уведены в сторону от здравой Библейской веры в какую-то форму заблуждения. Духовное обольщение, я верю, является одной из самых больших опасностей, грозящих христианам в эти последние времена. И за каждой формой заблуждения стоит соответствующий бес. Любая доктрина, которая умаляет святость Бога или атакует личность Христа, Его сущность и результаты совершенного Христом, или которая подрывает авторитет Писания, — демоническая.

(В 16 главе мы упоминали обольщение «другим Иисусом».)

Поэтому еще в первом столетии апостол Иуда посчитал необходимым предупредить христиан тех дней: *«подвизаться за веру, однажды преданную святым»* (Иуды 3). Необходимость в отстаивании такой точки зрения со времен Иуды возросла во много раз и продолжает стремительно расти.

Однако демоническое обольщение идет намного дальше просто искажений или уклонений от христианской веры. Оно включает все религии, культы или философии, которые откладывают в сторону любую из великих центральных истин Библии, — особенно касающихся Иисуса Христа. Нам нужно помнить, что бесы всегда стремятся скрыть или исказить то, кем в действительности был Иисус.

Еще одно демоническое обольщение проявляет себя в принуждении христиан подражать поведению животных. Я называю таких бесов «звериными духами».

В девятой главе я описал, как различные звериные духи проявляли себя на нашем служении в Замбии. Такие проявления происходят сегодня и в церквях более «цивилизованных» стран и часто приписываются работе Святого Духа. Для иллюстрации, позвольте мне процитировать короткий отрывок из письма, которое я получил в июне 1996 года от друга, являющегося пастором преимущественно белой пятидесятнической церкви в Южной Африке. Описывая движение, возникшее в том районе, он пишет:

> *В течение короткого времени один брат, появившийся на сцене в результате этого движения, при поддержке своей церкви привел все в эксцентричное, дикое, нечистое состояние... Было очень странно слышать и видеть, как братья лают, ползают по полу, и производят другие действия и издают звуки, присущие жи-*

вотным — и все это под властью какой-то неконтролируемой силы. Весь этот феномен был приписан работе Святого Духа.

Например, в одной церкви мужчина бегал вокруг на четвереньках (как собака) и поднимал свою ногу напротив стульев, как будто бы для того, чтобы помочиться... На наше вечернее служение пришла одна леди, которая вдруг встала с заднего ряда и начала кудахтать как курица. Так продолжалось некоторое время. Но потом она, дойдя до полного неистовства, вскочила на сиденья и начала поднимать свою блузку и выставлять себя на всеобщее обозрение. Излишне говорить, что я никогда не видел такой быстрой реакции лидеров, которые схватили ее и вывели из зала церкви. Думаю, вы представляете себе всю картину.

Это описание ярко иллюстрирует силу демонического обольщения. Все христиане, вовлеченные в это движение, вышли из среды церкви и они утверждают, что верят в Библию. И трагедия в том, что поведение такого рода приписывается работе Святого Духа, являющегося *«Духом Святыни»* (Римлянам 1:4). Я рассматриваю вопрос о поддельном «Святом Духе» в книге «Защита от обольщения».

9. БЕСЫ АТАКУЮТ ФИЗИЧЕСКОЕ ТЕЛО

В 20 главе мы проследим взаимосвязь между бесами и физическими заболеваниями. Здесь я просто упомяну некоторые другие пути, как бесы могут повредить нам физически.

Например, есть *бес усталости*. Несколько лет назад я служил в освобождении одной женщине. Все это продолжалось достаточно длительное время, и, наконец, она сказала: «Я не могу так больше продолжать. Я слишком устала. Я больше не могу!»

Я уж было начал жалеть ее. Но затем я засомневался, что это сказала сама женщина, а не бес через нее. Я обратился к нему, и он ответил мне: «Все верно. Она всегда уставшая. Она встает утром уставшая. Она идет в кровать уставшая. Она чувствует себя слишком уставшей, чтобы молиться, и слишком уставшей, чтобы читать Библию».

Выглядело так, что этот бес действовал как прикрытие для других бесов. Если бы он смог уговорить меня остановиться, то другим бесом не пришлось бы встретиться с властью имени Иисуса, и не быть изгнанными. Когда я изобличил эту уловку и изгнал беса усталости, тогда все остальные бесы начали выходить один за другим.

Другой физический эффект, который могут произвести бесы, — это неестественную сонливость. Исаия говорит о *«духе усыпления* (англ. *«дух глубокого сна» — примеч. переводчика)»* (Исаия 29:10). Иногда, когда христианин хочет молиться или читать Библию в десять вечера, он быстро засыпает и спит уже в 22:15. Однако тот же самый человек может до утра смотреть телевизор. Многие христиане свидетельствуют о том, что они испытывали давление сверхъестественной силы, которая противостояла им, когда они хотели читать Библию или молиться.

Неестественный сон может также быть одним из способов убежать от неприятных жизненных ситуаций. Я знал женщину, которая могла проспать дома 16 часов подряд, когда находилась под давлением. Когда бес был обнаружен, он протестовал: «Меня нельзя выгонять. Я — ее спасение!» В словах беса была извращенная логика. Сон для этой женщины стал путем бегства из реальности неприятных жизненных обстоятельств. Это было ложное спасение!

Если мы заглянем глубже специфических проявлений демонической активности, перечисленных в этой главе, то сможем обнаружить одну из основных характеристик демонизированных людей: *беспокойство*. Человек, умеющий сохранять ясное спокойствие и самообладания в любых проблемных обстоятельствах жизни, скорее всего, свободен от бесов. Но таких людей немного!

ОСВОБОЖДЕННЫЙ ОТ ДУХА СМЕРТИ

Ниже приведено свидетельство американского бизнесмена, освобожденного от духа смерти:

> *Около трех лет назад, сам того не понимая, я открылся для духа смерти. Он приступил ко мне под личиной духовности. Я принял «откровение», что умру до шестидесяти лет, — т.е. мне оставалось не более трех лет, — и что в оставшееся время я должен привести свою жизнь в порядок. У меня было «видение» мертвого тела в гробу. Вначале я не мог различить, кто там лежал, но потом узнал себя. Я видел это явственно и имел четкое впечатление, что я должен умереть в течение трех лет, и поэтому поверил, что это было показано мне Богом. Тогда я стал предпринимать все, чтоб быть к этому готовым: устроил двухдневное общение со своим старшим сыном и сообщил ему «хорошую новость», написал заблаговременные письма ко всем членам семьи и составил завещание.*
>
> *Я начал «жить для смерти», и это наложило отпечаток на каждую сферу моей жизни. В последние годы я очень часто встречался со смертью. С того момента, как я уверовал в 1964 году, я потерял дедушку и бабушку; свою жену (33 года) и сына (7) во время урагана; отца (68); брата (41); племянника (41); еще одного племянника (10) в автомобильной катастрофе;*

шестинедельную внучку при выкидыше, происшедшем в результате аварии; наконец, у меня родилась внучка с муковисцидозом (серьезным заболеванием дыхательных путей). Еще до этого моя мать умерла в возрасте 41 года. Кроме того, умер мой тесть, и мой партнер по бизнесу и близкий друг разбился в 1988 году, упав с лестницы. Я настолько привык иметь дело со смертью и ее последствиями, что начал воспринимать как свой дар от Бога — быть Его свидетелем в это критическое время (смерти близких людей).

В начале 1987 года, я начал отстраняться от активной духовной деятельности. Я стал тяготиться своим бизнесом. Мое здоровье начало ухудшаться. В 1981 году я успешно перенес открытую операцию на сердце. Но в 1987 году у меня один за другим начали закрываться коронарные сосуды, и в ноябре того же года мне сделали первую пластическую операцию на сосудах, — и до октября 1989 года еще шесть операций. 18 октября 1989 мне сделали вторую открытую операцию на сердце. Три из тех сосудов, которые оперировались в 1981, были заменены, и поставлен еще один новый.

Летом 1989 мы зарегистрировались на Вашу конференцию, которая началась 19 ноября. Дерек, как только Вы начали говорить о духе смерти, ко мне пришло духовное откровение, — это было подобно тому, как будто кто-то привел меня в чувство пощечиной по лицу. Как только вы назвали дух смерти, я сразу осознал, кого пригласил в гости — кто обманывал раньше и продолжал обманывать меня. Я получил освобождение через кашель (несколько болезненный, должен заметить, из-за недавно перенесенной операции). Я избрал жизнь, а не смерть. Я был освобожден от духа смерти — без всяких «если» и «но», — прямо там и тогда.

Кроме того, как только Вы начали говорить о проклятиях, я начал понимать, что моя близость со смертью была неслучайной, но являлась последствием проклятия, которое передалось моим детям и внукам. Я исполнил все условия и решил сделать все, что требуется, чтоб разрушить проклятие.

Освобождение и разрушение проклятия над моей жизнью было подобно воскресению. Я жил для того, чтобы умереть, но теперь я живу для того, чтобы «жить и возвещать дела Господни» (Псалом 117:17).

19. СФЕРЫ ЛИЧНОСТИ, ПОДВЕРЖЕННЫЕ ВЛИЯНИЮ БЕСОВ

«Что город разрушенный, без стен, то человек, не владеющий духом своим» (Притчи 25:28). Соломон сравнивает человеческую личность с городом, стены которого разрушены. Такая личность, по словам Соломона, не имеет внутренней защиты.

Например, личность наркомана настолько разрушена, что всякого рода бесы могут свободно входить и выходить. Нет никакой защиты, которая могла бы удержать их снаружи. Такой человек нуждается больше, чем в единократном освобождении. Он нуждается в том, чтобы пройти процесс реабилитации, пока его духовные стены не будут снова возведены. Это может занять месяцы или годы.

Сравнение с городом может быть применимо не только к людям, которые находятся в рабстве наркотиков. Внутри каждого из нас есть нечто подобное большому городу с множеством разных районов и обитателей. Некоторое время я жил в Чикаго, в котором много основных районов: государственные склады и кварталы фешенебельных магазинов, огромные транспортные терминалы, скопления банковских и коммерческих заведений. Одна улица была постоянно наводнена проститутками и гомосексуалистами. Там есть национальные кварталы — польские, шведские и еврейские районы. Есть очень богатые районы, и есть трущобы.

Используя пример большого города, мне легко описать некоторые основные области человека, указывая род бесов, которые поселяются в этой области. Верю, что это поможет вам в дальнейшем изучении, размышлении и молитве. Итак, вот основные сферы человеческой личности:

1. Эмоции и отношения
2. Разум
3. Язык
4. Секс
5. Физические потребности

Затем я посвящу большую часть 20 главы тому, каким путем бесы осаждают физическое тело.

1. ЭМОЦИИ И ОТНОШЕНИЯ

На эту сферу человеческой личности нападает многочисленное количество бесов, о некоторых из которых я упомяну ниже. Я пришел к заключению, что каждая негативная эмоция или отношение открывает дверь для соответствующего беса. Как уже было сказано, человек допустивший взрыв гнева или неожиданный страх необязательно находится под влиянием беса гнева или страха. Но если эти эмоции становятся навязчивыми или входят в привычку, тогда, вполне вероятно, бес начал свою работу.

Бесы предпочитают действовать «бандами». Типична ситуация, когда один бес становится «привратником», который открывает и держит дверь открытой, чтобы другие могли зайти. Один из самых распространенных «привратников» — это отверженность, т.е. ощущение, что этот человек не нужен, неважен, нелюбим.

Каждый человек рождается с глубоким внутренним желанием любви и принятия. Когда эта потребность не удовлетворена, то сердце страдает от внутренней раны. В 13 главе были упомянуты некоторые возможные причины. Подобное может случиться, если мать не хотела ребенка, когда он был в ее утробе. Или родители не любили своего дитя, или, возможно, они не знали, как проявлять свою любовь или не умели это делать. Непроявленная любовь не удовлетворяет эмоциональные потребности ребенка. Также чувство отверженности может возникнуть из-за развала отношений, — возможно, развода. Какой бы не была причина, бес отверженности заполучает вход.

Существует две разные реакции на отверженность. Первая — *пассивность*. Человек смиряется с этим состоянием и несет его через всю свою жизнь, становясь все более и более несчастным и отрешенным. Вторая реакция — *агрессивность*. В этом случае человек отвечает тем же, занимает наплевательское отношение и все больше закрывается в панцирь внешней черствости.

Если реакция человека пассивная, то «банда», которая ломится через эту открытую дверь, может включать некоторых или даже всех следующих духов: *самосожаление, одиночество, ропот, депрессия, отчаяние* и, в конечном счете, *самоубийство*. Думаю, что практически каждое самоубийство было навязано бесами.

Думаю, вам понятно, что бес самоубийства не входит в результате самоубийства, поскольку человек уже убил себя. Он входит для того, чтобы довести человека до этого. Это же касается и беса убийства. Он не входит в результате того, что человек совершил убийство. Он входит, чтоб заставить человека совершить убийство. Нам надо помнить, что Библия рассматривает убийство, в первую очередь, как внутреннее отношение: *«Всякий, ненавидящий брата своего, есть человекоубийца»* (1 Иоанна 3:15).

Женщина, совершившая аборт, практически всегда имеет в себе беса убийства, даже если и не осознает, что отняла человеческую жизнь. Вероятнее всего, она не сможет получить освобождение до тех пор, пока не исповедует своего греха и не раскается в нем. Зачастую это также касается и тех, кто каким-то образом принимал участие в убийстве ее ребенка.

С другой стороны, если реакция на отверженность агрессивная, то открывается дверь банде бесов, включающей в себя: *гнев, ненависть, бунт, колдовство, насилие* и, в конце концов, *убийство*. Я уже цитировал это определение: *«Ибо непокорность есть такой же грех, что волшебство, и противление — то же, что идолопоклонство»* (1 Царств 15:23). Когда люди открываются для бунта, тут же за ним следует колдовство. Это очень хорошо видно на примере американской молодежи 60-х. Тогда огромная часть из них обратилась в бунт, но в конечном итоге все эти бунтари, почти без исключения, закончили в оккультизме. Я благодарю Бога, что я лично знаю сотни из них, которые были чудесным образом спасены и освобождены.

Некоторое время я работал с молодым мужчиной, чья жизнь является наглядной иллюстрацией агрессивной реакции на отверженность. Когда ему было около пятнадцати лет, мать нечто сказала ему, из-за чего у него сложилось впечатление, что она не заботится о нем. Он пошел в свою комнату, бросился на кровать и судорожно рыдал около получаса. Затем он подошел к своей матери, посмотрел ей в лицо и сказал: «Я ненавижу тебя!» После этого он начал принимать наркотики, и многие бесы вошли в него. Он стал предводителем одной известной банды в одном из крупнейших городов США.

Слава Богу, это не было концом истории. Когда он принял Иисуса, то был чудесным образом освобожден и изменен. Он стал служителем и помог многим другим людям получить освобождение от рабства наркотиков и бесов.

2. РАЗУМ

По всей видимости, разум является основным полем битвы в человеческой личности. Некоторые из наиболее характерных бесов в этой сфере — это сомнение, неверие, смятение, забывчивость, нерешительность, компромисс, гуманизм и безумие. Обычно люди, которые полагаются на свои интеллектуальные способности, становятся наиболее открытыми для бесовских атак такого рода.

Помню, как ко мне для консультации пришел мягкий и с хорошими манерами священнослужитель одной влиятельной и уважаемой деноминации. После нашей беседы я сказал ему: «Полагаю, что ваша проблема — это компромисс». Он ответил: «Да, это всегда было моей проблемой». Я заметил: «Это может быть бесом». Когда мы молились об освобождении, бес оказался на удивление сильным. Прежде чем окончательно выйти, бес отбросил его в дальний конец комнаты.

Однажды конференцию, на которой я учил, посетил доктор философии одного из восьми старейших и самых привилегированных университетов США. Его звали Кристофер, и он слышал что-то о моем служении освобождения. Однако перед конференцией он поклялся, что останется после нее таким же, каким был до нее. Он посещал все мои собрания и наблюдал за всем, что происходило. Но согласно своей клятве он покинул конференцию таким же, как и пришел.

Однако возвращаясь в самолете в свой университет, он почувствовал ужасную боль в голове и решил, что умирает. В агонии он начал молиться, и Господь показал ему, что это был бес сомнения. К тому же он понял, когда этот бес вошел в него. Это произошло тогда, когда он сам был студентом. Знакомый студент насмехался над Кристофером из-за того, что тот был христианином. Он сказал Кристоферу: «И что, ты действительно веришь, что Христос накормил пять тысяч людей пятью хлебами и двумя рыбами?» Кристофер ответил: «Сделал это Христос или нет, это не важно. Это никак не влияет на мою веру в Него». Это и послужило, как он понял, открытой дверью для беса сомнения.

В своей агонии Кристофер воззвал к Господу об освобождении. Затем он почувствовал, как бес вышел через его левое ухо. И тогда, повернувшись к сидевшей рядом женщине, он сказал: «Я верю, что Иисус Христос накормил пять тысяч человек пятью хлебами и двумя рыбами!»

Кристофер наткнулся на один жизненно важный духовный принцип: *если мы открываем дверь для беса, сказав неправильные слова, нам нужно аннулировать это, сказав правильные слова.* Петр отказался от Господа три раза, но после воскресения Иисус подвел Петра к тому, чтобы тот «отсказал» свое словесное отречение тем, что три раза подтвердил Господу, что любит Его (см. Иоанна 21:15-17).

3. ЯЗЫК

Есть бес, который действует в сфере разума или языка, — это *лживый дух*. Он может говорить либо к разуму человека, либо через его язык.

Как пример для первого случая, я приведу свидетельство женщины, которая обратилась ко мне за помощью, жалуясь: «Я шесть месяцев искала спасения, но никак не могу получить спасение!» Я спросил ее, какие церкви она посещала. Когда она назвала их, я понял, что во всех них проповедуется ясное, Библейское учение о спасении.

Ничего не сказав женщине, еле слышно, шепотом, во имя Иисуса, я связал лживого духа, который говорил ее разуму, что Бог не любит ее, и что она не может быть спасена. Затем я повел ее в простой молитве спасения. Немедленно после этого она почувствовала уверенность в спасении, которое, насколько я знаю, она никогда больше не теряла.

Власть «связывать и развязывать», которую я применил в этом случае, является важным оружием в борьбе с бесами. В Евангелии от Матфея 12:29 говорится об изгнании бесов из человека. Иисус сказал: *«Или, как может кто войти в дом сильного и расхитить вещи его, если прежде не свяжет сильного? и тогда расхитит дом его»*.

Если существует «банда» бесов, то обычно «сильным» является ее лидер, контролирующий и доминирующий над остальными. В процессе освобождения он будет почти всегда первым, проявляющим себя.

Затем Иисус дал Своим ученикам власть «связывать» и «развязывать» духовные силы: *«Что вы свяжете на земле, то будет связано на небе; и что разрешите на земле, то будет разрешено на небе»* (Матфея 18:18).

Власть связывать и развязывать может быть очень эффективной в борьбе с бесами, но ее применение должно быть предохранено применением важных Библейских принципов. (В 25 главе я покажу эти принципы.)

Дух лжи в женщине, с которым я разобрался, обращался к ее разуму. С другой стороны, лживый дух может говорить и через язык человека. Например, есть люди, которые лгут непроизвольно. Они не осознают, что в них живет дух лжи, и часто они даже не знают, когда лгут.

Бывало, что к нам с Лидией в гости заходил один бизнесмен-христианин по имени Рональд. Когда он сидел в нашей гостиной и рассказывал нам что-то, очень часто его рассказ становился все более захватывающим и невероятным. Через некоторое время моя голова начинала кружиться. «Верит ли он сам в то, что говорит? — спрашивал я себя. — Верю ли я в это?» И, тем не менее, он был совершенно искренен, не чувствуя ни малейшего угрызения совести за то, что он, на самом деле, лгал.

Позже я обнаружил, как этот лживый дух вошел. Рональд был приемным сыном богатых родителей, не имевших других детей. Они возлагали на него большие надежды. Если Рональд приходил домой из школы с плохими оценками, его родители начинали выражать недовольство. Тогда он начал обманывать их относительно своих оценок. В конце концов, он так привык врать, что даже не знал, когда этот дух-обманщик вошел и овладел им. Позже я потерял с Рональдом связь и не уверен, что он получил освобождение.

Люди, которые не могут не лгать, контролируются духами лжи. Они обманывают других и обманываются сами. Даже детектор лжи может не выявить их ложь.

Другие бесы в этой сфере языка — это *преувеличение, сплетни, критицизм* и *клевета*. Евангелистов очень часто атакует бес преувеличения, что породило множество шуток по этому поводу. В то время как сплетни и критицизм — это два беса, которые как дома чувствуют себя в церкви.

4. СЕКС

Некоторые христиане смотрят на секс, как на что-то нечистое. Им стыдно даже думать об этом, а тем более, честно говорить на эту тему. И все же, это не Библейское отношение к сексу. Бог сотворил Адама и Еву сексуальными существами и после этого объявил, что все, что Он сотворил, было *«весьма хорошо»* — что включает и секс (см. Бытие 1:31).

Сексуальное влечение в человеческом существе настолько сильно, что эта сфера является важнейшей мишенью для атак сатаны. Он знает, что если заполучит контроль в этой сфере, то будет иметь сильнейший инструмент влияния во всех остальных сферах поведения.

Я обнаружил, что практически любая форма принудительного сексуального извращения является результатом демонического давления. Это включает в себя мастурбацию, порнографию, прелюбодеяния, блуд, гомосексуализм, лесбиянство, женоподобное жеманство и всякого рода извращения, относительно которых Павел сказал: *«Ибо о том, что они делают тайно, стыдно и говорить»* (Ефесянам 5:12).

Существует множество различных путей, как бесы могут получить доступ. Я помню замужнюю женщину, учительницу воскресной школы одной из больших деноминаций, которая призналась нам с Лидией, что дважды совершила прелюбодеяние. Ей было очень стыдно, и она сокрушалась об этом. Пытаясь раскрыть источник того, что ее к этому подтолкнуло, мы узнали, что ее отец был вовлечен в прелюбодейную связь во время ее зачатия. Это значило, что бес прелюбодеяния от ее отца в тот момент вошел в нее. Когда мы с Лидией на этом основании молились за нее, она получила сильнейшее освобождение.

— Должна ли я признаться моему мужу в том, что я совершила? — Спросила она, добавив: — Он «зеленый берет» (спецназовец) и всегда ходит с пистолетом.

— Это решение должны принять вы сами, — ответил я. — Мы не можем сделать это решение за вас. Но я верю, что Бог не может полностью благословить ваш брак, пока между вами не будет полной честности!

Позже она призналась ему во всем, и он простил ее. В результате их брачные взаимоотношения стали значительно лучше, чем были до этого.

Момент зачатия — это решающий и очень важный момент. (Например, китайцы исчисляют возраст человека с этого момента.) Дети, зачатые вне брака, рождаются с духом блуда в них. Это подталкивает их, когда они вырастают, к совершению того же греха.

5. ФИЗИЧЕСКИЕ ЖЕЛАНИЯ (АППЕТИТЫ)

Это еще одна область, которая может быть подвержена демоническому влиянию. Два основных желания — это еда и питье, которые многие христиане рассматривают как абсолютно естественное удовлетворение потребностей, лишенное какого либо духовного смысла. Однако Новый Завет описывает эти виды деятельности как важные элементы христианского образа жизни.

Например, новоуверовавшие, присоединившиеся к Церкви сразу же после Пятидесятницы, *«каждый день единодушно пребывали в храме и, преломляя по домам хлеб, принимали пищу в веселии и простоте сердца, хваля Бога и находясь в любви у всего народа. Господь же ежедневно прилагал спасаемых к Церкви»* (Деяния 2:46-47). Было нечто особенное в том, как христиане принимали пищу и пили, что произвело впечатление на их необращенных соседей. Можно ли сказать это о современных христианах?

В Первом послании Коринфянам 10:31 Павел пишет: *«Итак, едите ли, пьете ли, или (иное) что делаете, все делайте во славу Божию»*. В связи с этим, возникает очень практичный вопрос: возможно ли переедать во славу Божию?

Этот вопрос имеет особое значение для христиан Запада, где переедание стало нормой жизни. Сколько из них просто допускает мысль о том, что они могут быть порабощены бесом обжорства? Однако именно здесь кроется объяснение, почему огромные массы людей переходят с диеты на диету, так никогда и не достигая своей цели: стабильного, оптимального веса. Они в такой же степени находятся в рабстве у пищи (см. 18 главу), как другие — у алкоголя и никотина. Вдобавок скажу вам, что духовные и физические последствия от переедания могут быть не менее губительные, чем от никотина и алкоголя.

Соломон предлагает молитву, которая возможно подходит для христиан, которые находятся в рабстве у своих аппетитов: *«Ловите нам лисиц, лисенят (бесов), которые портят виноградники, а виноградники наши в цвете»* (Песнь Песней 2:15).

Незначительный на первый взгляд и маленький как лисенок бес может испортить нежные плоды Духа, которых Бог ищет в нашей жизни. Одна из форм духовного плода, сильно страдающая от этих лисенят, это плод воздержания (англ. *самоконтроля — примеч. переводчика*). Он не может уживаться с потворством своей плоти. Нам нужно всегда помнить предупреждение Иисуса в Евангелии от Иоанна 10:10: *«Вор приходит только для того, чтобы украсть, убить и погубить. Я пришел для того, чтобы имели жизнь и имели с избытком»*. Бесы могут приходить через различные желания и похоти, включая алкоголь, никотин или пищу. Но, независимо от того, через какую дверь они вошли, они все имеют одно стремление: причинить как можно больше вреда.

Часто нераспознанное препятствие в получении освобождения — это *гордость*. Для добропорядочных прихожан церкви может вызвать затруднение назвать свои проблемы своими настоящими именами и признать, что они нуждаются в освобождении от бесов. Женщина, чей бес обжорства вышел через рвоту, была смущена. Но, несомненно, это временное смущение было маленькой платой за освобождение от такого унизительного и разрушительного рабства.

Вдобавок к похотям плоти, есть также *«похоть очей»* (см. 1 Иоанна 2:16). Определенные бесы входят через ворота глаз. Один бес, о котором мы уже упоминали, воплощается регулярно по телевидению, это порнография. Это слово произошло от слова «порне», по-гречески означающего «проститутка». Некоторые мужчины совершают блудодеяние через свои глаза.

Сам Иисус сказал, что таким образом человек может совершить прелюбодеяние: *«Всякий, кто смотрит на женщину с вожделением, уже прелюбодействовал с нею в сердце своем»* (Матфея 5:28). Я был шокирован, обнаружив, насколько могущественно влияние порнографии среди прихожан церквей.

Однако существует множество и других форм похоти, открывающих дверь бесам и в мужчинах и в женщинах. В Послании к Титу 3:3 Павел включает себя в число тех, которые в свое время были *«несмысленны, непокорны, заблудшие, были рабы похотей и различных удовольствий, жили в злобе и зависти, были гнусны, ненавидели друг друга»*. Как замечательно, что по Своей благодати Бог предусмотрел для нас путь освобождения от демонических сетей!

В повествовании, приведенном ниже, пастор из Флориды описал свой опыт работы с молодым гомосексуалистом:

> *— Пастор, кто-то должен мне помочь! — молодой мужчина рыдал в моем офисе, — Я не могу так больше жить.*
>
> *— Два года назад я был рожден свыше. Я действительно люблю Господа, но я все еще испытываю сильнейшее похотливое влечение к другим мужчинам.*
>
> *— До того, как я спасся, а был гомосексуалистом. С того времени я больше не совершал*

этого греха — но эта непреодолимая тяга все еще живет во мне, и я боюсь, что не смогу и дальше контролировать себя. Я пришел к своему пастору за освобождением, но он сказал, что христианин не может иметь беса гомосексуализма, и что это вопрос самодисциплины.

Он посмотрел на меня, и я увидел на его лице мучение.

— Но дисциплина тут не поможет! Я знаю, что в моем теле поселился дух извращения! Он там! Освобождение — это единственная надежда для меня. Можете ли вы помочь мне?

И он опять зарыдал.

Я подождал, пока он сможет взять себя в руки. Затем я объяснил: — Я бы желал, чтобы это было истиной для христиан, и чтобы они имели иммунитет к демоническому вторжению. К сожалению, наше тленное тело пока не облачилось в нетленное, как сказано в Первом послании Коринфянам 15:54. Пока это не случится, наши разум и тело все еще будут уязвимы для врага. Бесы могут приходить повсюду, куда могут прийти грех и болезнь. Если христианин может оказаться уязвим для грехов и болезней, он также может быть уязвим для беса.

Он внимательно слушал.

— Помощь, полученная сегодня, обяжет вас к тому, что вы должны будете иметь целый ряд молитв в будущем. Это не одноразовое служение. Иисус предостерегал, что когда нечистый дух оставляет человека, то он идет в места безводные и сухие, ища покоя, и не находит его. И, в конце концов, он возвращается к тому же человеку, пытаясь войти в него опять. Если ему это удается, то конечное состояние этого человека будет хуже, чем до освобождения. Вы должны быть настороже и противостоять

этому. Чтобы этого не случилось, вы должны полностью посвятить свою жизнь Богу, пребывать в общении с другими исполненными Духом христианами и с открытым сердцем и регулярно читать свою Библию. Это укрепит ваши взаимоотношения с Господом.

Он согласился.

— Я хочу, чтобы вы сели поудобнее и внимательно послушали, что я вам буду говорить.

Я продолжил:

— Если вы примете Божьи условия, то вы освободитесь. Писание обещает, что всякий, кто призовет имя Господне, будет освобожден. Это обещание никогда не отменялось. Бог исполнит Свое слово. Просто проверьте себя, что вы находитесь в полном подчинении Ему.

Затем я повел молодого человека к провозглашению отречения от всякого оккультизма и всякой нечистой деятельности, в которую он когда-либо был вовлечен. Затем он вслух объявил о прощении каждого, кто когда-либо причинил ему зло, включая мужчину, который изнасиловал его в детстве.

— Простить их, это не значит согласиться с тем, что они сделали, — объяснил я, — это просто значит, что через прощение вы освобождаетесь и отрезаете все, что связывало вас с болью, которые они принесли в вашу жизнь.

— Важно, чтобы вы понимали, что я буду обращаться непосредственно к духу, — продолжал я, — а не к вам. Вы должны внимательно слушать, но оставаться в стороне. Не позволяйте демоническим угрозам запугать вас, и не становитесь посредником.

Когда мы приступили к процессу освобождения, он откинулся назад в кресле и закрыл глаза

Тихим, но властным голосом я начал провоз-

глашать Писание этому духу. Я избрал стихи, напоминающие о поражении сатаны и о победе Иисуса. Например: «А как дети причастны плоти и крови, то и Он также воспринял оные, дабы смертью лишить силы имеющего державу смерти, то есть диавола, и избавить тех, которые от страха смерти чрез всю жизнь были подвержены рабству» (Евреям 2:14-15).

Я напомнил духу, что ни у кого нет силы помешать успеху этого служения, так же, как было невозможно воспрепятствовать воскресению Господа Иисуса.

— И эти знамения будут сопровождать тех, кто уверует, — сказал я бесу, цитируя Марка 16:17. — Иисус сказал: именем Моим будут изгонять бесов», и затем: «Даю вам власть наступать на змей и скорпионов и на всю силу вражию, и ничто не повредит вам» (Луки 10:19).

Около двадцати минут я продолжал провозглашать Писание.

«Оружия воинствования нашего не плотские, но сильные Богом на разрушение твердынь: ими ниспровергаем замыслы и всякое превозношение, восстающее против познания Божия, и пленяем всякое помышление в послушание Христу» (2-е Коринфянам 10:4-5).

Несколько раз молодой человек скалил зубы с похотливой сексуальной ухмылкой. Распознав в этом проявление духа, я продолжал. Неожиданно, когда я провозглашал место из Послания к Римлянам 16:20: «Бог же мира сокрушит сатану под ногами вашими вскоре» — случилось что-то невероятное. Молодой человек на кресле согнулся пополам, обхватил руками свои плечи и впал в ужасный припадок, похожий на эпилептический. Его тело накренилось вперед начало ужасно биться, одновременно вибрируя из стороны в сторону. Я обхватил его за талию, давая ему столько поддержки, сколько мог. Это было безобразное зрелище. Да, бесы мерзкие существа.

Он издавал удивительный звук, слово изнутри него ревел раненый бык. Мне немедленно вспомнился случай, происшедший во время проповеди Филиппа в Самарии: «нечистые духи из многих, одержимых ими, выходили с великим воплем» (Деяния 8:7); а также освобождение Иисусом страдающего ребенка: «вскрикнув и сильно сотрясши его, вышел» (Марка 9:26).

Приступ длился несколько минут. Все это время я продолжал запрещать духу, приказывая ему утихомириться и уйти. Затем, так же неожиданно, как припадок начался, молодой человек откинулся в кресле, физически и эмоционально выжатый. В комнате стало тихо. Дух ушел.

Медленно и благоговейно, как в поклонении, он начал поднимать обе свои руки над головой. Плача и смеясь, он сказал: «Он ушел! Он ушел! Я чувствовал, как он ушел! Слава Богу, я свободен! Он ушел!»

Минутой позже он встал со стула, и следующие полчаса ходил по офису, пел, смеялся, восклицал. «Благодарю Тебя, Иисус! Он ушел! Он ушел! Благодарю Тебя, Иисус!»

Спустя короткий промежуток времени мучительный гомосексуальный образ жизни закончился. Остались лишь воспоминания.

У меня была своя причина радоваться вместе с этим молодым человеком. За почти тридцать лет традиционного служения, я не мог помочь людям с такими сильными проблемами. Я беспомощно стоял и смотрел, как члены церкви страдали из-за ситуаций, которые служение освобождения могло легко разрешить. Некоторые из них даже умерли. Эта ситуация, знако-

мая большинству пасторов, была радикальным образом изменена, когда я получил крещение в Духе Святом и научился служению освобождения. К счастью, этот молодой человек не стал моей очередной потерей. Истина освободила его.

20.
БЕСЫ БОЛЕЗНЕЙ И НЕМОЩИ

Другая область человеческой личности, которую нам нужно рассмотреть, это тело. В третьей главе я подчеркнул, что Иисус не делал четкого разграничения между служением исцелением и изгнанием бесов.

Лука описывает первый случай, когда Иисус служил больным (Луки 4:40-41): *«При захождении же солнца все, имевшие больных различными болезнями, приводили их к Нему, и Он, возлагая на каждого из них руки, исцелял их. Выходили также и бесы из многих с криком и говорили: Ты Христос, Сын Божий»*. Описанные события ясно свидетельствуют, что многие болезни людей вызваны бесами.

Полагаю, что бесы могут быть причиной практически каждого рода физической боли и болезни, но необходимо распознание для определения источника болезни или боли: вызвана она бесами или имеет чисто физическое происхождение. Для нашего ограниченного понимания трудно понять, как такие духовные существа, как бесы, могут занимать такое физическое пространство, как часть человеческого тела. Но понимаем мы это или нет, факт остается фактом: это имеет место и часто описывается в Библии.

Евангелие говорит о том, что Иисус исцелил немого, глухого и слепого в результате изгнания бесов (см. Матфея 9:32-33; 12:22; Луки 11:14). В Евангелии от Луки 13:11-16 описана встреча Иисуса с женщиной, страдавшей от болезни, держащей ее в скорченном состоянии на протяжении 18 лет. Хотя ее болезнь, казалось, проявлялась физически чисто внешне, Он объявил, что она была связана «духом немощи». Он освободил ее от нечистого духа, и она была полностью исцелена. В Евангелии Марка 9:17-29 описано служение Иисуса мальчику, имевшему симптомы эпилепсии. Он стал молиться против *«духа немого и глухого»* (стих 25). Когда бес был изгнан, мальчик исцелился.

Прошло две тысячи лет, но этот же принцип остается действенным и сегодня. Более тридцати лет я видел сотни исцеленных от разного рода заболеваний или немощей через освобождение от бесов. Я упомяну только несколько случаев.

ЭПИЛЕПСИЯ

В начале 70-х годов к нам с Лидией для молитвы пришла молодая девушка лет восемнадцати. Врачи поставили ей диагноз: эпилепсия. Они пытались контролировать болезнь медицинскими средствами. Когда она услышала одно из моих учений, она задумалось: а что если ее эпилепсия также вызвана злым духом?

Когда мы с Лидией молились за нее и приказали бесу эпилепсии оставить ее, и он вышел. Но затем я почувствовал, что Господь говорит мне: «Твоя работа не закончена». Тогда я спросил девушку: «Когда начались эти эпилептические припадки? Было ли причиной какая-либо физическая травма?»

— Да,— ответила она, — меня ударили по голове бейсбольным мячом, и сразу же после этого начались приступы.

Я объяснил ей, что физическое повреждение открыло «дверь» (любое шоковое состояние может снять защиту, дарованную нам Богом — *примеч. ред.*), через которую вошел дух эпилепсии.

— Теперь этот дух ушел, — сказал я, — и нам

нужно закрыть дверь, чтобы он не смог вернуться назад.

Мы поддерживали контакт с девушкой в течение двух последующих лет. За это время она больше не принимала лекарств от эпилепсии, и ее приступы никогда больше не повторялись.

Несколько лет назад другая женщина привела ко мне свою восемнадцатилетнюю дочь.

— Мистер Принс, — сказала она, — десять лет назад вы молились за меня, и я была освобождена от духа эпилепсии. Вот моя дочь. У нее та же проблема. Пожалуйста, помолитесь за нее.

Мы с Руфью помолились за ее дочь, приказав бесу эпилепсии уйти, и она была исцелена так же, как и ее мать.

Моего друга евангелиста попросили помолиться за человека, у которого была эпилепсия. Когда он противостал этому духу эпилепсии, то дух (а не человек) ответил: «Ты глупец! Я был подтвержден медицинской комиссией!» (Есть еще один «медицински засвидетельствованный» бес, который назван «синдромом Турета», когда люди публично бормочут, ругаются и богохульствуют вопреки своей воле.)

Бесы знают, как подстроиться под современную медицину и ее терминологию!

Я должен добавить, что два члена нашей большой объединенной семьи, не имеющей естественных родственных связей друг с другом, получили исцеление от эпилепсии без всяких проявлений — поэтому я могу сказать, что Иисус действует различными способами среди людей!

Когда люди приходят ко мне помолиться об освобождении от эпилепсии, то я обычно говорю им: «Вам нужно знать, что бес может сопротивляться, прежде чем уйдет. Вы готовы сражаться за себя? Если так, то я буду бороться вместе с вами, и мы победим. Но если вы не готовы бороться за себя, то я не могу сделать это один». В каждом случае, который я только могу припомнить, человек желал сражаться, и Бог давал нам победу. Однако у меня нет веры для людей, остающихся пассивными и не противостоящими врагу.

Как правило, я не молюсь за тех, кто хочет быть освобожденным только на основании моей молитвы. Человек, не желающий занять активную позицию против бесов, скорее всего не имеет защиты от их возвращения. В Евангелии от Матфея 12:43-45 содержится предупреждение нам, что злые духи возвращаются, приводя *«семь других духов, злейших себя... и бывает для человека того последнее хуже первого»*. Случай с Эстер, описанный в шестой главе, показывает нам пример того, как бесы могут пытаться вернуться. (В 23 главе я дам наставления о том, как оставаться свободными.)

СЛЕПОТА, ГЛУХОТА, НЕМОТА И АРТРИТ

Однажды когда мы были на Гавайях, молодой человек привел к нам свою бабушку; ей было около восьмидесяти, и она была слепая. Она была родом из того района Швейцарии, где говорили по-французски. Хотя я не чувствовал, что имею какую-то великую веру, но все-таки мы с Руфью начали молиться за нее. Затем, говоря по-английски, я приказал духу слепоты оставить эту женщину. Через несколько мгновений женщина повернулась ко мне и сказала по-французски: «Je vous vois» («я вижу вас»). Я был одновременно и удивлен, и обрадован!

В 1985 году мы с Руфью поехали в Пакистан во главе группы служителей. Так как обо мне было объявлено, что я с женой буду молиться за больных, то люди пришли со всего Пакистана. Большинство из них были неграмотные и достаточно недисциплинированные. Однажды одна женщина, сидевшая по традиции их культуры отдельно от мужчин, невероятно шумела и устроила беспорядок. Пытаясь восстановить тишину, я объявил: «Сегодня утром мы будем молиться только за мужчин».

Немедленно около двух сотен мужчин ринулись к нам за молитвой. Мы с Руфью начали служить мужчине, который что-то пытался показать нам своими жестами. Он вначале дотронулся до своих губ, а затем до ушей, пытаясь объяснить, что он был глухонемым. Вспомнив, что Иисус изгнал злого духа из глухонемого, я решил сделать то же. Но я не могу сказать, что у меня была особенная вера.

— Ты, дух глухой и немой, — сказал я, — во имя Иисуса, я приказываю тебе: выходи из этого человека.

Я знал, что мужчина не мог слышать меня или понимать по-английски. Но бес понял!

Когда я сказал мужчине: — Теперь скажи: аллилуйя! — он открыл свой рот и закричал: Аллилуйя!

Я подвел его к служителю на платформе, который начал рассказывать людям на языке урду о случившемся чуде.

Это свидетельство подняло веру, и люди начали подводить к нам других глухонемых. (В мусульманских странах невероятно высокий процент таких случаев.) После этого мы с Руфью изгнали глухих и немых духов, по меньшей мере, из десяти мужчин и мальчиков, и все они были исцелены. Один особенно волнующий случай произошел с пятнадцатилетним мальчиком. Первое слово, которое он смог произнести, было «умма» (мама).

В 1980 году, на большой конференции в Южной Африке, меня попросили вести семинар об исцелении и освобождении для тысячи человек. В первый день я учил об исцелении, и затем начал молиться за больных индивидуально. Сила Божья присутствовала на собрании, и там произошло несколько чудесных исцелений.

Затем вперед вышла женщина с артритом. Я сказал ей:

— Я верю, что ваш артрит — это бес. Вы готовы для его изгнания?

Она ответила утвердительно. Тогда мы с Руфью возложили на нее руки и приказали бесу артрита уйти. Через несколько минут она сказала:

— Вся моя боль ушла! Я исцелена!

Когда люди начали аплодировать и благодарить Иисуса, я почувствовал, что их коллективная вера поднялась так высоко, что больше не было необходимости служить индивидуально каждому человеку. Я попросил встать каждого, страдающего от артрита. Поднялось около тридцати человек. Тогда я объяснил им, что намеревался сделать, и взял власть над каждым бесом артрита и приказал им уйти во имя Иисуса. Затем я сказал стоящим людям не садиться до тех пор, пока их боль не оставит их, и они не будут уверены в своем исцелении.

Когда мы с Руфью начали молиться за людей с другими заболеваниями, люди с артритом начали садиться один за другим. Через пятнадцать минут стоящих не осталось.

Несколько недель спустя, путешествуя по Южной Африке, мы с Руфью встретились с некоторыми из этих людей, и они подтвердили нам, что в тот день были исцелены.

СМЕРТЬ

В шестой главе я рассказал о том, что и Эстер и ее дочь Роза были освобождены от духа смерти. Дух вошел в Эстер, когда она почти умерла на операционном столе, то есть в момент особой слабости. Нам нужно помнить, что сатана — это убийца (см. Иоанна 8:44). Он использует дух смерти, чтобы убить человека, который бы не умер только по естественным причинам.

Это было подтверждено доктором-христианином, главой клиники, подошедшим ко мне после собрания. «То, чему вы учили нас сегодня о духе смерти, — сказал он, — помогло мне понять смертельные исходы у людей, которые умирали без всякой видимой для нас причины. Теперь я понимаю, что они стали жертвой духа смерти».

Один из моих внуков, также христианский служитель, имел удивительный опыт. Вот его свидетельство:

Наша дочь Ребекка родилась с дырой в сердце. В возрасте шести лет, в январе 1993 года, ей была сделана открытая операция на сердце.

Нам было разрешено посещать палату интенсивной терапии только на десять минут в час. Прежде чем зайти в палату, необходимо было получить разрешение старшей медсестры. Однажды утром мы ожидали в холле вместе с двадцатью другими взволнованными родителями. Когда нам не позволили войти, мы поняли, что что-то случилось. Я позвонил, чтобы узнать, в чем дело, и медсестра ответила, что у них трудности с одним ребенком, и нам нужно подождать. Я сказал об этом остальным родителям, и лица всех побледнели. Неожиданно двойные двери открылись, и вышел доктор в сопровождении медперсонала. Они обратились к паре, стоявшей напротив нас, и мать ребенка сразу же разрыдалась. Их тут же препроводили в приемную комнату.

Вскоре после этой драматической сцены нам всем было разрешено войти в палату. Когда мы вошли, то сразу увидели доктора, стоящего возле кровати, следующей за кроватью нашей дочери. Двенадцатилетний мальчик, перенесший операцию в то утро, был сыном той пары! Взглянув на экран, показывающий его сердцебиение, мы увидели прямую линию.

Стоя между двумя кроватями, я взял свою жену за руку и сказал громким голосом с уверенностью: «Я противостою духу смерти на этом месте во имя Иисуса». Затем наше внимание переключилось на нашу дочь, которая не спала и нуждалась в нашей заботе.

Следующим утром, когда я шел по коридору, я увидел отца того мальчика, и он улыбался. Я остановился и спросил его о том, что случилось. Отец мальчика взволнованным голосом сообщил мне: «Доктора сказали, что мой сын не выживет, но именно это и произошло. Этим утром он уже сидел в кровати, и два раза показал мне большим пальцем вверх!»

Мы с женой знаем, что Бог освободил этого мальчика от духа смерти. Слава Богу, мы знали, что делать!

ЕСТЕСТВЕННОЕ ИЛИ ДЕМОНИЧЕСКОЕ? РАСПОЗНАНИЕ ПРИЧИНЫ

В предыдущих главах я говорил о лживых духах, которые атакуют человеческий разум. В 1994 году мы с Руфью пережили другого рода атаку со стороны лживых духов. После нескольких лет сражения с целой серией разного рода серьезных заболеваний, Руфь получила слово от Господа: «Время твоих болезней закончилось». Через несколько недель, в день, отделенный для поста и молитвы, Руфь была атакована болью в каждой части своего тела, от макушки головы до пяток. Она сказала: «О Господи, пожалуйста, пусть это не повторится снова!»

За все эти годы мы с Руфью научились не давать места немощи, но стоять на Божьих обетованиях. Поэтому она сказала мне: «Я знаю, что мне будет лучше, если я начну поклоняться Господу, но у меня нет сил. Не мог бы ты включить мне кассету с русским прославлением с конференции, которую мы проводили в Москве в прошлом году. Я верю, что это поможет мне».

Руфь лежала на полу в нашей спальне. Она постепенно начала расслабляться и поклоняться Господу и вдруг воскликнула: «Это ложные симптомы, это лживый дух пытается украсть у меня Божье обетование!»

Когда вдвоем мы противостали во имя Иисуса этим духам лжи, Руфь была полностью освобождена от боли.

В Своей удивительной благодати Бог пошел дальше и даровал нам особое неожиданное открытие, которому нет естественного объяснения. Вот свидетельство Руфи:

> *Я встала на ноги и пошла на кухню за стаканом воды. Вдруг Дерек позвал меня: «Скорее иди сюда!» Когда я вернулась в спальню, то ахнула! Вся спальня и примыкающая ванная комната были наполнены ароматом роз, как в английском саду. Это было так, как будто Сам Господь присутствовал там. Я пала на свое лицо в поклонении.*

Бог сделал нас с Руфью *«больше, чем победителями»* (Римлянам 8:37). Мы вышли из этого испытания не такими, какими вошли в него.

Этот опыт напомнил мне других христиан, которые получают исцеление от Господа, и сатана посылает против них лживых духов, чтобы уничтожить их веру и разрушить их свидетельство. Нам нужно *«облечься во всеоружие Божие, чтобы нам можно было стать против козней диавольских»* (Ефесянам 6:11).

Должен подчеркнуть, как уже упомянул в 10 главе, что не все болезни являются результатом демонической активности. Многие болезни имеют иные — естественные причины. Поэтому очень важно распознавать те болезни, которые вызваны бесами.

В 12 главе Первого послания Коринфянам Павел перечисляет девять сверхъестественных даров Духа Святого, доступных верующим. Два из них могут помочь нам распознать бесов: слово знания и различение духов (см. 8 и 10 стихи).

Каждое слово знания и каждый случай различения духов — это индивидуальный дар. И каждый из них действует на сверхъестественном уровне, а не является результатом естественных размышлений и интеллекта.

Послание Евреям 4:12: *«Ибо слово Божие живо и действенно и острее всякого меча обоюдоострого: оно проникает до разделения души и духа, составов и мозгов и судит помышления и намерения сердечные».*

Такого рода проницательность может прийти благодаря слову знания. Она может проникать в невидимые части человеческой личности и открывать присутствие злых сил, скрывающихся там. Часто откровение приходит в форме одного слова или фразы, приходящей как впечатление в разум человека, служащего в освобождении; или иногда тому, кто получает освобождение. Бесом, опознанным таким образом, может быть, например, *колит, деформация, астма, шизофрения* или *рак*.

Присутствие беса не обязательно может быть раскрыто сверхъестественным образом. Это можно сделать и естественным образом во время консультации, так же, как доктор устанавливает диагноз заболевания по описанным пациентом симптомам. Эта глава и предшествовавшие девять дают объективный и достаточно всесторонний обзор наиболее часто встречающихся симптомов демонической активности. Как я обнаружил, есть одно, что очень помогает практически, — это обнаружить, если возможно, момент или место слабости, открывшие бесу доступ.

Существует другой путь, как бесы могут стать содействующей причиной болезни. В 19 главе я говорил о негативных духах. Не являясь непосредственной причиной заболевания, они могут вырабатывать такое отношение разума, которое либо открывает дверь болезни, либо не дает людям получить исцеление верой. Вот примеры таких негативных духов: отверженность, страх, ревность, зависть, непрощение, недовольство, разочарование и отчаяние. В таких случаях, обычно, необходимо выгнать негативных духов прежде, чем пытаться служить в физическом исцелении.

Я привел только несколько случаев, в каждом из которых я видел эффект использования власти имени Христа в борьбе против бесов болезни и немощи. Но я все еще сожалею о многих случаях, в которых я не следовал примеру Христа в дерзновенном подходе к таким бесам. Я понял, что движение на таком сверхъестественном уровне требует постоянной, каждодневной зависимости от Бога, упования на Него в сферах распознании и власти. В этом служении мы должны согласиться с Павлом, что *«мы ходим верой, а не видением»* (2 Коринфянам 5:7).

ОСВОБОЖДЕНИЕ ОТ РАССЕЯННОГО СКЛЕРОЗА (болезнь Шарко) и ПРИСТУПОВ

Я закончу эту главу двумя замечательными свидетельствами освобождения людей от бесов болезни и немощи. Первый мы получили от добровольного помощника из одной американской церкви:

У молодой женщины из нашей церкви, назовем ее Джейн, развился рассеянный склероз. Она услышала учение о вере, востребовала свое исцеление, и ее состояние значительно улучшилось. Но симптомы продолжали оставаться и сковывать ее ступни. Она свидетельствовала о своем исцелении на церковном собрании, но добавила: «Я все еще немного спотыкаюсь, и знаю, что я нуждаюсь в дополнительном служении».

Джейн пришла к нам со своей сестрой для молитвы примерно в 14:30. Она сказала, что они уже молились всеми молитвами, чтобы достичь улучшения. Когда мы приступили к служению, Джейн назвала, по меньшей мере, сотню духов. Было трудно просто перечислить, не говоря уже о том, чтобы запомнить всех их. Потом я мог вспомнить многих, но не всех. Мы служили с 15.00 до 18:15.

Я думал, что это будет просто дух рассеянного склероза, но вместо этого она назвала духов всех симптомов: усталость, слабость, преткновение, слепота, глухоты, озноб, одышка, удушье, холод, паралич, онемелость, мучение, апатия, леность, праздность, головная боль, боль в ухе и так далее!

Когда мы молились, все проявления болезни охватили ее тело, не давая ей стоять. Она также сказала, что вся онемела. Когда дух выходил, она говорила мне, какая часть ее тела теплела, и появлялось ощущение возврата чувствительности.

Она освободилась вначале в районе талии и бедер, затем в районе колен и ног. Наконец, она сказала: «Один остался в моих ступнях». Она сняла свою обувь; ее ступни были ледяными и негнущимися. Она говорила нам, когда бесы оставляли ее ступни. Наконец, она сказала: «Еще два в моих пальцах на ногах». Я не помню первого, но второй назывался «недовольство». Когда он ушел, она вскочила и начала танцевать вдоль комнаты. Джейн была полностью свободна от рассеянного склероза.

Другой замечательный случай освобождения от бесов болезни и немощи рассказал евангелист из Новой Зеландии, имеющий международное служение:

10 июня 1992 года я вел служение в Катикати в Новой Зеландии. Господь привлек мое внимание к женщине с костылями, и я вызвал ее на сцену. Она с трудом взбиралась по лестнице. По ее словам, она чувствовала ужасную боль.

У нее был острый артрит, проблемы с сердцем и диабет, от которого она страдала уже 41 год. Она также пережила приступ после потери двумя годами ранее своего мужа. Этот приступ повлиял на всю левую сторону ее тела. Она хромала, не могла писать рукой и с трудом говорила. Она любила петь, но ее горло было сдавлено. В молодости, добавила она, у нее были проблемы с менструацией, которые начались с 14 лет. В возрасте 15 лет у нее начались серьезные проблемы по-женски, требующие хирургического вмешательства. Позже у нее был выкидыш.

Я приказал каждому духу, мучившему ее, уйти, и в особенности упомянул духа приступа. Сразу же после моей молитвы, она почти сбежала вниз со сцены. Ее руки были подняты вверх, и она просто была переполнена присутствием Святого Духа.

Три года спустя, 14 июня 1995 года, она свидетельствовала, что во время того собрания в

Катикати она чувствовала, что Бог полностью исцеляет ее. Следующую неделю она ощущала тряску в своем теле, как будто что-то входило и выходило. Теперь она могла бегать вверх и вниз по лестнице. Она могла писать рукой, и левая сторона ее тела была полностью исцелена от последствий приступа, включая ее глаз. И спустя три года доктора все еще не могут найти следов диабета, которым она страдала 41 год. Без сомнения, она получила чудесное исцеление, как только демоническая сила была изгнана.

21. ПРИГОТОВЛЕНИЕ К ОСВОБОЖДЕНИЮ

Возможно, по мере вашего изучения этого вопроса, вы распознали, что внутри вас действуют бесы. Ранее вы не понимали того давления, по причине которого страдали, но теперь вы способны распознать его. Слава Богу! Вам больше не нужно пассивно страдать от этого давления.

В этой главе я покажу вам путь, ведущий к освобождению и победе. Чудесный секрет заключается в том, что вам не надо завоевывать победу самому. Вы можете войти в победу, уже завоеванную для вас Иисусом — Его смертью и воскресением.

На кресте Иисус понес полное и окончательное наказание за все грехи всех людей всех времен и народов. Он был Агнцем Божьим, который взял на Себя грех мира (см. Иоанна 1:29). Но воскресив Иисуса из мертвых, Бог засвидетельствовал всей Вселенной, что Его правосудие было полностью и окончательно удовлетворено жертвой умилостивления, которую Иисус принес за наши грехи.

Жертва Иисуса, принесенная вместо нас, является единственным достаточным основанием, благодаря которому мы можем претендовать на полное освобождение от любой демонической силы, направляемой сатаной против нас. Как только вы осознаете это и предпримете шаг веры, вы сможете сказать вместе с Павлом: *«Благодарение Богу, даровавшему нам победу Господом нашим Иисусом Христом!»* (1 Коринф. 15:57).

Если вы решили сделать заявку на освобождение, которое Бог уже обеспечил для вас, то у вас есть два варианта: искать помощи у пастора и друзей-христиан, или обратиться прямо к Господу за помощью, в которой вы нуждаетесь.

Если вы знаете церковь или другое служение, где вам с радостью помогут, без сомнений примите их помощь. Но очень важно вначале убедиться, что они являются искренними, верными Библии христианами, и что они понимают, что включает в себя освобождения от бесов. Если вы как христианин обратились к ним и обнаружили, что они не верят, что христианин может иметь в себе беса, то совершенно очевидно, что они не смогут помочь вам.

В нашем офисе в США мы регулярно получаем письма от людей, пришедших к пониманию того, что они нуждаются в освобождении от бесов, и просящих нас посоветовать какую-нибудь церковь или служение в их регионе, которые смогут помочь им. К сожалению, чаще всего мы не знаем никого, к кому мы могли бы порекомендовать им. Это напомнило мне об одном моменте в служении Иисуса: *«Видя толпы народа, Он сжалился над ними, что они были изнурены и рассеяны, как овцы, не имеющие пастыря. Тогда говорит ученикам Своим: жатвы много, а делателей мало; итак, молите Господина жатвы, чтобы выслал делателей на жатву Свою»* (Матфея 9:36-37).

Служение освобождения является таким полем жатвы, где нужно много надлежащим образом подготовленных делателей. Я понимаю, что многие, прочитавшие эту книгу, может быть, не имеют ни одного человека, к которому они могли бы обратиться за помощью. Но благодарение Богу, всегда открыта дверь к Тому, Кто есть Освободитель — Иисусу! Если вы решили пойти по этому пути, то я обращу ваше внимание на девять шагов, которые смогут повести вас через освобождение к победе, в которой вы нуждаетесь:

Шаг №1: Лично подтвердите свою веру во Христа.

Шаг №2: Смирите себя.

Шаг №3: Исповедуйте всякий известный вам грех.

Шаг №4: Покайтесь во всех грехах.

Шаг №5: Простите всех других людей.

Шаг №6: Разорвите с оккультизмом и всеми лжерелигиями.

Шаг №7: Приготовьте себя к освобождению от всякого проклятия над вашей жизнью.

Шаг №8: Ищите свою опору только в Боге.

Шаг №9: Изгоните!

Во-первых, очень важно быть уверенным в своих взаимоотношениях с Богом. Если вы еще не знаете, что вы рожденное свыше дитя Божие, чьи грехи прощены через жертву Иисуса, тогда вы можете верой пройти все эти шаги, войдя в личные взаимоотношения с Богом, как вашим Отцом. С другой стороны, если вы уже имеете такие взаимоотношения с Богом, то эти шаги укрепят вашу веру и дадут вам твердое Библейское основание, опираясь на которое, вы сможете искать у Него помощи.

Внимательно перечитайте все девять шагов, описанных в этой главе, шаг за шагом, пока вы не будете уверены в том, что поняли каждый из них. Затем, в 22 главе, я дам вам образец молитвы, при помощи которой вы сможете сделать заявку на свое освобождение от любой демонической зависимости. Вы под защитой Крови Иисуса, как я сказал в 16 главе, только когда вы в правильных взаимоотношениях с Ним и живете в послушании Ему. Поэтому убедитесь, прежде чем вы противостанете бесам, что вы молитесь этой молитвой в вере.

ШАГ №1: Лично заявите о своей вере во Христа

Иисус является «Первосвященником исповедания нашего» (Евреям 3:1). Греческое слово, переведенное как исповедание, обозначает «говорить то же самое...» Поэтому, мы говорим то же самое, что уже сказала Библия, о том, что Иисус сделал для нас. Мы приводим слова наших уст в согласие со Словом Божиим. Мы провозглашаем победу Иисуса смело и личным образом для себя. Делая так, мы призываем Его служение, как нашего Первосвященника, который представляет наши нужды перед Богом Отцом и высвобождает полноту небесной власти в нашу жизнь.

Если мы не будем исповедовать нашу веру таким образом, то мы не дадим Иисусу никакого основания, на котором Он сможет вмешиваться и вступаться за нас.

ШАГ №2: Смирите себя

«Бог гордым противится, а смиренным дает благодать. Итак, смиритесь под крепкую руку Божию, да вознесет вас в свое время...» (1 Петра 5:5-6)

Если мы обращаемся к Богу с гордым отношением, то Он противостоит нам, и мы не имеем доступа к Нему. Поэтому нашим первым шагом по направлению к Богу должно быть смирение, когда мы говорим Богу: «Я нуждаюсь в Тебе!»

Бог никогда не предлагал нам то, что Он сделает нас смиренными. Через всю Библию Он возлагает эту обязанность на нас. Бог может унизить нас, и иногда Ему приходится это делать; но только мы сами можем смирить себя. Если мы согласимся сделать это, то Бог обеспечит нас всей благодатью, в которой мы нуждаемся.

Когда мы ищем освобождения от бесов, то может настать момент, когда нам придется выбирать между достоинством и освобождением. Если достоинство окажется для нас более важным, чем освобождение, то значит, мы на самом деле не раскаялись в своей гордости.

Однажды, когда я проповедовал на Юге США (эта часть страны известна своей учтивостью и вежливостью — *примеч. ред.*), ко мне обратилась жена доктора, — вежливая леди, с хорошими манерами:

— Мистер Принс, если я правильно поняла вас, то при желании получить освобождение, как вы описали это, все может закончиться тем, что я буду кричать.

— Это может случиться,— ответил я.

— Но при нашем воспитании не принято, чтобы леди кричала, тем более в присутствии других людей.

— Хорошо, — сказал я, — предположим, вас увлекло сильным течением реки, и вот уже в третий раз вода накрывает вас с головой, но, похоже, что на берегу есть кто-то, кто может помочь вам. Будете ли вы думать о том, что леди не следует кричать?

После того, как я привел этот пример, дальнейших убеждений не потребовалось.

Если вы не готовы смирить себя, то не сможете предпринять следующие шаги.

ШАГ №3: Исповедуйте всякий известный вам грех

Нигде в Библии Бог не обещает прощать грехи, которые не были исповеданы. Но для тех, кто исповедал свои грехи, Его обещание ясно: *«Если исповедуем грехи наши, то Он, будучи верен и праведен, простит нам грехи (наши) и очистит нас от всякой неправды»* (1 Иоанна 1:9). Бог верен Своим обещаниям. И Он праведен, то есть поступает в этом справедливо, потому что Иисус заплатил цену за наши грехи.

Если вы имеете проблему из-за какого-то определенного греха, то будьте честны в этом. Не называйте его каким-то замысловатым психиатрическим именем. Большинство имен для наших основных грехов не слишком привлекательны. И Бог прощает их только тогда, когда мы признаем их грехами. Он никогда не обещал нам прощать наши «проблемы». Если у вас есть «проблема» с перееданием, то назовите вещи своими именами — грех обжорства. Если это похоть, называйте это похотью. Если это ненависть, называйте ее ненавистью. Если это сплетни, называйте это сплетнями.

Помните также, что рассказав Богу самое худшее о себе, вы не шокируете Его. Он знал обо всем этом до того, как вы ему сказали. И тем не менее, Он все еще любит вас!

В 13 главе я упомянул Божье предупреждение о том, что Он накажет грехи отцов в их детях до третьего и четвертого поколения (см. Исход 20:5). Это может относиться к вашему случаю. Грехи ваших предков не делают вас виновными, но они могут быть причиной ваших страданий от их последствий. Поэтому советую вам исповедать и отделить себя от каждого греха, который ваши предки могли совершить. Это особенно относится к оккультизму или лжерелигиям.

С другой стороны, не мудро увлекаться самоанализом. Просто успокойтесь и позвольте Святому Духу привести вам на память каждый грех, который вам нужно исповедать. Помните, что Он — ваш Помощник.

ШАГ №4: Покайтесь во всех грехах

Нам необходимо исповедать свои грехи, однако этого не достаточно. Вы должны покаяться в своих грехах. «Скрывающий свои преступления не будет иметь успеха; а кто сознается и оставляет их, тот будет помилован» (Притчи 28:13). Вначале вы должны сознаться в своих грехах, а затем оставить их. Оставить свои грехи означает полностью отвернуться от них.

Однажды один молодой человек сказал мне:

— Мне кажется, что во мне живет дух похоти, но, скорее всего, мне это даже нравится. Как вы думаете, Бог освободит меня от него?»

— Конечно, нет! — ответил я. — Бог освобождает нас от наших врагов, а не от друзей. Но если вы сделаете врагом вашего «друга», тогда вы можете попросить Бога освободить вас. Вам нужно просить Его помочь вам возненавидеть этот грех так же, как Он ненавидит его.

Покаяние включает в себя две вещи. Во-первых, вы должны принять личную ответственность за то, что вы сделали. Вы не можете прятаться за чьей-то спиной — родителей, сожителя или служителя и т.д. — возлагая на них ответственность за те неправильные поступки, которые вы совершили. Более того, вы не можете обвинять бесов в ваших грехах. Ваше отношение должно быть таким: я виноват, и я признаю это.

Во-вторых, вы должны принять такую же позицию по отношению к греху, какую принял Сам Бог. Никоим образом не пытайтесь умалить или оправдать его. Ненавидьте его так же, как ненавидит его Бог! Тогда грех не будет иметь власти над вами.

ШАГ №5: Простите всех других людей

В Евангелии от Марка 11:25-26, Иисус установил неизменный духовный закон: «И когда стоите на молитве, прощайте, если что имеете на кого, дабы и Отец ваш Небесный простил вам согрешения ваши.

Если же не прощаете, то и Отец ваш Небесный не простит вам согрешений ваших».

Если мы желаем получить прощение от Бога за наши грехи, мы должны без всяких исключений прощать всех тех, кто согрешил против нас.

В 18 главе я упомянул притчу Иисуса о слуге, чей господин простил ему долг, равный нескольким миллионам долларов, и, тем не менее, тот же самый слуга отказался простить другому слуге долг всего в несколько долларов (см. Матфея 18:23-35). Когда мы представим тот неисчислимый долг перед Богом за грехи, которые мы совершили против Него, тогда самое большее, что другие люди совершили против нас, в сравнении, равно всего лишь нескольким долларам.

Наказанием слуги, отказавшегося простить, стало решение господина отдать его «истязателям» (стих 34). В 18 главе я приравнял демонические действия к истязаниям. Если вы хотите освободиться от истязателей, вы должны простить всех тех, кто каким-либо образом причинил вам зло.

Помните, что прощение другого — это не эмоции. Это решение воли. Вначале вы должны принять твердое решение. Затем, вы должны произнести это вслух: «Я прощаю такого-то человека за все плохое, что он или она сделали мне. Я отвергаю всякую горечь, все негодование и всякую ненависть».

Решение в сердце, произнесенное вслух, сделает ваше прощение эффективным.

ШАГ №6: Порвите с оккультизмом и всеми лжерелигиями

В 14 главе я объяснил, насколько сильно Бог ненавидит любое учение и практику, которые ставят кого-то или что-то на пьедестал и требует этому полной верности и сердечного поклонения — принадлежащих исключительно Богу. Где-то позади всех этих систем прячется тот, кто является главным врагом Бога и человека. Если вы хотите приблизиться к Богу, вы должны разорвать все контакты с сатаной.

Это означает, что нам необходимо избавиться от всех вещей, которые могут каким-либо образом соединять нас с оккультизмом или с сатаной. Это относится к книгам, сувенирам, талисманам и предметам искусства. Помните предупреждение Моисея для Израиля: *«И не вноси мерзости в дом твой, дабы не подпасть заклятию, как она; отвращайся сего и гнушайся сего, ибо это заклятое»* (Второзаконие 7:26).

Самый лучший способ избавиться от подобных предметов — это сжечь их. Помните, именно так отреагировали христиане в Эфесе, когда осознали связь своих книг с демонической силой. Последуйте их примеру!

Если обстоятельства не позволяют сделать это немедленно, дайте Богу обещание сделать это сразу, как только представится возможность.

ШАГ №7: Будьте готовы освободиться от всякого проклятия над вашей жизнью

Библия много говорит о силе благословений и проклятий. Эти понятия встречаются в ней около шестисот раз. Современное западное христианское мышление обычно сосредоточено на благословениях, и рассматривает проклятия, как суеверный пережиток средних веков. Но это не соответствует ни Писанию, ни действительности.

Я сравниваю проклятие с темной тенью над нашей жизнью, которая перекрывает, по меньшей мере, часть Божьих благословений. Физическое исцеление и освобождение от злых духов — это благословения. Но как всякое благословение, они могут быть лишены силы проклятием.

За все эти годы служения я составил список некоторых проблем, наличие которых (особенно, если их присутствует несколько) обычно указывает на то, что здесь действует проклятие:

1. Душевное и эмоциональное крушение
2. Повторяющиеся или хронические заболевания (особенно наследственные)
3. Бесплодие, склонность к выкидышам или связанные с этим женские проблемы
4. Крушение брака и семейное отчуждение
5. Постоянная финансовая нехватка или недостаток
6. Постоянная подверженность случайностям
7. Семейная история самоубийств или неестественных, преждевременных смертей

Существует, как я сказал, одно вседостаточное Библейское основание для освобождения от проклятия: жертва Иисуса на кресте, где Он взял на Себя всякое проклятие, заслуженное нами, чтобы вместо этого мы могли наследовать все благословения Авраама, которого Бог благословил во всем (см. Бытие 24:1; Галатам 3:13-14). (Для более подробных объяснений обратитесь к моей книге «Благословение или проклятие: ты можешь избрать!»)

Если у вас есть чувство, что в вашей жизни действует какое-то проклятие, ищите освобождения от него на основании того, что Иисус сделал для вас на кресте, когда Он взял проклятие на Себя. (Я дам вам слова для молитвы в следующей главе.)

ШАГ №8: Ищите свою опору только в Боге

Примите твердое решение и произнесите это вслух: «Я подчиняю Богу свою волю, цели, мое будущее, всю свою жизнь. Я встаю на сторону Божью в борьбе против греха и всякого рода зла и бесов».

Как только вы примите сторону Бога, Он встанет рядом с вами на вашу защиту. Вы можете испытать наслаждение, обретая обетование из Послания к Римлянам 8:31: *«Если Бог за нас, кто против нас?»*

Один из путей, как Бог может прийти к вам на помощь — это открыть нам, какого беса вам нужно изгнать. Я упомянул в восьмой главе, что с бесами, очень часто как со злой собакой — когда вы называете собаку по имени, у вас намного больше власти над ней. Может быть, вы уже знаете имена бесов или беса, от которого вам надо освободиться. Или это может произойти по мере того, как вы будете входить в процесс освобождения, когда имя беса возникнет в вашем сознании. Это два способа, как Святой Дух может помочь вам.

В конце служения освобождения один молодой человек спросил меня:

— Существует ли дух гниения зубов?

— Я никогда не слышал о таком духе, — ответил я, — но если Святой Дух сказал, что такой есть, значит, он существует.

— Это то, от чего я только что был освобожден, — ответил молодой человек.

Много лет спустя тот же человек, уже немолодой, рассказал мне о результате того освобождения.

— Я шел к зубному врачу, и он пломбировал мне зубы, — рассказывал он, — но через год или два, зуб загнивал под пломбой, и я должен был ставить новую пломбу. Но когда я был освобожден от духа гниения зубов, у меня уже никогда больше не возникало такой проблемы.

Если Святой Дух дает вам имя определенного беса, следующий шаг, который вы должны сделать, — это сознательно противостать вместе с Богом бесу и выразить это вслух. Скажите: «Ты, дух похоти (или отверженности, или смущения, или какой-либо еще), я противостою тебе во имя Иисуса. Я больше не подчиняюсь тебе. Тебе больше нет тебе места во мне. Я приказываю тебе уйти!»

Вы не можете позволить себе быть пассивными. Помните Послание Иакова 4:7: «Покоритесь Богу; противостаньте диаволу, и убежит от вас».

ШАГ №9: Изгоните!

Это так просто и практично, что выглядит для нас не духовным. Но это работает! Однако не пытайтесь делать этого до тех пор, пока вы не помолитесь молитвой, которая находится в следующей главе.

Как уже было сказано в 11 главе, что слово «дух» и на иврите (руах), и на греческом (пневма), — это слово, обозначающее ветер, а также дыхание. Как вы освобождаетесь от воздуха внутри? Вы выталкиваете воздух, обычно выдохом через рот.

В человеческом теле существует еще восемь отверстий. Порой бесы могут выйти через любое из них, или другими путями. В 19 главе я рассказал историю о д-ре философии по имени Кристофере, и как бес сомнения вышел через его левое ухо. Я также упомянул, что бес мастурбации часто выходит через пальцы рук, дух искривления — с конвульсивными движениями тела.

Если бес выходит не через рот, а через другое отверстие или части вашего тела, то вы почувствуете это. Сотрудничайте со Святым Духом, и Он покажет вам, что делать. Но вероятнее всего, он выйдет через рот.

Одна женщина привела ко мне своего маленького четырехлетнего сына и попросила помолиться за него.

— Какая у него проблема? — спросил я.
— Аллергия.

— Какого рода аллергия? — Аллергия на пищу.

— На какую пищу у него аллергия? — Лучше спросите, на что у него нет аллергии!

Тогда я сказал этой маме:

— Я буду молиться против аллергии, как против злого духа. Вы не против?

Она согласилась.

Затем я повернулся к этому маленькому мальчику и объяснил:

— В тебе живет плохой дух, он — как дыхание, и он мешает тебе кушать то, что тебе нравится. Я хочу приказать ему выйти из тебя, и поэтому, когда я скажу: «во имя Иисуса», ты выдохни его. Хорошо?

Мальчик кивнул головой и вел себя, как дисциплинированный маленький солдат. Я приказал злому духу оставить его, и когда я сказал: «Во имя Иисуса!», мальчик выдохнул четыре раза. Больше ничего не произошло. Никаких эмоций или волнений. Меня интересовало, действительно ли мальчик получил освобождение, но я должен был оставить это Господу.

Через три дня его мать пришла ко мне и попросила помолиться за нее.

— В чем ваша проблема? — спросил я. — Аллергия, — ответила она.

— Сначала расскажите мне, что случилось с вашим сыном, — сказал я.

— Мы вернулись домой, — сказала она, — и он сразу же направился к холодильнику, и перепробовал все, что там было, и ничто не повредило ему!

Я сразу вспомнил слова Иисуса о том, что нам необходимо уподобиться маленьким детям.

После того, как вы произнесете молитву об освобождении и скажете «аминь!», *начинайте выгонять их*. Это решение вашей воли, с последующим действием ваших мускул.

В то же время, освободите путь для выхода беса или бесов. Держите проход свободным! Не продолжайте все время молиться или говорить на иных языках. Я обнаружил, что движение губ и языка во время речи являются преградой для выхода бесов. Вспомните о машине «скорой помощи», спешащей по дороге. Ее огни мигают, а сирена гудит, — и все автомобили прижимаются к обочинам дороги. Сделайте то же в своем горле. Освободите путь для выхода бесов.

Вначале, когда вы начнете выгонять их, это может быть простое человеческое дыхание. Но через некоторое время что-то большее, чем человеческое дыхание, начнет выходить. Это ваш враг! Продолжайте выталкивать его!

Могут быть различные проявления, сопровождающие выход бесов. Это может быть едва заметно, подобно простому вздоху или зеванию. Или может начаться рыдание, стоны, кашель, крик или рычание. Помните, в служении Филиппа бесы выходили с громкими криками. Одна женщина, получая освобождение от беса никотина, зевала так широко, что думала, что свернет челюсти! Но когда она закрыла свой рот, то была свободна от никотина.

Не устанавливайте предела тому, как долго может продолжаться изгнание. Продолжайте это делать до тех пор, пока каждый бес не выйдет.

Когда бесы выходят, некоторые люди (обычно это происходит с женщинами) могут кричать, не получая при этом никакого освобождения. Это говорит о том, что бес остановился в узком горловом проходе и держится там, чтобы не быть изгнанным. В таких случаях сознательный, усиленный кашель как правило вытесняет беса и выгоняет его. Иногда на служении освобождения демонический крик может отвлечь других людей, желающих получить освобождение, смутить их и даже испугать. В этот момент служители должны действовать быстро и помочь кричащему человеку получить свободу.

Много разных вещей может случиться, когда

бесы выходят. Но помните, когда вы говорите во имя Иисуса, вы имеете власть над бесами. Не уступайте духу страха. Помните также, что Святой Дух всегда с вами, чтобы помогать. Подчинитесь Ему полностью и позвольте вести вас к полной победе!

Теперь перейдем к молитве.

22. МОЛИТВА ОСВОБОЖДЕНИЯ

Теперь вы достигли точки, когда можете получить свое освобождение в молитве. Иногда люди говорят мне: «Я хочу молиться, но не знаю, что сказать». Поэтому я приготовил образец молитвы, которому вы можете следовать.

Однако прежде чем начать молиться, еще раз внимательно прочитайте девять шагов, приведенные в предыдущей главе. Убедитесь, что вы все осознали и поняли, и что вы действительно исполнили все условия.

В образце молитвы вы найдете свободные места, в которые вам необходимо вставить детали, описывающие вашу ситуацию — ваши личные грехи, контакты с оккультизмом или ложными религиями, имена людей, которых вы должны простить. Убедитесь, что получившийся список оказался настолько исчерпывающим, насколько это возможно.

Я видел сотни, даже тысячи людей, получивших освобождение по образцу этой молитвы. Вы можете заручиться молитвенной поддержкой ваших друзей христиан. Удостоверьтесь, что избираемый вами человек согласен с вашим решением и будет с верой молиться за вас. Если вас всего двое, вы также можете применить обетование Иисуса из Евангелия от Матфея 18:19: *«Если двое из вас согласятся на земле просить о всяком деле, то, чего бы ни попросили, будет им от Отца Моего Небесного»*.

Наконец, не будьте накрепко привязаны к этому образцу молитвы. Если Святой Дух побудит вас добавить слова, исходящие из вашего сердца, без колебаний сделайте это. И не спешите. Молитесь медленно и вдумчиво.

1. Лично подтвердите свою веру во Христа: *«Господь Иисус Христос, я верю, что Ты — Сын Божий и единственный путь к Богу, что Ты умер на кресте за мои грехи и воскрес из мертвых, чтобы я мог получить прощение и обрести вечную жизнь».*

2. Смирите себя: *«Я отрекаюсь от всякой гордости и религиозной самоправедности, любого достоинства, которое пришло не от Тебя. Я не имею никаких прав на Твою милость, кроме того, что Ты умер за меня».*

3. Исповедуйте всякий известный вам грех: *«Я исповедую все свои грехи перед Тобой и ничего не скрываю. Особенно я хочу исповедовать...»*

4. Покайтесь во всех грехах: *«Я раскаиваюсь во всех своих грехах. Я отрекаюсь от них и обращаюсь к Тебе, Господи, за милостью и прощением».*

5. Простите всех других людей: *«Решением своей воли я добровольно прощаю всех, кто когда-либо причинил мне вред или неправильно поступил со мной. Я отрекаюсь от всякой горечи, негодования и ненависти. Особенно я прощаю...»*

6. Порвите с оккультизмом и всеми лжерелигиями: *«Я разрываю все контакты, которые я когда-либо имел с оккультизмом или ложными религиями, особенно...»*

«Я посвящаю себя на то, чтобы освободиться от всех предметов, связанных с оккультизмом и ложными религиями».

7. Приготовьте себя к освобождению от всякого проклятия над вашей жизнью: *«Господь Иисус, я благодарю Тебя за то, что на кресте Ты стал проклятием, чтобы я мог быть освобожденным от всякого проклятия, и войти в Божии благословения. На этом основании я прошу Тебя освободить меня и дать мне возможность получить освобождение, в котором я нуждаюсь».*

8. Ищите свою опору только в Боге: *«Я противостою вместе с Тобой, Господь, всем сатанинским бесам. Я покоряюсь Тебе, Господь, и противостою дьяволу. Аминь!»*

9. Изгоните: *«Теперь я обращаюсь к каждому бесу, который контролирует меня. (Обращайтесь прямо к ним). Я приказываю вам уходить из меня прямо сейчас. Во имя Иисуса, я изгоняю вас!»*

Каждый раз, когда вы испытываете освобождение, славьте и благодарите Бога за это. Благодарение и хвала являются простейшим и чистейшим проявлением веры. Это также создает атмосферу, невыносимую для бесов.

Когда вы чувствуете, что освобождение полностью завершено, или что вы достигли того, чего только могли в этот раз, встаньте на колени и сделайте Иисуса Господином каждой сферы вашей жизни. Помните предупреждение Иисуса, что если бес приходит и находит дом пустым, то он возвращается и приводит с собой других бесов. Вы не сможете своими силами удержать бесов снаружи. Но если Господь Иисус занял в вас Свое место, вы можете надеяться на Его помощь в том, чтобы не пустить бесов внутрь.

Я вспоминаю женщину, которая всегда была успешна в своей христианской жизни. Когда ее спросили, в чем кроется ее секрет, она ответила: «Когда бы дьявол ни стучался в дверь, я просто позволяю

Иисусу ответить!» Не пытайтесь бороться с бесами самостоятельно.

Если вы чувствуете, что ваше освобождение неполное, подождите, пока ваши силы восстановятся, или когда придет побуждение от Святого Духа. Затем продолжайте процесс изгнания бесов.

Иногда, в конце служения освобождения, ко мне подходят люди и спрашивают: «Как мне узнать, полностью ли я свободен?»

Обычно я отвечаю: «Это не мое дело — выдавать сертификаты. И если бы даже я это делал, то это было бы не ценнее бумаги, на которой оно напечатано! Что действительно важно, так это то, что вы обнаружили реальность бесов и знаете, как с ними разбираться. Теперь вы ответственны за то, как вы обращаетесь с ними, где бы и когда вы не обнаружили их».

В завершение дам вам напоминание, которое относится к каждому христианину: *вы не должны стыдиться того, что были освобождены от бесов.* В евангельских записях есть одна личность, которой Бог даровал уникальную и великую честь быть первым человеком, который стал свидетелем воскресения Иисуса. Это описано в Марка 16:9: *«Воскреснув рано в первый день недели, Иисус явился сперва Марии Магдалине, из которой изгнал семь бесов».*

Подумайте об этом! Иисус явился Марии Магдалине, которая была упомянута как та, из которой Он изгнал семь бесов. Если Мария никогда не стыдилась этого, то и вы не должны, если вы также получили освобождение.

Но есть одно, чего вам, может быть, нужно стыдиться: если вы обнаруживаете, что нуждаетесь в освобождении, но гордость удерживает вас от признания своей нужды и обретения свободы.

23. КАК СОХРАНИТЬ СВОЕ ОСВОБОЖДЕНИЕ

Благодарение Богу — вы получили освобождение! Продолжайте благодарить Бога! Даже если вы еще не уверены в том, что произошло, вы можете выразить свою веру, начав благодарить Его. Это первый шаг, который поможет вам сохранить ваше освобождение.

Но, будьте также уверены, что сатана не оставит вас в покое. Он будет делать все, что в его силах, чтобы получить назад свой контроль над вами. Вы должны быть готовы к его ответному удару. Я несколько раз упоминал о предупреждении Иисуса, что бес, вышедший из человека, будет стараться войти опять. Вы должны быть совершенно уверены, что Иисус в вас, и Он является абсолютным Господином вашей жизни.

Мы увидели, что человеческая личность похожа на город, и что бесы могут разрушить стены внутри нас, предназначенные для нашей охраны. Как только враг изгнан, мы должны сразу восстановить свои защитные стены. Вот основные принципы, которые помогут вам выстроить их:

1. Живите по Слову Божьему.
2. Облекитесь в одежду хвалы.
3. Подчинитесь дисциплине.
4. Развивайте правильные взаимоотношения.
5. Исполняйтесь Святым Духом.
6. Обязательно примите водное крещение.
7. Наденьте всеоружие Божье.

1. ЖИВИТЕ ПО СЛОВУ БОЖЬЕМУ

В Евангелии от Матфея 4:4 Иисус сказал, что каждый человек должен жить *«всяким словом, исходящим из уст Божиих»*. Слово жить включает в себя абсолютно все, покрывая все, о чем мы думаем, что говорим и делаем. Все должно исходить из одного источника: Слова Божьего. Мы должны предоставить Ему безоговорочное первенство в каждой сфере нашей жизни.

Множество других влияний будут, перебивая друг друга, претендовать на то, чтобы получить контроль над нами: наши собственные чувства, мнения других людей, общепринятые традиции, окружающая нас культура. Но Бог гарантирует нам победу в каждой сфере, и особенно победу над дьяволом, но только настолько — насколько наша жизнь направляется и контролируется Его Словом.

Примите к сердцу наставления, данные Господом Иисусу Навину, когда тот собирался войти в Землю обетованную (Иисус Навин 1:8): *«Да не отходит сия книга закона от уст твоих; но поучайся в ней день и ночь, дабы в точности исполнять все, что в ней написано: тогда ты будешь успешен в путях твоих и будешь поступать благоразумно»*.

Эти наставления можно суммировать тремя фразами: размышляйте в Слове Божьем; говорите Слово Божье; поступайте по Слову Божьему. Тогда Бог гарантирует вам успех.

2. ОБЛЕКИТЕСЬ В ОДЕЖДУ ХВАЛЫ

В Книге пророка Исаии 61:3 Бог предлагает нам *«вместо унылого духа — славную одежду»*. В четвертой главе я засвидетельствовал о том, как был освобожден от депрессии, когда распознал, что это был дух уныния. После этого я постепенно научился тому, что когда я славлю Господа, то дух уныния не может приблизиться ко мне. Я увидел, что мне нужно было развивать такой образ жизни, в котором прославление могло покрыть меня настолько, насколько покрывает одежда, которую я носил.

Однажды одна женщина из нашей общины привела к нам за руку мужчину.

— Это мой муж, — сказал она, — он только что вышел из тюрьмы и нуждается в освобождении от беса.

В то время у меня не было никакого опыта в освобождении и никакого понимания, как это делать. Поэтому я просто пригласил его присоединиться к нам. Некоторые члены нашей общины громко и свободно славили Господа.

Через некоторое время мужчина боком подошел ко мне и сказал:

— Здесь очень шумно. Я ухожу!

— Это дьяволу не нравится этот шум, — ответил я, — потому что мы славим Иисуса. Если вы уйдете сейчас, то бес уйдет вместе с вами. Если вы останетесь, он уйдет без вас.

— Я остаюсь, — пробурчал он.

Немного позже он приблизился ко мне и сказал:

— Это только что ушло! Я почувствовал, как оно оставило мое горло.

Получая освобождение, вы также «выходите из тюрьмы». Радуйтесь своей победе! Наденьте одежду хвалы! Когда вы славите Господа, вы досаждаете дьяволу больше, чем он вам.

3. ПОДЧИНИТЕСЬ ДИСЦИПЛИНЕ

Последнее повеление Иисуса апостолам звучало так: *«...идите... научите (*букв. *«делайте учеников» — примеч. переводчика)»* (Матфея 28:19). Ученик, как видно из сути этого слова, — это тот, кто подчинил себя учению. Иисус никогда не поручал нам «делать членов церкви».

«Непокорность есть такой же грех, что волшебство...» (1-ая Царств 15:23). Поскольку бунт против Бога подставил всю человеческую расу под воздействие лживой и разрушающей силы сатаны, то мы можем войти под Божью защиту только тогда, когда мы подчиним себя Его дисциплине. Недисциплинированная жизнь уязвима для демонических атак.

Во 2-ом Тимофею 1:7, Павел говорит, что Бог дал нам *«...духа... силы и любви и целомудрия (*букв. *«обладания собой»)»*. Это первичная форма дисциплины для любой жизни — самоконтроль. Если мы не научимся дисциплинировать себя, то никакая другая форма дисциплины не будет эффективна.

Первая сфера, в которой это применимо, — это наше личное общение с Богом через Его Слово и молитву. Жизнь по Слову Божьему требует, чтоб мы отдавали Ему регулярно «самое лучшее время» каждый день. Затем, с помощью Святого Духа, мы должны привести наши эмоции, желания и аппетиты под контроль. Человек, не умеющий контролировать эти сферы, не контролирует свою жизнь.

Есть одна важная сфера, которую мы должны взять под контроль — язык. В 13 главе я указал, что пустые слова открывают путь бесам. Способность контролировать язык является признаком духовной зрелости: *«Кто не согрешает в слове, тот человек совершенный, могущий обуздать и все тело»* (Иакова 3:2).

Конечно, такого уровня самодисциплины не достигают несколькими простыми шагами. Время от времени вы будете спотыкаться. Просто поднимитесь, отряхнитесь и продолжайте двигаться вперед. Пока вы двигаетесь в правильном направлении, сатана может докучать вам, но он не сможет победить вас.

Существуют другие сферы, в которых мы можем

нуждаться в дисциплине, относящиеся к семье, школе, церкви и различным формам мирской власти. Бог требует от нас развивать покорность в любой из этих областей, которые являются частью нашей жизни: *«Итак будьте покорны всякому человеческому начальству, для Господа...»* (1 Петра 2:13).

Это истинно, что освобождение приносит нам свободу, но многие христиане неправильно понимают природу свободы. Мы не свободны делать то, что нам хочется; мы свободны для того, чтобы мы могли привести каждую сферу своей жизни под Божью дисциплину.

4. РАЗВИВАЙТЕ ПРАВИЛЬНЫЕ ВЗАИМООТНОШЕНИЯ

Мы говорили в 15 и 19 главах, что человек, чьи стены были разрушены бесами, будет нуждаться в помощи других христиан и в их поддержке, когда он начнет восстанавливать эти стены.

Нам нужно осознать, что люди, с которыми мы поддерживаем взаимоотношения, имеют одно из самых сильных влияний на нашу жизнь. Это значит, что мы должны избирательно подходить к тому, с кем нам проводить свое время. Мы можем жить среди неверующих, но мы не можем быть в единстве с ними. Должна быть разница между их образом жизни и нашим.

Если мы ходим во свете, то мы имеем общение с нашими друзьями верующими (см. 1 Иоанна 1:7). В жизни христианина нет места для сосредоточенного на себе индивидуализма. Мы нуждаемся друг в друге как христиане. Послание Евреям 10:24-25 дает нам такое предупреждение: *«Будем внимательны друг ко другу, поощряя к любви и добрым делам; не будем оставлять собрания своего, как есть у некоторых обычай; но будем увещевать друг друга, и тем более, чем более усматриваете приближение дня оного».*

С другой стороны, мы предупреждены, что: *«худые сообщества развращают добрые нравы»* (1 Коринф. 15:33). Если вы искренне желаете хранить свое освобождение, вы должны разорвать все взаимоотношения, которые отрицательно влияют на вас, и начать обретать друзей, которые будут поддерживать вас и дадут вам хороший пример. Конечно, разрыв определенных дружеских связей или отделение себя на время от членов семьи, чье влияние разрушает вас, может быть болезненным. Но доверьтесь Святому Духу, и Он поможет вам сделать это с благодатью и мудростью, и Он же позаботится о последствиях. Помните, что Он ваш Помощник!

5. ИСПОЛНЯЙТЕСЬ СВЯТЫМ ДУХОМ

В Послании Ефесянам 5:18 Павел дает нам два наставления. 1) что мы не должны делать: *«И не упивайтесь вином, от которого бывает распутство...»*, 2) что нам следует делать: *«...но исполняйтесь Духом»*. Большинство христиан осознают, что напиваться допьяна — это неправильно. Однако много ли верующих считают, что в такой же степени неправильно не исполняться Духом?

Исполнение Святым Духом является неотъемлемой частью Божьего обеспечения для победоносной жизни. В греческом оригинале слова Павла об этом исполнении стоят в настоящем продолжительном времени: «будьте постоянно исполнены Духом» или «исполняйтесь Духом снова и снова — постоянно». Речь идет не о единократном переживании, но, согласно следующим трем стихах, Павел пишет об образе нашей жизни: 1) назидая самих себя псалмами и славословиями и песнопениями духовными, поя и воспевая в сердцах ваших Господу; 2) благодаря всегда и за все Бога и Отца; 3) повинуясь друг другу в страхе Божием. Когда Святой Дух постоянно наполняет вас таким образом, то бесы не смогут найти в вас свободного места для себя!

6. ПРИМИТЕ ВОДНОЕ КРЕЩЕНИЕ

Иисус сказал Своим апостолам: *«...идите по всему миру и проповедуйте Евангелие всей твари. Кто будет веровать и креститься, спасен будет...»* (Марк 16:15-16). Водное крещение – это не свободный выбор или какая-то церковная церемония, приносящая спасение. Наоборот, это внешний акт послушания, выражающий внутреннюю работу веры в наших сердцах и делающий наше спасение полным. В книге Деяний нет ни одной записи о комлибо, кто получил бы спасение и не был крещен после этого в воде.

В Новом Завете крещение в воде сравнивается с двумя событиями в Ветхозаветной истории: Ной и его семья, проходящие в ковчеге через воды потопа (см. Бытие 7-8; 1 Петра 3:19-21), и Израиль, спасающийся от преследования фараона через Чермное море (см. Исход 14:15-31; 1 Коринф. 10:1-2). В каждом случае прохождение сквозь воду являлось актом разделения. Ной и его семья были спасены из безбожного мира, погибшего в результате Божьего суда, и Израиль окончательно избавился от ига фараона, поскольку египетская армия не смогла пройти за израильтянами через море.

Есть две примечательные фразы в истории о спасении Израиля. Во-первых, в Египте они были спасены от Божьего суда по вере в кровь Пасхального агнца, который был прообразом Христа. Во-вторых, они были освобождены от Египта, пройдя через воды Красного моря.

Этот образец применим к нам, христианам. Мы

спасены *в этом мире* через веру в кровь Иисуса. Но мы отделяемся *от этого мира* через водное крещение. Именно акт водного крещения отсекает нас от царства сатаны. Бесы не имеют права преследовать нас через воду.

Если вы не были крещены в воде, то это очень важный шаг, который вы должны сделать, чтобы отсечь демоническую активность от себя. Если вы уже крещены, то вам нужно твердо стоять на этом факте, будучи уверенными, что бесы сатаны больше не имеют доступа к вам. (Более подробно я рассматриваю этот вопрос в моей книге «Твердое основание христианской жизни» в разделе «Новозаветное водное крещение».)

7. ОБЛЕКИТЕСЬ ВО ВСЕОРУЖИЕ БОЖИЕ

Теперь, когда вы облеклись в одежду хвалы, Бог предлагает вам надеть на себя полный набор вооружения. Вы – солдат на войне. Примите это факт к сердцу, если вы еще не до конца осознали это. И как солдат, находящийся на войне, вы нуждаетесь во всем оружии, приготовленном для вас Богом.

Предметы вашего вооружения перечислены в Послании Ефесянам 6:13-18:

- Пояс истины
- Броня праведности
- Обувь готовности благовествовать мир
- Щит веры
- Шлем спасения
- Меч духовный – Слово («рема» – произнесенное слово) Божье
- Всякая молитва

Пояс истины

В Библейские времена мужчины обычно носили

свободную одежду, опускавшуюся ниже колен. И прежде чем предпринимать какие-то активные действия, они собирали ремнем свободно свисающую одежду на своей талии. Вспомните фразу, которая появляется несколько раз в Библии: пусть будут чресла ваши препоясаны.

Точно так же вы должны собрать и закрепить все, что может мешать вашему следованию за Иисусом. «Пояс», который поможет вам сделать это, — Слово Божье, примененное очень простым и практичным образом. Вы должны стать полностью искренним и открытым, отложив в сторону все формы неискренности или лицемерия. Вы должны возлюбить истину.

Броня праведности

Броня (букв. *«нагрудный панцирь», «нагрудник» — примеч. переводчика*) защищает самое важное: ваше сердце. Праведность — это не просто интеллектуальное принятие доктрины: *«сердцем — не головой — веруют к праведности»* (Римлянам 10:10). Спасающая сердечная вера преображает жизнь греха в жизнь праведности — не той самоправедности, которая приходит в результате следования религиозным правилам, но праведности от Христа, обитающего в нашем сердце, и силы Его жизни, проявляющейся через нас.

«Праведник смел, как лев» (Притчи 28:1). Такой тип праведности преображает робость в смелость, сомнения в уверенность.

Обувь готовности благовествовать мир (букв. «проповедовать Евангелие мира»)

Ваша обувь делает вас мобильным. Вы должны быть в распоряжении Бога в любое время и в любом месте. Вы всегда должны быть готовы поделиться Евангелием с теми, кого Бог помещает у вас на пути.

В мире соперничества и напряжения вы должны быть каналом Божьего мира.

Щит веры

Тот вид щита, о котором сказано в шестой главе Послания Ефесянам, был достаточно большим, чтоб защитить все тело солдата, но он был эффективным средством вооружения только тогда, когда солдат знал, как им пользоваться.

Вы также должны научиться использовать свою веру в качестве щита для всей вашей личности — духа, души и тела — от сатанинских раскаленных стрел. Помните: щит не просто отражает, он гасит их!

Шлем спасения

Шлем защищает голову воина, то есть наш разум. Сатана направляет против вашего разума больше атак, чем против всех других частей вашей личности. Шлем также назван *«надеждой спасения»* (1 Фесс. 5:8). Это не просто принятие желаемого за действительное, но отношение спокойного устойчивого оптимизма, твердо основанного на истине Слова Божия.

В четвертой главе я описывал, как Бог учил меня надевать этот шлем.

Меч духовный — Слово (греч. «рема» — произнесенное слово) Божье

Главным образом рема означает произнесенное слово. Библия на вашей книжной полке не защитит вас. Божье Слово становится мечом, когда вы произносите его своими устами с верой. Помните, как Иисус использовал этот меч против сатаны, отвечая на каждое искушение Писанием: *«Написано...»* Вы должны научиться поступать так же.

Меч нам дает Святой Дух, но взять его — это

ваша обязанность. Когда вы делаете это, Дух обеспечивает вас сверхъестественной силой, чтоб использовать его.

Последнее оружие: всякая молитва

Применяя меч, вы ограничены длиной своей руки. Но «всякая молитва» — это ваша межконтинентальная баллистическая ракета. Молитвой вы можете пересекать океаны и континенты, и поражать сатанинские силы, где бы они ни находились. Вы даже можете достичь сатанинской штаб-квартиры в поднебесье. Но необходима дисциплина и зрелость для обучения тому, как использовать такое мощное оружие.

БОЖЕСТВЕННЫЙ ПАРАДОКС

Возможно, вы чувствуете легкое головокружение, когда пытаетесь не забыть и охватить все, что вам необходимо делать для сохранения своего освобождения. Возможно, у вас возникает желание сказать: «Нельзя ли изложить это проще, в двух словах?»

Да, все, что я сказал выше, может быть выражено одним простым наставлением: чтобы сохранить свое освобождение, *все, что вы должны делать, — это жить такой христианской жизнью, о которой говорит и которую показывает Новый Завет.* Вот так просто можно выразить сущность тех требований, как хранить свое освобождение, — и хотя звучит это просто, но это радикально!

В Евангелии от Матфея 16:24-25 Иисус показывает два неизменных требования для всякого, кто хочет следовать за Ним: *«если кто хочет идти за Мною, отвергнись себя и возьми крест свой и следуй за Мною; ибо кто хочет душу свою сберечь, тот потеряет ее; а кто потеряет душу свою ради Меня, тот обретет ее».*

Вот Божественный парадокс: чтоб спасти (защитить) свои души, мы должны потерять их.

Прежде чем мы сможем следовать за Иисусом, необходимо сделать два предварительных шага. 1) Мы должны отвергнуть себя; мы должны сказать решительное и окончательное «Нет!» нашему «эго», нашему «я», требующему и ищущему своего. 2) Мы должны взять свой крест. Мы должны принять смертный приговор, который крест налагает на нас. Взятие креста — это добровольное решение, которое каждый из нас должен сделать. Бог не навязывает нам крест насильно.

Если мы не применяем креста в своей жизни, мы оставляем открытую дверь для бесовского влияния. Всегда существует опасность, что наше нераспятое «я» будет реагировать на обольщения со стороны бесов-обманщиков. Основные атаки сатаны направлены на нашу гордыню, а лесть является основным средством, которое он использует, чтобы получить доступ.

Мы должны применять крест, каждый для себя. В Послании Галатам 2:19-20 Павел сказал: *«я сораспялся Христу, и уже не я живу...»* Каждый из нас должен спросить себя: истинно ли это для меня? Действительно ли я сораспялся со Христом? Или я по-прежнему мотивирован своим душевным «я»?

Сегодня многие христиане чувствуют, что это решение слишком радикально. Они задаются вопросом: единственный ли это путь, чтобы избежать обольщения. Они смотрят на Павла, как некоего «супер-святого», которому подражать бесполезно.

Однако сам Павел не смотрел на себя таким образом. Его апостольская миссия была уникальной, но его личные взаимоотношения со Христом были образцом для подражания всем нам. В 1-ом Тимофею 1:16 он сказал: *«Но для того я и помилован, чтоб Иисус Христос во мне первом показал все долготерпение, в пример тем, которые будут ве-*

ровать в Него к жизни вечной».

И снова, в 1-ом Коринфянам 11:1 он говорит: *«Будьте подражателями мне, как я Христу»*.

Единственная альтернатива кресту, — это оставить себя господином своей жизни и, тем самым, поместить самого себя на место Христа. Но это является идолопоклонством и открывает путь злым последствиям, которые всегда сопровождают идолопоклонство.

Крест — это сердце и центр христианской веры. Без креста, провозглашенного и примененного, христианство остается без основания и теряет всякий смысл, фактически, становясь лжерелигией. А в таком случае, как и все лжерелигии, оно неизбежно открыто демоническому влиянию и обольщению. (Более подробно о вопросе, что поможет избежать обольщения в сегодняшнем мире и в Церкви, вы можете прочесть в моей книге «Защита от обольщения».)

Позвольте мне в заключение этой главы сделать последний комментарий на эту тему. Я обнаружил, что мой опыт всех этих лет по изгнанию бесов оказал глубокое влияние на мою собственную христианскую жизнь. Снова и снова я сталкивался с прямыми и бескомпромиссными словами Иисуса.

Все это привело меня к выводу, что в христианской жизни нет быстрых и окольных путей. Если мы желаем иметь иммунитет (невосприимчивость, стойкость) к демоническому давлению, то он придет к нам с одним условием: *послушание.*

24. ПОЧЕМУ НЕКОТОРЫЕ НЕ ПОЛУЧАЮТ ОСВОБОЖДЕНИЯ?

Большинство людей, молившихся молитвой, показанной в 22 главе, получают освобождение от бесов, — но не все.

Вот десять возможных причин, которые могут помешать человеку получить освобождение:

1. Недостаточное покаяние.
2. Недостаток измученности (безысходности, отчаянья).
3. Неправильные мотивы.
4. Сосредоточенность на себе — желание внимания.
5. Нежелание порвать с оккультизмом.
6. Нежелание разорвать связывающие душевные взаимоотношения.
7. Несвобода от проклятия.
8. Отказ исповедать определенные грехи.
9. «Неотделенность» через водное крещение.
10. Часть большей битвы.

1. НЕДОСТАТОЧНОЕ ПОКАЯНИЕ

Иисус начал Свое публичное служение словами: *«покайтесь и веруйте...»* (Марка 1:15). Согласно Его словам, человек не может верить, не покаявшись сначала. Вера, не произошедшая из покаяния, не имеет силы и не может произвести результаты, обещанные истинной вере.

Каждый грешник — как по своим действиям, так и по своей природе — находится в бунте против Бога. Мы не имеем права на Божьи благословения до тех пор, пока мы не покаемся в нашем бунте и полностью не отречемся от него. В этом главная суть покаяния: *сложить свой бунт против Бога.* Спросите себя: *Полностью ли я покорился господству Иисуса Христа в моей жизни?* Если вы не можете ответить на этот вопрос утвердительно, то вы все еще в состоянии бунта. И есть только одно средство — покаяние.

В покаянии мы решением воли подчиняем себя господству Христа в нашей жизни. Наше покаяние является настоящим, если мы идем дальше в исследовании учения Иисуса и послушании этому учению.

Часто люди ищут освобождения, потому что они хотят освободиться от неприятных последствий демонического давления. Но это недостаточная причина. Если вы не посвятили себя для того, чтобы после освобождения служить Господу, то вы либо не получите освобождения вообще, либо, если вы его получите, оно не будет постоянным.

2. НЕДОСТАТОК ИЗМУЧЕННОСТИ

Когда мы ищем освобождения от сатанинского рабства, нам нужно осознать реальность нашей ситуации. Мы — заключенные в тюрьме у жестокого деспота, ненавидящего нас полной ненавистью, который сделает все возможное, чтобы навредить нам и, если возможно, уничтожить нас. Когда мы обращаемся к Христу для освобождения, то должны осознавать, что Он — единственный, кто может помочь нам.

Нам нужно быть в таком отчаянье, в каком находился Петр, когда он тонул в водах Галилейского моря и кричал Иисусу: *«Господи! спаси меня»* (Матфея 14:30). Он понял, что в следующее мгновение волна накроет его, и он уже не сможет кричать о помощи.

Несколько раз, когда люди подходили ко мне, желая получить освобождение, я говорил: «Освобождение – для измученных. Я не чувствую, что вы дошли до такого состояния. Приходите когда оно у вас появится». Иногда я советую, чтобы человек постился 24 часа, прежде чем искать освобождения.

3. НЕПРАВИЛЬНЫЕ МОТИВЫ

Апостол Иаков, анализируя причины, почему люди молятся и не всегда получают ответы на свои молитвы, написал: *«Просите и не получаете, потому что просите не на добро, а чтобы употребить для ваших вожделений»* (Иакова 4:3).

Это часто относится к людям, молящимся об освобождении от бесов. Они приходят к пониманию, что демоническое рабство, в той или иной степени, – неприятно, и мешает жить. Оно является барьером для их удовольствий. Они думают, что смогут получить больше удовольствия от жизни, если получат освобождение.

Но это недостаточная причина для Бога, чтоб ответить на их молитвы. Когда мы приходим к Нему для освобождения, Он смотрит на наши мотивы. Он дает свободу тем, кто будет использовать ее для лучшего служения Христу, но не тем, кто желает продолжать жизнь, полную эгоизма и удовольствий.

4. СОСРЕДОТОЧЕННОСТЬ НА СЕБЕ – ЖЕЛАНИЕ ПОЛУЧИТЬ ВНИМАНИЕ

Некоторые люди всегда чувствуют себя обойденными и недооцененными. Они желают быть в центре внимания, но жизнь удерживает их на заднем плане. Они чувствуют, что никто не заботится о них. Одна из возможных причин этого: они подавлены и порабощены бесами.

Когда они ищут освобождения, они неожиданно обнаруживают себя в центре внимания и им это начинает нравиться. Однако, получив некоторую степень освобождения, они выходят из центра внимания. Люди уже не так интересуются ими. Тогда они находят новую сторону своей проблем» для обсуждения и какие-то новые сферы, в которых они нуждаются в освобождении. Глубоко внутри они, на самом деле, они хотят не столько свободы, сколько внимания. Они похожи на женщин, описанных Павлом во Втором послании Тимофею 3:7: «Всегда учащихся и никогда не могущих дойти до познания истины».

Это правильно — чувствовать сострадание к таким людям и ясно представлять им условия для получения освобождения. Но иногда настает такой момент, когда мы должны прямо сказать им о том, что они должны, наконец, получить полное освобождение и принять на себя ответственность, которая следует за этим, как это показано в 21 главе.

5. НЕЖЕЛАНИЕ ПОРВАТЬ С ОККУЛЬТИЗМОМ

Редко бывает легко полностью и навсегда порвать с оккультизмом. Сатана будет использовать все уловки, чтобы удержать свою жертву. Человек, пожелавший оставить оккультизм, может уподобиться жене Лота, спасающейся из Содома. Она обернулась, чтобы бросить последний, сожалеющий взгляд на то, что оставляла позади, и навсегда превратилась в неподвижный соляной столб (см. Бытие 19:26). Иисус напоминает о ней, предупреждая все последующие поколения: *«Вспоминайте жену Лотову»* (Луки 17:32).

Земля Ханаан, в которую Бог ввел израильтян, была развращена идолопоклонством и оккультизмом. По этой причине Бог сказал Своему народу: *«Не поклоняйся богам их, и не служи им, и не подражай делам их; но сокруши их, и разрушь столбы их»* (Исход 23:24). Израильтяне были обязаны уничтожить все следы оккультизма. Ничто не могло быть перенесено из старой жизни в жизнь новую. Бог повелел, чтобы даже речь Его народа отображала полный разрыв со старым порядком: *«...и имени других богов не упоминайте: да не слышится оно из уст твоих»* (Исход 23:13).

Мир вокруг нас сегодня похож на землю Ханаанскую в то время — развращенный и оскверненный всевозможными формами оккультизма. Однако многие христиане, как уже было сказано ранее, медленно приходят к пониманию того, как сильно Бог ненавидит оккультизм. Он требует, чтобы мы точно также полностью уничтожили все те вещи, о которых Он говорил израильтянам в земле Ханаанской; мы должны изгладить все их следы из нашей жизни.

Вещи, которые связывают нас с оккультизмом, часто так замаскированы, что их тяжело распознать. Человек, желающий получить освобождение, должен молиться: «Господь, покажи мне, если что-то в моей жизни все еще связывает меня с оккультизмом и покажи мне, каким образом мне полностью разрушить это».

6. НЕЖЕЛАНИЕ РАЗОРВАТЬ СВЯЗЫВАЮЩИЕ ДУШЕВНЫЕ ВЗАИМООТНОШЕНИЯ

В 15 главе я указал, что демоническое рабство может стать результатом манипулирования и контроля душевного (т.е. эмоционального, волевого или интеллектуального — *примеч. ред.*) давления со стороны другого человека. Освобождение от такого рода рабства, безусловно, требует разрыва подобных контролирующих взаимоотношений.

Иисус предупреждал нас, что *«враги человеку — домашние его»* (Матфея 10:36). Часто это является истиной в таких связывающих душевных взаимоотношениях. Мать, например, может пытаться контролировать своего ребенка. Или молодой человек может испытывать постоянное давление со стороны своего брата, который желает, чтобы он принимал с ним наркотики.

Не имеет значения, как близки между собой члены семьи или друзья, полная свобода не придет до тех пор, пока этот контроль не будет отрезан. Процесс исправления таких взаимоотношений может быть болезненным, но это стоит того, чтобы быть полностью свободным. Иногда необходимо прервать все контакты с контролирующим вас человеком и довериться Богу, что Он восстановит эти взаимоотношения в Его время и на Его условиях. Когда это невозможно (например, для супругов или ребенка, живущего дома), человек, желающий быть свободным, должен быть бдительным, чтобы избежать возвращения под эту демоническую контролирующую силу.

7. НЕСВОБОДА ОТ ПРОКЛЯТИЯ

В 21 главе я перечислил семь общих признаков, которые могут указывать на присутствие проклятия над человеческой жизнью. Если вы видите, что какая-либо из перечисленных сил, все еще действует в вашей жизни, то это может свидетельствовать о том, что вы еще не полностью освободились от проклятия.

Основанием вашего освобождения является обмен, произошедший на кресте. Там Иисус взял на Себя всякое проклятие, к которому наша греховность открыла нас, чтобы, в свою очередь, мы могли получить все благословения, обязанные Его совершенной праведности.

Грани этого обмена очень разносторонни и распространяются на все сферы нашей жизни. (Для всестороннего изучения этого вопроса рекомендую вам свою книгу «Благословение или проклятие: ты можешь избрать!»)

8. ОТКАЗ ИСПОВЕДАТЬ ОПРЕДЕЛЕННЫЕ ГРЕХИ

«Если исповедуем грехи наши, то Он, будучи верен и праведен, простит нам грехи наши...» (1 Иоанна 1:9). Бог не требует, чтобы мы исповедали каждый грех, который мы когда-либо совершили. Но когда Он побуждает нас признать и исповедать какой-то конкретный грех, то мы обязаны это сделать. До тех пор, пока этот грех не признан и не исповедан, Бог удерживает Свое прощение и очищение.

После того, как Давид был осужден за свой грех прелюбодеяния и убийства, он сказал: *«...грех мой всегда предо мною»* (Псалом 50:5). Давид осознавал ужас греха, разделившего его с Богом. Его единственной надеждой для внутреннего мира и восстановления взаимоотношений с Богом было то, что он открыл свой грех через конкретное исповедание.

Когда человек ищет освобождения от бесов, то в его жизни может существовать определенный грех, который должен быть исповедан. Это может быть грех, совершение которого в первый раз открыло этого человека для бесов. В таком случае Бог будет удерживать освобождение до тех пор, пока этот особый грех не будет выявлен и исповедан.

Как-то раз одна мать привела к нам с Лидией

для освобождения свою дочь подросткового возраста. Мы успешно изгнали из нее несколько бесов, но один остановился у горла девочки, и отказался выходить из нее.

Наконец я сказал ей:

— Я верю, что ты совершила один особый грех, который Бог желает, чтобы ты назвала по имени.

Девочка смотрела на меня несколько минут в замешательстве, затем она сказала:

— Я сделала аборт.

Ее мать ахнула. Она явно ничего не знала об этом.

— Бог требует еще одного, — сказал я ей, — ты должна признать этот аборт убийством.

Она сделала это. В тот момент, когда она назвала свой грех именно убийством (чем этот грех в действительности и является), она была полностью освобождена. Она получила прощение не только от Бога, но и от своей матери. Мать и дочь в слезах упали друг другу в объятия.

Когда Бог требует исповедания особого греха, мы должны положиться на Святого Духа, чтобы Он открыл это нам. В конце концов, обличать в грехе — это Его служение (см. Иоанна 16:8). Помимо убийства, особые грехи, которые часто нуждаются в исповедании, перечислены в последних четырех из десяти заповедей Моисея: прелюбодеяние, воровство, лжесвидетельство, страсть к чему-то запретному (Исход 20:14-17).

9. «НЕОТДЕЛЕННОСТЬ» ЧЕРЕЗ ВОДНОЕ КРЕЩЕНИЕ

Быть крещенным в воде, как было сказано в последней главе, — это внешнее действие, которым мы «завершаем» спасение, полученное через нашу веру в искупление Христа. Человек верующий, но не крещенный, не спасен «полностью». Только «полное» спасение дает нам законное право на освобождение от демонической зависимости. К сожалению, даже некоторые церкви, практикующие крещение в воде с погружением, недостаточно подчеркивают его важность.

При этом мне хотелось бы внести ясность, что речь идет о крещении, не как об обряде, который необходимо пройти, чтобы присоединиться к определенной церкви, но как об акте личной веры и послушания Писанию. Когда бы я ни молился об освобождении с людьми, которые не были крещены в воде по вере, я предупреждаю их: «Теперь вы свободны, но если желаете сохранить свою свободу, то вы должны быть крещены в воде».

С другой стороны, возможно, что, будучи верующими, вы приняли водное крещение, но сделали без полного понимания освобождения от сатанинской силы, которое принадлежит вам по праву. Если вы все еще чувствуете преследование сатанинских бесов, встаньте твердо на том основании, что ваше крещение в действительности означает. Помолитесь примерно так: «Господь Иисус, а благодарю Тебя, что я прошел через воду из сатанинского царства в Твое царство. И теперь, Господь, я принимаю власть во имя Твое и отрезаю себя от всякого досаждающего беса, который преследовал меня».

10. ЧАСТЬ БОЛЬШЕЙ БИТВЫ

Как христиане, мы вовлечены в обширную духовную войну, которая охватывает, как землю, так и небо. Павел описывал это как брань против сатанинских сил в поднебесье (см. Ефесянам 6:12). Иногда мы можем обнаружить себя вовлеченными в конфликт не только с бесами на земле, но также и с даймонами (см. 11 главу), чья штаб-квартира находится в поднебесье.

Иногда какой-то человек, который не выглядит

важным на земном уровне, играет стратегическую роль в этом глобальном конфликте. Сатанинские *даймоны* знают это и решительно стараются удержать контроль над этой жизнью, тем самым противостоя Божьим целям. Следовательно, любая попытка служить в освобождении встречает неистовое сопротивление не только со стороны бесов, находящихся в человеке, но также сатанинских сил в поднебесье, действующих через этого человека. Я называю такого человека «стратегическим пунктом на поле боя».

Всего один человек, например, может стать ключом к спасению целой семьи или какого-то сообщества. Или же освобождение всего одного человека может открыть дверь Евангелию группе людей, которая до сих пор не была достигнута. Если это так, сатана будет снаряжать свои силы и на земле и в поднебесье, чтобы усилить свой контроль над этой личностью.

Служа таким людям, мы должны иметь духовную проницательность, имея откровение о том, что происходит в духовной сфере — возможно, через видение, слово мудрости или слово знания. Если у нас есть ясное видение сил, противостоящих нам, мы можем призвать посвященных ходатаев стоять вместе с нами, чтоб достигнуть победы Христа, которую Он уже одержал для нас. Поскольку через Свою искупительную смерть и победное воскресенье Он отнял *«...силы у начальств и властей, властно подверг их позору, восторжествовав над ними Собою»* (Колоссянам 2:15).

Может быть что человек не получает освобождение и по той причине, что мы должны применить слова Иисуса в Евангелии от Марка 9:29: *«...сей род не может выйти иначе, как от молитвы и поста».*

25.
ПОМОГАЯ ДРУГИМ ОБРЕСТИ СВОБОДУ

Люди, получившие освобождение от бесов, часто начинают ясно видеть нужду других людей в таком же освобождении, которое получили сами. Они могут сострадать им, потому что помнят давление, которому были подвержены сами, и борьбу, сопровождавшую процесс освобождения. В результате многие неожиданно для самих себя предлагают помощь другим, нуждающимся в освобождении.

В Евангелии от Марка 16:17 Иисус открыл это служение всем верующим: *«Уверовавших же будут сопровождать сии знамения: именем Моим будут изгонять бесов...»*.

Но в первую очередь освобождение должно практиковаться людьми, выполняющими апостольское, пастырское, евангелистское служение и их соработниками. Тем не менее, любой христианин, столкнувшийся с такой необходимостью в особых обстоятельствах, имеет призвание изгонять бесов. Но хочу предупредить о том, что за годы своего служения мне пришлось убедиться, что люди, включившиеся в постоянное служение освобождения, но при этом игнорирующие определенные Библейские принципы власти, как правило, заканчивают плачевно.

Вот некоторые основные принципы, соблюдение которых послужит защитой в практике освобождения:

1. Будьте под властью.
2. Двое лучше, чем один.

3. Не служите в одиночку лицам противоположного пола.
4. Ваше оружие — крест Христов и меч Духа.

1. БУДЬТЕ ПОД ВЛАСТЬЮ

Однажды, во время Своего земного служения, Иисус послал семьдесят Своих учеников, чтобы подготовили для Него путь. Они вернулись в великой радости, рассказывая, что *«и бесы повинуются нам о имени Твоем»* (Луки 10:17). Иисус ответил: *«Се, даю вам власть наступать на змей и скорпионов и на всю силу вражию, и ничто не повредит вам»* (стих 19). Решающий фактор в изгнании бесов — это применение Библейской власти.

Римский сотник, пришедший к Иисусу с просьбой об исцелении своего больного слуги, распознал, что духовная власть Иисуса была похожа на его собственную военную власть. Он суммировал в одной фразе главное условие применения власти в любой сфере: *«...но скажи слово, и выздоровеет слуга мой; ибо я и подвластный человек...»* (Луки 7:7-8). Применяющий власть сам должен быть под властью.

Существуют определенные Библейские принципы, которые управляют применением власти.

Прежде всего, нам необходимо помнить, что высший источник всей власти — это Сам Бог. После Своего воскресения Иисус провозгласил Своим ученикам: *«...дана Мне всякая власть на небе и на земле»* (Матфея 28:18). Это означает, что вся власть исходит свыше от Бога Отца через Иисуса Сына. Для того чтобы быть под Библейской властью, каждый христианин должен найти свое место в цепочке власти, которая восходит вверх через Христа к Богу.

В 1-ом Коринфянам 11:2-7 Павел упоминает покрытие головы, как символ власти. Быть под чьей-либо властью значит быть *покрытым*, то есть находиться под защитой. Не находиться под властью означает быть *непокрытым*, — т.е. незащищенным. Для каждого христианина быть под определенной формой власти — это быть духовно защищенным. Христианин, не признающий никакой духовной власти над собой, духовно не защищен и находится в великой опасности.

Бог сделал Христа *«главою Церкви, которая есть тело Его»* (Ефесянам 1:22-23). Поэтому естественно, что Он применяет Свою власть во всяком месте через лидеров поместной церкви.

Мы с Руфью придаем большое значение вопросу власти. Где бы мы ни жили, мы становимся частью поместной общины и подчиняемся ее лидерству. Когда мы выезжаем для наших служений, то нас посылает наша поместная церковь. Кроме того, наше служение по всему миру направляется Международным Советом, в котором мы разделяем лидерство с группой наших соработников, представляющих различные страны, в которых они служат. Со своей стороны, я всегда ясно давал понять, что у меня нет никакого желания быть независимым. Напротив, я с радостью осознаю, что я зависим: во-первых и прежде всего — от Бога, затем — от народа Божьего.

Другая важная сфера, в которой Бог делегирует Свою власть, — это семья. В 1-ом Коринфянам 11:3 Павел описывает цепочку власти, простирающуюся от Бога через Христа в каждую семью на земле: *«Хочу также, чтобы вы знали, что всякому мужу глава Христос, жене глава — муж, а Христу глава — Бог».*

Замужняя женщина, как правило, находится под властью своего мужа, и она не должна участвовать в служении без ведома и полного согласия своего мужа. Петр предупреждает нас, что если нет гармонии между мужем и женой, то молитвы мужа будут иметь препятствия (см. 1 Петра 3:7). Незамужняя женщина, живущая в доме своих родителей, должна находиться под властью своего отца. Одинокая женщина, живущая отдельно, должна находиться под властью и наблюдением духовно зрелых лидеров.

Человек, занимающийся освобождением, одинокий или семейный, должен быть частью христианской группы или церкви, с эффективно действующей структурой власти. Вся эта область освобождения от бесов является опасным полем деятельности для одиночек, независимо от того, мужчина это или женщина.

Есть одно ключевое слово в вопросе нахождения под властью: *подотчетность*. Каждый христианин должен задать такой вопрос: *кому я подотчетен?* Человек, не отчитывающийся ни перед кем, не находится под властью.

В двух местах Иисус говорит о власти связывать и развязывать. В каждом случае это относится к взаимоотношениям в Церкви. В Евангелии от Матфея 16:18-19 Иисус сказал Петру: *«...на сем камне Я создам Церковь Мою... что свяжешь на земле, то будет связано на небесах; и что разрешишь на земле, то будет разрешено на небесах»*.

И опять, в Евангелии от Матфея 18:17-18 Иисус говорит об обличении брата перед церковью, и Он подводит итог: *«...что вы свяжете на земле, то будет связано на небе; и что разрешите на земле, то будет разрешено на небе»*. В этом случае связывание и разрешение является коллективным действием церкви.

Ключ к Библейскому применению всякой власти — это правильные взаимоотношения. Это применимо особенно к связыванию и разрешению демонических сил. Человек, не находящийся в правильных взаимоотношениях в Теле Христовом, может предпринимать попытки связывать и изгонять бесов, но ему будет недоставать власти.

2. ДВОЕ ЛУЧШЕ, ЧЕМ ОДИН

В Евангелиях нет ни одного упоминания о том, что Иисус когда-либо посылал кого-либо на служение в одиночку. Он всегда посылал Своих учеников парами. Только опытный служитель, имеющий власть, может проводить служение освобождения самостоятельно. (Помните, что человек, получающий освобождение, может начать буйствовать).

Соломон подчеркивает этот принцип в книге Екклесиаста 4:9-10: *«Двоим лучше, нежели одному; потому что у них есть доброе вознаграждение в труде их. Ибо, если упадет один, то другой поднимет товарища своего. Но горе одному, когда упадет, а другого нет, который поднял бы его».*

3. НЕ СЛУЖИТЕ В ОДИНОЧКУ ЛИЦУ ПРОТИВОПОЛОЖНОГО ПОЛА

Не мудро для женщины пытаться служить мужчине в одиночку или мужчине служить в одиночку женщине. Вообще, лучшая команда для такого служения, — это женатые пары, действующие в гармонии.

В обоих моих браках Бог благословлял меня женой, с которой я жил в гармонии и которая трудилась вместе со мной всякий раз, когда я служил в освобождении. Я должен принести огромную благодарность сначала Лидии, а затем Руфи за их вклад — слово знания, дар исцеления или дар распознания духов. На протяжении трех лет между двумя моими браками, пока я был вдовцом, я никогда не служил женщинам в одиночку. Я всегда был бдителен в том, чтобы иметь поддержку и помощь зрелых и компетентных братьев и сестер в Господе.

4. ВАШЕ ОРУЖИЕ — КРЕСТ ХРИСТОВ И МЕЧ ДУХА

Существует одно — и только одно — всеобъемлющее основание, на котором кто-либо может претендовать на освобождение от бесов: заместительная жертва Иисуса на кресте. Там Он искупил всю человеческую расу от грехов и лишил сатану главного оружия, направленного против нас: вины. Через веру в эту жертву каждый из нас оправдан, признан невиновным, как если бы никогда не грешил.

Ухватитесь за эту истину и поставьте ее в центр всех ваших наставлений тем, кому вы служите.

Точно так же, существует только одно оружие, которое неизменно эффективно против бесов. Это меч Духа, то есть слова Писания, произнесенные с дерзновением и в вере. Бесов не пугают деноминационные ярлыки, церковные титулы или теологические аргументы. Но против острого меча Божьего Слова, произнесенного в вере, бесы не имеют защиты.

ПОСЛЕДНИЕ ПРАКТИЧЕСКИЕ СОВЕТЫ

Если вы готовитесь служить кому-то, кто нуждается в освобождении, то я предлагаю вам двенадцать практических советов, которые помогут вашему служению достичь большей эффективности.

1. Перечитайте 21 главу этой книги и, насколько возможно, проведите человека, нуждающегося в освобождении, через все девять шагов.
2. Пусть жертва Иисуса на кресте будет основанием всего, что вы делаете. Ободрите человека, которому вы служите, чтобы он смотрел не на себя, а на крест.
3. Проверьте три следующих решающих момента:
   Покаяние: прошел ли он через полное покаяние,

как говорилось ранее?

Прощение: существует ли кто-либо, кого он не простил? Держит ли он против кого-либо обиду?

Отречение: полностью ли он отрекся от всех контактов с оккультизмом и от любых порабощающих его личных взаимоотношений?

4. Если он в борьбе, не пытайтесь взять над ним власть и не делайте все за него. Посоветуйте ему подходящие места Писания, которые он сможет провозгласить. Ободрите его применять и развивать его собственную веру. Это поможет ему противостоять во всех дальнейших конфликтах с сатаной.
5. Иногда процесс освобождения может оказаться в духовной «пробуксовке», когда дело выглядит так, что освобождаемый пытается пробиться сквозь что-то, чего он не может до конца понять. Если это происходит, попросите Господа о слове знания, чтобы определить природу проблемы. Это слово знания может прийти либо освобождаемому, либо одному из служащих. Оно может раскрыть грех, который должен быть признан, или связывающую силу, которая должна быть разрушена (например, лжерелигии). Чтобы продолжать далее, он должен покаяться в грехе и разорвать связывающую силу. Или же Дух Святой может открыть имя определенного беса, удерживающего освобождение. Если это так, то наставьте освобождаемого противостать во имя Иисуса и отречься от этого конкретного беса по имени.
6. Бесы часто выходят через рот с плачем, криком, рычанием, отхаркиванием и даже рвотой. Запаситесь салфетками или бумажными полотенцами или другими подобными материалами, которые могут понадобиться освобождаемому.
7. Порой из женщин бесы выходят с громким кри-

ком. Если она продолжает кричать, не получая при этом дальнейшего освобождения, помните, что бесы могут задержаться в узком горловом проходе и удерживаться там. Объясните это женщине и наставьте ее, как выгнать беса из горла настойчивым и усиленным кашлем (см. 21 главу).

8. Не кричите на бесов. Они не глухие. Даже дух глухоты не глухой. Крик на бесов не даст вам больше власти; это только забирает силы, которые лучше использовать другим способом.
9. Не тратьте время на людей, которые говорят, что нуждаются в освобождении, но на самом деле заинтересованы только в привлечении внимания к себе (см. 24 главу).
10. Во время вашего служения сатана может атаковать вас через дух страха. Если это произойдет, провозгласите, что *«...дал нам Бог духа не боязни, но силы и любви и целомудрия (обладания собой)»* (2 Тимофею 1:7). Помните также обещание, данное Иисусом Своим ученикам, когда они должны были изгонять бесов: *«...и ничто не повредит вам»* (Луки 10:19).
11. Постоянно подчеркивайте обетование из Книги пророка Иоиля 2:32: *«...всякий, кто призовет имя Господне, спасется (будет освобожден)»*.
12. Помните о силе в имени Иисуса и Крови Иисуса. Вот провозглашение, которое я использовал много раз (взято из моей книги «Молитвы и провозглашения»), чтобы научить христиан удерживать и постоянно обладать победой Иисуса, которую он завоевал для нас на кресте:

Мы побеждаем сатану, когда лично свидетельствуем, что говорит Слово Божье о том, что кровь Иисуса делает для нас (Откр. 12:11): Через кровь Иисуса я выкуплен из рук дьявола

(Ефес. 1:7).
Благодаря крови Иисуса все мои грехи прощены (1 Иоан. 1:9).
Через кровь Иисуса я имею постоянное очищение от своих грехов (1 Иоан. 1:7).
Благодаря крови Иисуса я оправдан, сделан праведным, как будто никогда не грешил (Римл. 5:9).
Через кровь Иисуса я освящен, сделан святым, отделенным для Бога (Евр.13:12).
Благодаря крови Иисуса я имею дерзновение входить в присутствие Божие (Евр. 10:19).
Кровь Иисуса постоянно взывает на небеса к Богу за меня (Евр. 12:24).

Как бы там ни было, теория может дать только общие наставления. Однако всякий человек, служащий в освобождении, откроет для себя и другие практические моменты. В конечном счете, мы все равно должны будем учиться на собственной практике. Однако я искренне надеюсь, что эта книга поможет вам избежать некоторых ошибок, которые совершил я!

И еще одно заключительное слово, имеющее огромное значение. Бог даровал нам возможность освобождения через жертвенную смерть Иисуса только потому, что был движим любовью к нам. Наши мотивы должны быть такими же. Просите Бога сделать вас орудием Его любви: *«Все у вас да будет с любовью»* (1 Кор. 16:14).

26. ОСВОБОЖДЕНИЕ ПРОИЗОШЛО. ЧТО ДАЛЬШЕ?

Опыт освобождения в каждой индивидуальной жизни является чудесной демонстрацией благодати и силы Божьей. Иногда я сравниваю это с освобождением израильского народа из египетского рабства.

Но освобождение Израиля из рук фараона было только первым шагом во всем Божьем плане. Бог вывел Израиля из Египта, чтобы ввести их в обещанное наследие. Так же и с освобождением. Это только первый и важный шаг, но, определенно, не конечная цель.

Есть два важных шага, которым мы должны последовать. Божье направление движения коротко описано в Книге пророка Авдия 17: *«А на горе Сионе будет спасение (букв. «освобождение»), и будет она святынею; и дом Иакова получит во владение наследие свое».*

Вот конечная цель Бога: Его народ *«получит во владение наследие свое»,* — то есть Богом данное наследство. Но Он установил два условия. Первое — это спасение («освобождение»). Второе — святость. Любой путь, обходящий стороной эти два условия, не приведет народ Божий в их наследие.

Существует логическая и практическая причина, почему освобождение от бесов должно предшествовать святости. Бесы проявляют множество различных характерных черт, но все они имеют одну общность: они все, без исключения, являются врагами истинной святости. Пока они не будут изгнаны, ни Церковь, ни Израиль не смогут достичь Библейских стандартов святости.

Позвольте мне прояснить то, что Авдий в 17 стихе говорит в первую очередь о нации Израиль. Церковь не заместила Израиль. Все Божьи обещания Израилю, как нации, будут исполнены в точности. (Для более подробного рассмотрения обратитесь к моим книгам *«Будущее Израиля и Церкви»* и *«Пророческий путеводитель Последнего Времени»*).

Однако в Новом Завете есть множество мест, в которых исторический опыт Израиля рассматривается как прообраз, который применим к Церкви. Например, в 1-ом Коринфянам 10:1-11 Павел перечисляет череду событий, через которые народ израильский прошел во время их освобождения из Египта, и он продолжает: *«Все это происходило с ними, как образы; а описано в наставление нам, достигшим последних веков».* Другими словами, опыт Израиля во время и после его исхода из Египта содержит важные практические уроки, которые применимы к христианам настоящего времени.

Я верю, что то же самое применимо к современному восстановлению израильского народа на их Библейском месте обитания — в земле, которую Бог дал им. Здесь содержатся важные практические уроки для Церкви.

Любой человек, знакомый с историей и Библейскими пророчествами, может видеть, что израильский народ был вне данного им Богом географического места обитания около двух тысяч лет. Но то же самое относится и к Церкви. Большую часть этого времени мы тоже находились вне нашего духовного наследия. Если апостолы Нового Завета вернулись бы на землю сегодня, то им пришлось бы долго искать церковь, которую можно сравнить с той, которую они оставили после себя!

Тем не менее, Писание ободряет нас смотреть вперед на *«времена совершения всего* (в оригинале: *«восстановления всего»*)» (Деяния 3:21). И для Израиля, и для Церкви первым шагом к восстановлению должно стать освобождение. Следующий, который должен последовать после этого — святость.

Святость — это уникальная особенность Бога Библии. Это также должно быть уникальным признаком Его народа — как Израиля, так и Церкви. И в Ветхом и в Новом Заветах Бог говорил Своему народу: *«...будьте святы, потому что Я свят»* (Левит 11:44; 1 Петра 1:16).

На основании своих наблюдений — а я десятки лет служил в самых разных христианских общинах более чем в сорока странах — могу сказать, что церкви сегодня едва уделяют хоть какое-то внимание Божьему требованию святости. Христиане не только не достигли святости, они даже не имеют такой цели!

Я сравниваю это с современными туристами, путешествующими по всему свету. Как правило, туристические туры включают в себя посещения нескольких городов и достопримечательностей. Иногда организаторы тура вносят в программу дополнительные и необязательные части. За дополнительную плату туристы могут, по своему желанию, посетить те места и достопримечательности, которые обычно интересуют немногих. Современные христиане воспринимают святость точно также. Это необязательная часть программы за отдельную плату. Но большинство туристов, отправляющихся отдыхать, не интересуются этим дополнением.

И все же святость — не дополнение. Это ключевая часть всего спасения. Писание призывает нас: *«Старайтесь иметь... святость, без которой никто не увидит Господа»* (Евреям 12:14). Что за спасение мы имеем, если оно не позволит нам увидеть Господа?

В моем сердце есть желание написать книгу под названием «Святость не выбирают», которая была бы продолжением затронутой темы. Если Господу будет угодно, и жив буду, я непременно осуществлю это желание. (Дерек Принс оставил после себя серию проповедей под общим названием «Святость» (4416-4423) — *примеч. ред.*) Святость является неотъемлемым и основным элементом цели Божьей для Его народа. Если Бог продлит мою жизнь, я напишу третью книгу — «Овладение своим наследием». (Аудио проповеди: R022-R023 «Востребование своего наследства» и R024-R025 «Путешествие по стране обетований».)

Буду ли я успешен в написании этих двух книг, зависит от Божьей благодати и милости. Но напишу я их или нет, принцип ясно раскрыт в Писании: освобождение является только первым шагом в процессе, ведущем нас к достижению святости и восстановлению Церкви в ее подлинной простоте и чистоте.

ДЛЯ ДАЛЬНЕЙШЕГО ИЗУЧЕНИЯ:

ОСВОБОЖДЕНИЕ И ДЕМОНОЛОГИЯ

Рассматривая образец служение Иисуса, подтвердив это личным опытом, Дерек Принс сначала изобличает природу и активность бесов, а затем излогает необходимые шаги для получения освобождения и обретения постоянной свободы.

6001 (аудио) Как я всерьез столкнулся с бесами
6002 (аудио) Как обращался с бесами Иисус
6003 (аудио) Природа и деятельность бесов
6004 (аудио) Как опознавать и изгонять бесов
6005 (аудио) Культы и оккультизм
6006 (аудио) Семь мер для сохранения освобождения

ОСНОВЫ ОСВОБОЖДЕНИЯ

Излогая свой многолетний опыт служения освобождения, Дерек Принс преподает основные истины, которые приносят свободу.

4128 (аудио и видео) Как опознать врага
4129 (аудио и видео) Как изгнать врага

БЛАГОСЛОВЕНИЕ ИЛИ ПРОКЛЯТИЕ: ТЫ МОЖЕШЬ ИЗБРАТЬ!

Благословения и проклятия — это две самые могущественные силы, которые определяют вашу судьбу — на добро и на зло. Дерек Принс раскрывает, на основании Писания и своего личного опыта, как распознать действие проклятия и как перейти от проклятия к благословению.

Благословение или проклятие: ты можешь избрать! (книга)

ЗАЩИТА ОТ ОБОЛЬЩЕНИЯ

Посреди смущения и обольщения Божье Слово дает нам ясную дорогу, по которой мы можем идти в мире и безопасности.

Защита от обольщения: пробираясь через минное поле чудес и знамений (книга)

Дерек Принс
БУДУТ ИЗГОНЯТЬ БЕСОВ

www.ingramcontent.com/pod-product-compliance
Lightning Source LLC
LaVergne TN
LVHW010428230826
846092LV00009BA/1081

* 9 7 8 5 9 4 5 7 2 0 1 4 5 *